Konturen einer inklusiven politischen Bildung

Tina Hölzel · David Jahr
(Hrsg.)

Konturen einer inklusiven politischen Bildung

Konzeptionelle und empirische Zugänge

 Springer VS

Hrsg.
Tina Hölzel
Zentrum für inklusive
politische Bildung
Dresden, Deutschland

David Jahr
Universität Münster
Münster, Deutschland

ISBN 978-3-658-25715-6   ISBN 978-3-658-25716-3   (eBook)
https://doi.org/10.1007/978-3-658-25716-3

Die Deutsche Nationalbibliothek verzeichnet diese Publikation in der Deutschen National-
bibliografie; detaillierte bibliografische Daten sind im Internet über http://dnb.d-nb.de abrufbar.

Springer VS

Verantwortlich im Verlag: Jan Treibel

Springer VS ist ein Imprint der eingetragenen Gesellschaft Springer Fachmedien Wiesbaden GmbH
und ist ein Teil von Springer Nature
Die Anschrift der Gesellschaft ist: Abraham-Lincoln-Str. 46, 65189 Wiesbaden, Germany

Inhalt

III Politische Bildungsforschung außerhalb von Schule: Inklusion in gesellschaftlichen Handlungsfeldern

IV Schulentwicklung und Professionalisierung: Rahmenbedingungen für inklusiven Politikunterricht

Einleitung: Inklusive Anfragen an die politische Bildung

David Jahr und Tina Hölzel

Über Fachgrenzen hinweg scheint es Konsens zu sein, dass sowohl außerschulische als auch schulische Bildungsprozesse zukünftig inklusiver gestaltet werden sollen. Die Diskussionen um ein Mehr an pädagogischer Inklusion finden vor dem Hintergrund einer (mindestens) doppelten Unschärfe statt: Zum einen wird sie zumindest in den deutschsprachigen Ländern vor dem Hintergrund eines separierenden Schulsystems geführt. Die existierenden mehrgliedrigen Schulsysteme sind darauf ausgelegt, Schüler*innen nach standardisierten Leistungsaspekten zu sortieren und grenzen dadurch bestimmte Schüler*innengruppen von bestimmten Bildungsgängen strukturell aus.[1] Zum anderen ist unklar, was sich hinter dem Begriff Inklusion genau verbirgt, welcher normative Bezugspunkt konkret gelten soll, um aktuelle Bildungsprozesse und -strukturen beleuchten und reformieren zu können.[2] Die Entwicklungen zu mehr Inklusion in einem Schulsystem, das strukturell auf Exklusion angelegt ist, und ohne geteiltes Verständnis davon, was Inklusion genau meint, führt zu zahlreichen Widersprüchen und Ungleichzeitigkeiten, sowohl in der bildungspolitischen Umsetzung als auch in der wissenschaftlichen Arbeit.

Es existieren mehrere Vorschläge die theoretische Unbestimmtheit von Inklusion zu ordnen. Verbreitet ist die Unterteilung mit Blick auf den Adressat*innenkreis inklusionsbezogener Arbeiten, nach denjenigen Menschen, über die gesprochen

---

[1] Um den unterschiedlichen Stand der Inklusion in den deutschen Bundesländern, hier verstanden als die gemeinsame Beschulung von Schüler*innen mit und ohne sonderpädagogischen Förderbedarf, quantitativ abzubilden, hat Klemm (2018) sich jüngst auf die „Exklusionsquote" als „Anteil der Schüler*innen mit Förderbedarf, die separiert in Förderschulen unterrichtet werden" (Klemm 2018, S. 7) konzentriert.

[2] Beispielhaft dafür steht die Arbeit von Grosche (2015), der aus Sicht der empirischen Bildungswissenschaft auf nicht weniger als 28 Definitionen von Inklusion kommt. In einer späteren Arbeit verdichten Krämer et al. (2016) Merkmale von schulischer Inklusion auf 108 Indikatoren in 15 Dimensionen.

© Springer Fachmedien Wiesbaden GmbH, ein Teil von Springer Nature 2019
T. Hölzel und D. Jahr (Hrsg.), *Konturen einer inklusiven politischen Bildung*,
https://doi.org/10.1007/978-3-658-25716-3_1

wird, wenn die Rede von Inklusion ist. Bspw. unterscheiden Lindmeier und Lüt-je-Klose (2015) mit Blick auf die internationale Debatte um *inclusive education* drei unterschiedliche Schwerpunkte (Lindmeier und Lütje-Klose 2015, S. 7ff.):

- *„Enges, behinderungsbezogenes Adressatenverständnis":* Ansätze in diesem Sinne fokussieren die Heterogenitätsdimension Behinderung. Sie stellen numerisch den Großteil der Arbeiten dar, die unter dem Terminus Inklusion florieren. Vorrangig geht es in diesen Arbeiten darum, dass Recht von Menschen mit Behinderung auf gesellschaftliche Teilhabe zu begründen und zu fordern. Das Konzept der Integration dient hier als Abgrenzung und Schärfung von Inklusion (bspw. bei Hinz 2002).
- *„Weites, auf ‚alle' Diversitätsmerkmale bezogenes Adressatenverständnis":* Diese Arbeiten argumentieren gegen die enge Verbindung von Inklusion mit Behinderung. Einordnungen von Menschen, vor allem in binäre Logiken wie behindert/ nichtbehindert werden als stigmatisierend und bezüglich ihrer exkludierenden Folgen problematisiert. Gefordert wird das „Miteinander der Verschiedenen" in einer „Pädagogik der Vielfalt" (Prengel 2006).
- *„Auf alle Lernenden, besonders aber auf vulnerable Gruppen bezogenes Adressa-tenverständnis":* Diese Arbeiten fokussieren nicht ausschließlich die Gruppe der Menschen mit Behinderung, sondern fragen nach weiteren, von Diskriminierung und Ausgrenzung bedrohten Gruppen. Die hier verfolgte pädagogische Logik entspricht einem „Education for all, and especially for some" (bspw. vertreten von der UNESCO 2005).

Diese, manchmal auch binär vereinfacht als *enges* (Fokussierung auf die Differenz-linie Behinderung) und *weites* (Fokussierung auf weitere Differenzlinien) Inklu-sionsverständnis bezeichnete Unterscheidung, wird an anderer Stelle abgelehnt. Budde, Blasse und Johannsen (2016) differenzieren nach Diskursfeldern, in denen Inklusion auf bestimmte Art und Weise thematisiert wird. Sie unterscheiden „fünf unterschiedliche Thematisierungsfiguren" (Budde, Blasse und Johannsen 2016), die Inklusion verwenden:

- „im Kontext entsprechender *menschenrechtsbasierter politischer Forderungen"* mit dem Ziel einer inklusiven Gesellschaft,
- als *„bildungspolitischer Anspruch"* mit dem Ziel des Abbaus der Förderschu-len und Erhöhung des gemeinsamen Unterrichts von Kindern mit und ohne Behinderung,
- „als *(sonder)pädagogisches Handlungsproblem auf der Ebene der Unterrichtspraxis"* mit dem Fokus auf Gestaltung des gemeinsamen Unterrichts,

- als *„menschenrechtsbasiert pädagogische* Thematisierungsfigur" mit dem Fokus auf unterschiedlichen Heterogenitätsdimensionen und einem gerechteren Bildungssystem,
- als *„sozialwissenschaftliche Thematisierungsfigur"* mit dem Fokus auf gesellschaftliche Verhältnisse als Relation von Inklusion und Exklusion (Budde, Blasse und Johannsen 2016, Herv. im Orig.)

Beide hier angeführte Ordnungsversuche (nach Adressat*innenkreis bzw. nach Diskursfeldern) können in einem ersten Zugang helfen, konkrete Arbeiten bzw. Stimmen zu Inklusion einzuordnen. Sie verbleiben jedoch auf einer abstrakten Ebene und sind nicht frei von Überschneidungen. Vor dem Hintergrund dieser theoretischen Unbestimmtheit ist es eine erste Aufgabe jedes Redens oder Schreibens über Inklusion, eine genaue Begriffsbestimmung, was kontextuell darunter verstanden wird, vorzunehmen.

Obwohl der wissenschaftliche Diskurs um Inklusion (resp. Integration) weit zurückreicht, gilt die Verabschiedung der UN-Konvention über die Rechte von Menschen mit Behinderung 2006 (Ratifizierung in Deutschland im Jahre 2009 – vgl. UN 2006) als zentraler Bezugspunkt der Debatte. Die Konvention konkretisiert ein menschenrechtsbasiertes Verständnis von Inklusion und richtet weitreichende Reformanfragen (auch) an das deutsche Erziehungs- und Bildungssystem. In einer ersten Stellungnahme spricht die Deutsche Gesellschaft für Erziehungswissenschaften von Inklusion gar als eine der drei maßgeblichen „Revolutionen im bundesdeutschen Bildungswesen" (DGfE 2015, S. 1) – nach dem sogenannten PISA-Schock und der Einführung der Ganztagsschule. Auf Grundlage des oft zitierten Art. 24 der UN-Behindertenrechtskonvention, der ein „inclusive education system at all levels and life long learning" (UN 2006) fordert, stehen alle schulbezogenen Disziplinen und damit auch die Fachdidaktiken vor der Herausforderung, Inklusion für ihren Gegenstandsbereich auszuloten und sich ergebende Handlungsfelder zu bearbeiten (vgl. die Stellungnahme der Gesellschaft für Fachdidaktik GFD 2015).

Dabei ist die Beschäftigung mit heterogenitätsbezogenen Themen, mit dem Wunsch nach mehr Sensibilität gegenüber Unterschieden und Reduzierung von Diskriminierung sowie Ausschluss in Bildungsprozessen, die nun unter dem Terminus pädagogische Inklusion behandelt werden, keinesfalls neu – weder in den Erziehungswissenschaften (vgl. die zweite Stellungnahme der DGfE 2017), noch in der politischen Bildung. Beispielsweise werden Fragen zur Heterogenität von Schüler*innen schon lange unter Begriffen wie Schüler*innenorientierung (vgl. Schröder und Klee 2017) bzw. Adressat*innenorientierung behandelt (Petrik 2014) und sind auch bereits bei ‚Klassikern' der Politischen Bildung wie Rolf Schmiederer angelegt (vgl. Hedtke 2011). Die politische Bildung muss vor dem Anspruch der Inklusion nicht gänzlich neu erfunden werden. Zahlreiche politikdidaktische Konzepte und Thematisierungen können im Sinne von Inklusion weiterentwickelt werden. Besand und Jugel (2015) zählen dazu Themen wie „Fragen der Elementarisierung, der Lebensweltorientierung und auch der Diskussion um Basiskonzepte" (Besand und Jugel 2015, S. 55). Diese Aufzählung lässt sich mit konzeptionellen Fragen um den Zusammenhang von Anerkennung und Demokratischer Bildung (Henkenborg 2013) erweitern. Ansätze zum Thema Heterogenität im Bereich politischer Bildung (z. B. Autorengruppe Fachdidaktik 2016, S. 69–76) sowie Erfahrungen mit dem Ansatz der zielgruppenspezifischen Angebote bieten für die inklusive politische Bildung wichtige Ansatzpunkt; und müssen in ihren Spannungsverhältnissen zu Inklusion gleichzeitig neu betrachtet werden (vgl. Zurstrassen 2015).

Das Neue der Inklusion gegenüber den bekannten heterogenitätsbezogenen Thematisierungsfiguren in der Politikdidaktik ist eine spezifische Akzentuierung. Die inklusiven Anfragen an die politische Bildung erscheinen dabei u. a.

- als Mahnung zur stärkeren Berücksichtigung von Menschen mit Behinderung im Nachdenken über und Erforschen von politischen Bildungsprozessen,
- als Impuls zur Fokussierung weiterer, besonders von Ausgrenzung bedrohter Adressat*innenkreise,
- als Frage nach bestimmten Inhalten (vgl. Gerdes et al. 2015),
- als Verbindung bestimmter fachdidaktischer Konzepte zur Begleitung und Gestaltung individueller Lernwege (vgl. Jahr 2019)
- als Frage zur Professionalisierung von politischen Bildner*innen für die Inklusion,
- als Kritik an bisherigen Selbstverständlichkeiten politikdidaktischer Arbeit: „Im Umgang mit Heterogenität ist die politische Bildung gescheitert, wenn überhaupt ein Bewusstsein dafür bestanden hat" (Zurstrassen 2015, S. 112).

Für die Fachdidaktik der politischen Bildung, die sich mit allen „Formen absichtsvoller pädagogischer Einwirkung auf Prozesse der politischen Sozialisation" (Sander 2014, S. 11) in schulischen und außerschulischen Räumen befasst und deren Grundmuster sich durch inklusionsnahe Meta-Konzepte wie Mündigkeit, Teilhabe und Demokratie beschreibt, ist es aufgrund dieser Nähe beinah zwingend, sich mit Inklusion zu beschäftigen. In ihrer sozialwissenschaftlichen Perspektive, der wir uns hier anschließen, richtet sich die politische Bildung auf „grundlegende Fragen und Probleme des gesamtgesellschaftlichen Zusammenlebens insbesondere in den Teilsystemen Politik, Gesellschaft, Wirtschaft und Recht" (Hedtke 2014, S. 49). Inklusive politische Bildung fragt nach Teilhabe und Ausgrenzungen in allen gesellschaftlichen Teilbereichen. Inklusion ist eng mit der Zielperspektive einer inklusiven Gesellschaftsordnung verbunden (vgl. Kronauer 2015). Inklusion ist nicht nur pädagogische Normativität, sondern zugleich auch politische Idee (vgl. Jahr 2017). Trotz dieser inhaltlichen Nähe von Inklusion und politischer Bildung gehört Inklusion (noch) nicht zu den etablierten Konzepten und Fragestellungen der politischen Bildung. Nicht nur im Bereich interpretativer Fachunterrichtsforschung (vgl. Grammes 2017, S. 44) ist von einem Desiderat von Inklusion in der politischen Bildung zu sprechen.

In zwei Sammelbänden, die 2014 erschienen sind und die die Verbindung von Inklusion und Fachdidaktiken beleuchteten, fehlt die Perspektive der Politikdidaktik gänzlich (vgl. Amrhein und Dziak-Mahler 2014 sowie Trumpa et al. 2014). In einem wenig später erschienenen Sammelband zur gleichen Frage (Riegert und Musenberg 2015) finden sich im Bereich 'Politik und Sozialkunde' ein konzeptionell angelegter Beitrag zur Frage der Kompetenzorientierung in der Inklusion (Massing 2015) und zwei bildungspraxisbezogene Beiträge zum Thema Menschenrechte im inklusiven Unterricht (George 2015) und dem Lernen am Gegenstand 'Fußball und Menschenrechte' (Plehn 2015). Diese Beiträge liefern Ansätze zur Thematisierung und Ausgestaltung der politischen Bildung im Sinne von Inklusion, wenngleich hier noch kein systematischer Bezug von Unterrichtsbeispielen und Kompetenzentwicklungen geleistet wird (vgl. Sturm 2017). Diskussion und Erforschung eines Kompetenzmodells für die inklusive politische Bildung, das unseres Erachtens auf den Konzepten Potenzialorientierung (vgl. Jahr 2019), inklusive Diagnostik und inklusive didaktische Prinzipien (vgl. Besand et al. 2018, S. 112ff.) beruhen muss, haben noch nicht einmal begonnen.

Einen wichtigen Impuls zur Diskussion von Inklusion im Feld der politischen Bildung konnte die Bundeszentrale für politische Bildung setzen. Der Kongress 'inklusiv politisch bilden', der am 21. und 22. September 2015 in Berlin stattfand, ging einer doppelten Fragestellung nach: „Wie können politische Bildungs- und Partizipationsprozesse inklusiv geplant und gestaltet werden? Wie kann ein Empowerment eine gleichberechtigte Teilhabe von Menschen mit und ohne Lernschwierigkeiten ermöglichen?" (Emmerich 2015). Der Kongress hat sich genau wie der im Anschluss herausgegebene Sammelband mit dem Titel „Didaktik der inklusiven politischen Bildung" (Döngcs et al. 2015) vor allem auf eine Zielgruppe fokussiert: auf Menschen mit Lernschwierigkeiten. Diese Zielgruppenorientierung entspricht dem oben genannten engen, behinderungsbezogenen Adressat*innenverständnis von Inklusion und wird im Buch in seinen inklusionsbezogenen Widersprüchen kritisch diskutiert (u. a. Zurstrassen 2015). Im Anschluss an diese Entscheidung zur Fokussierung der Diskussion auf *eine* von Ausgrenzung bedrohte Personengruppe bleibt offen, wie Differenzdimensionen jenseits von Lernschwierigkeiten resp. geistiger Behinderung sensibel in politischen Bildungsprozessen aufgenommen werden können.

Neben diesem Sammelband der BpB gibt es auch Arbeiten zu umfassenden Fragen gesellschaftlicher Inklusion (vgl. Heinrich-Böll-Stiftung 2015), in dem sich die Sicht der politischen Bildung mehrfach wiederfindet (vgl. Bremer und Kleemann-Göhring 2015; Besand und Hölzel 2015; Jugel 2015). Des Weiteren existieren inklusionspädagogische Beurteilungen von Unterrichtsmodellen für den Politikunterricht, wie der Dorfgründungssimulation (vgl. Jahr 2015), und konzeptionelle Überlegungen, wie Inklusion in der politischen Bildung als „inclusive Citizenship" (Kleinschmidt und Lange 2017; Kleinschmidt 2017) theoretisiert werden kann. Es existieren (wenige) selbstkritische Blicke auf exkludierende Kategorien und stillschweigende Voraussetzungen der politischen Bildung sowie auf den widersprüchlichen Zusammenhängen zwischen dem selektiven Schulsystem und der politischen Bildung (vgl. Szukala 2016; Zurstrassen 2016). Zahlreiche Publikationen zum Zusammenhang von Inklusion und politischer Bildung sind im Umfeld des Zentrums für inklusive politische Bildung in Dresden (ZipB) veröffentlicht worden. Neben einem Definitionsangebot und einer möglichen Strukturierung der umfänglichen Inklusionsdebatte in der politischen Bildung werden neue Herausforderungen und erste Lösungsansätze formuliert (vgl. Hölzel und Jugel 2017). Im Abschlussbericht des ZipBs über die mehrjährige, wissenschaftliche Begleitung des außerschulischen politischen Bildungsprojektes ‚Lernort Stadion' finden sich ausführliche Überlegungen zum Zusammenhang von inklusiver politischer Bildung und dem Forschungsstil der partizipativen Forschung, die Entwicklung eines Prinzipienmodells sowie eines umfänglichen Diagnostik- und Modulmodells für die inklusive politische Bildung (vgl. Besand et al. 2018).

Trotz dieser sich intensivierenden Beschäftigung mit Inklusion in der politischen Bildung an mehreren Standorten fehlt weiterhin ein Werk, das unterschiedliche empirische und konzeptionelle Zugänge aus aktuellen *Forschungsprojekten* heraus im Feld der politischen Bildung gesammelt vorstellt. Der vorliegende Sammelband will diesem Desiderat nachkommen und (so hoffen wir) ein Anstoß für weiterführende Diskussionen über Inklusion und politische Bildung sein. Dem Sammelband voraus ging eine Tagung des Nachwuchses der Gesellschaft für politische Jugend- und Erwachsenenbildung (GPJE) im Frühjahr 2017 in Dresden unter dem Titel „Inklusion und politische Bildung – Chancen und Herausforderungen". Erstmalig konnte dort ein fokussierter Austausch zwischen zahlreichen Forschungsarbeiten im Bereich der politischen Bildung zum Thema Inklusion realisiert werden. Auf der Tagung wurden darüber hinaus verschiedene Überlegungen, Haltungen und Erfahrungen zur inklusiven politischen Bildung unter den Teilnehmer*innen diskutiert und dokumentiert. Durch die Verstetigung und Fortführung der Diskussion in Form des vorliegenden Sammelbands wird der auf der Tagung initiierte Beitrag zur fachdidaktischen Diskussion um die inklusive Bildung fortgesetzt.

Zur Struktur des Bandes und den einzelnen Beiträgen

Die hier versammelten Beiträge formulieren Impulse für eine inklusive politische Bildung aus verschiedenen fachlichen Perspektiven und anhand unterschiedlicher Gegenstände. Sie basieren auf zum Zeitpunkt der Veröffentlichung noch laufenden Forschungsarbeiten und entstammen damit aus konkreten Erfahrungen der Forschungspraxis. Die Ordnung der Beiträge basiert auf vier unterschiedlichen Handlungsfeldern, die bei der Verbindung von Inklusion und politischer Bildung aufgemacht werden: (I) Arbeit an der Theorie, (II) Blick auf den Adressat*innenkreis, (III) Forschung außerhalb von Schule und (IV) Gestaltung von Rahmenbedingungen wie Schulentwicklung und Professionalisierung.

Die ersten beiden Beiträge arbeiten auf theoretischer Basis am Zusammenhang von Inklusion und politischer Bildung und leisten damit wichtige Anstöße für eine Theorie der inklusiven politischen Bildung. Ausgehend vom diffusen Verständnis, was genau unter Inklusion zu verstehen ist, diskutiert *David Jahr* ein Modell aus der schulpädagogischen Inklusionsforschung, mit dessen Hilfe sich unterschiedliche Bestimmungen von Inklusion ordnen lassen. Das Modell der trilemmatischen Inklusion von Mai-Ahn Boger setzt jedes Inklusionsverständnis auf einen Standort zwischen den drei Basissätzen Empowerment, Normalisierung und Dekonstruktion. Logisch zwingend wird bei jedem Zugriff von Inklusion ein Basissatz ausgeschlossen. Der Autor verknüpft dieses Modell mit bisherigen Arbeiten aus der inklusiven politischen Bildung und zeigt, welche Variante von Inklusion sich mit welchen Widersprüchen für die politische Bildung darstellt. Im Ergebnis wird damit verdeutlicht, dass die Forderung nach einem konsensuellen Inklusionsverständnis dem komplexen Aufgaben- und Diskursfeld von Inklusion nicht gerecht wird. Abschließend wird ein Zusammenhang zur inklusionsbezogenen Forschung hergestellt mit besonderem Blick auf ein praxeologisch-wissenssoziologisches Forschungsprojekt.

An einer konzeptionellen Perspektivierung von inklusiver politischer Bildung arbeitet auch *Kerstin Vennemeyer*. Sie geht in ihrem Beitrag dem Potenzial nach, welches der Ansatz der Intersektionalität für eine politische Bildung im Sinne von Inklusion hat. Über eine Betrachtung des soziologischen Exklusionsbegriffs kommen unterschiedliche soziale Ungleichheitslagen wie Geschlecht, Klasse, Herkunft, Sexualität und auch Behinderung in den Blick. Diese werden in der intersektionalen Perspektive nicht eindimensional, sondern in ihrer Verwobenheit in den Blick genommen. Neben den damit einhergehenden Analysen von gesellschaftlichen und damit auch schulischen Herrschaftsverhältnissen sieht die Autorin in den Kategorien Partizipation und Lebensweltbezug wichtige Impulse für die inklusive politische Bildung.

Der zweite Teil des Bands gruppiert Beiträge, die die vielfältige Zielgruppe der schulischen politischen Bildung fokussieren. Sie machen deutlich, dass unter inklusiven Vorzeichen sowohl ‚anders' über die Ansprache von Schüler*innen nachgedacht werden muss, als auch ‚andere' Schüler*innen verstärkt in den Fokus zu rücken sind. *Alexander Wohnig* untersucht die Konstruktion von ‚Jugend' am Beispiel der Darstellung ihres politischen Interesses in ausgewählten Schulbüchern des Politikunterrichts. Im besonderen Fokus steht dabei das Phänomen der Politikverdrossenheit. Auf Basis von drei Inklusionsmerkmalen werden sechs Schulbücher diskursanalytisch beleuchtet und im Ergebnis festgehalten, dass Jugendliche mit Blick auf ihr politisches Interesse darin entweder als Subjekte oder als Objekte des politischen Diskurses entworfen werden. Der Autor argumentiert abschließend, dass eine inklusive politische Bildung mit der Konstruktion von Jugendlichen als politische Subjekte einhergehen sollte.

Schüler*innenvorstellungen sind wichtige Grundlagen für die Planung, Umsetzung und Reflexion von (politischen) Bildungsprozessen. *Anja Bonfig* zeigt in ihrem Beitrag, wie die Vorstellungsforschung in sozialwissenschaftlichen Fachdidaktiken Schüler*innen mit sonderpädagogischem Förderbedarf bisher weitestgehend ignoriert hat. Im Zusammenhang mit einer Darstellung der besonderen Lebenswelt von Schüler*innen mit Förderbedarf Lernen argumentiert sie, dass Studienergebnisse nicht einfach auf diese Gruppe übertragen werden können und fordert schließlich, Vorstellungen von Schüler*innen mit sonderpädagogischem Förderbedarf zu (sozio-)ökonomischen Phänomen systematisch zu erheben.

Auch *Doerte Kanschik* geht in ihrem Beitrag von der Feststellung aus, dass in den Fachdidaktiken zu wenig Forschung über Schüler*innen mit sonderpädagogischem Förderbedarf existiert. Die Autorin stellt sowohl theoretische Überlegungen als auch erste empirische Ergebnisse aus ihrer Studie zu Vorstellungen von Schüler*innen mit und ohne sonderpädagogischem Förderbedarf zu Aspekten von Recht und Gesetz vor. Diese Schüler*innenvorstellungen werden im Rahmen leitfadengestützter, fokussierter Einzelinterviews aktiviert und mittels qualitativer Inhaltsanalyse sowie phänomenographischer Analyse rekonstruiert. Als erste Impulse für eine inklusive politische Bildung diskutiert die Autorin die Möglichkeit ästhetischer Zugangsweisen mithilfe von Fallvignetten, die Verbindung ihres Forschungssettings zum *Universal Design for Learning* sowie die inhaltliche Bereicherung der universitären Lehre durch ihre Forschungsergebnisse.

Arne Westerkamp widmet sich in seinem Beitrag der Empirie von (sozio-)ökonomischer Bildung für Schüler*innen mit dem Förderschwerpunkt Lernen. Nach einer Darlegung inwieweit (sozio-)ökonomische Bildung den Zielstellungen von Inklusion entspricht, prüft er die Lehrpläne der Bundesländer für sozialwissenschaftliche Fächer im Förderschulsystem und stellt fest, dass nur wenige Länder einen

Lehrplan für Schüler*innen mit dem Förderschwerpunkt Lernen im Bereich der Sozialwissenschaften herausgeben, woraus er eine Nichtberücksichtigung ableitet.

Neben Schule und Unterricht ist die außerschulische Bildungslandschaft ein zentrales Handlungsfeld der politischen Bildung, die im dritten Teil des Sammelbands von zwei Beiträgen fokussiert wird. Um die forschungsmethodische Frage, wie politikdidaktische Forschung im Sinne von Inklusion aussehen soll, dreht sich der Beitrag von *Tina Hölzel*. Ausgehend von einem weiten Inklusionsverständnis sieht sie die inklusionsbezogene Forschung in der Verantwortung, die Perspektiven vielfältiger, ausschlusserfahrener Menschen in den Forschungsprozess selbst mit einzuholen. Dafür stellt sie den Forschungsstil der partizipativen Forschung vor, der sowohl Beteiligung, Empowerment als auch Anwendungsorientierung in einer partnerschaftlichen Arbeit betont. Zur Verdeutlichung dieses Ansatzes stellt sie ein Projekt zur wissenschaftlichen Begleitung eines außerschulischen Bildungsprogramms vor (,Lernort Stadion'). Sie zeigt, wie in solchen Formaten Forschungsprozess und Beziehungsaufbau zwischen den Akteur*innen miteinander verwoben sind. Abschließend diskutiert die Autorin das Für und Wider partizipativer Ansätze für eine inklusive politische Bildungsforschung.

Die besondere Situation von nach Deutschland zugewanderten Menschen wird von *Laura Rind-Menzel* in ihrem Beitrag thematisiert. Auf Grundlage eines am Zentrum für Integrationsstudien (ZfI) laufenden Forschungsprojekts interessiert sie sich dafür, wie in Deutschland zugewanderte Menschen in Ankommensbroschüren dargestellt und adressiert werden. Exemplarisch, an drei Materialien unterschiedlicher Quellen (alle aus dem Jahr 2015), zeigt die Autorin auf, welche problematischen Aspekte im Sinne einer inklusiven politischen Bildung sich dort zeigen. Sie gibt abschließend einen Ausblick, wie Ankommensbroschüren aus Sicht einer heterogenitätssensiblen politischen Bildung angemessener gestaltet werden können.

Im vierten Teil des Sammelbands werden zwei zentrale Rahmenbedingungen für inklusiven Politikunterricht in den Blick genommen. Neben der Gestaltung von Schule im Sinne einer inklusiven politischen Bildung gehört dazu auch die Frage, wie zukünftige politische Bildner*innen so professionalisiert werden können, dass sie auf die Heterogenität der Adressat*innen politischer Bildungsprozesse sensibel eingehen können. *Anne Jordan* und *Julia Becker* diskutieren in ihrem Beitrag Möglichkeiten zur Ausgestaltung einer inklusiven politischen Bildung an weiterführenden Schulen. Dafür besprechen die beiden Autorinnen ein Konzept aus der sich schon länger mit inklusiven Fragestellungen beschäftigenden Grundschulpädagogik. Auf einem weiten Inklusionsverständnis aufbauend, das alle Schüler*innen erreichen möchte, werden zwölf Bausteine für inklusive Bildung vorgestellt, die aus Diskussionszusammenhängen des Grundschulverbands stammen. Die Autorinnen übertragen diese auf politikdidaktische Konzepte und stellen so eine Verbindung beider Diskurse her.

Jan Thorweger geht in seinem Beitrag der Frage zur Professionalisierung von Politiklehrer*innen nach, die in der inklusiven Schule einen inklusiven (Fach-) Unterricht planen und durchführen sollen. Dabei überträgt er den Ansatz der *Didaktischen Rekonstruktion* auf die politikdidaktische Lehrkräftebildung und fokussiert die zweite Phase der Lehrer*innenbildung. Im Sinne des Modells werden bereits von Lehrpersonen mitgebrachte, alltagsdidaktische Vorstellungen zum inklusiven Politikunterricht (hier über die Analyse von Unterrichtsentwürfen und über Unterrichtsbeobachtungen) ermittelt und mit fachlichen Perspektiven zum inklusiven Politikunterricht ins Verhältnis gesetzt. Erste Ergebnisse zeigen sowohl Desiderata als auch anschlussfähige Konzepte für den inklusiven Politikunterricht im Fachdiskurs der politischen Bildung und in den alltagsdidaktischen Vorstellungen der Lehrpersonen auf.

Die Beiträge dieses Sammelbandes stellen *aufschließende* Perspektiven zur Diskussion um ein Mehr an Inklusion in der politischen Bildung dar. Unsere Hoffnung ist, dass sie die Diskussion um die besondere Perspektive und Arbeit einer inklusiven politischen Bildung bereichern und damit sowohl Forscher*innen als auch Praktiker*innen politischer Bildungsprozesse erreichen. Wir bedanken uns bei den Autor*innen für ihre Beiträge und ihre Geduld. Dem Springer VS-Verlag sei herzlich gedankt für die professionelle Zusammenarbeit.

Literaturverzeichnis

Amrhein, Bettina, und D.-M., Myrle, Hrsg. 2014. *Fachdidaktik inklusiv. Auf der Suche nach didaktischen Leitlinien für den Umgang mit Vielfalt in der Schule.* Münster: Waxmann.

Autorengruppe Fachdidaktik. 2016. *Was ist gute politische Bildung? Leitfaden für den sozialwissenschaftlichen Unterricht.* Schwalbach/Ts.: Wochenschau.

Besand, Anja, und T. Hölzel. 2015. Eine inklusive Zukunft in der politischen Bildung ermöglichen. Das Zentrum für inklusive politische Bildung (ZipB). In *Inklusion – Wege in die Teilhabegesellschaft*, Hrsg. Heinrich-Böll-Stiftung, 435–440. Frankfurt a. M.: Campus.

Besand, Anja, und D. Jugel. 2015. Inklusion und politische Bildung – gemeinsam denken! In *Didaktik der inklusiven politischen Bildung*, Hrsg. C. Dönges, W. Hilpert und B. Zurstrassen, 45–59. Bonn: Bundeszentrale für politische Bildung.

Besand, Anja, T. Hölzel, und D. Jugel. 2018. Inklusives politisches Lernen im Stadion. Politische Bildung mit unbekanntem Team und offenem Spielverlauf. https://www.dfl-stiftung.de/files/zipb_publikation_lernort-stadion.pdf. Zugegriffen: 17. Dezember 2018.

Bremer, Helmut, und M. Kleemann-Göhring. 2015. „Defizit" oder „Benachteiligung". Zur Dialektik von Selbst- und Fremdausschließung in der politischen Bildung. In *Inklusion – Wege in die Teilhabegesellschaft*, Hrsg. Heinrich-Böll-Stiftung, 419–434. Frankfurt a. M.: Campus.

Budde, Jürgen, N. Blasse, und S. Johannsen. 2016. Praxistheoretische Inklusionsforschung im Schulunterricht. *Zeitschrift für Inklusion Online* 4. https://www.inklusion-online. net/index.php/inklusion-online/article/view/358/310. Zugegriffen: 17. Dezember 2018.

DGfE. 2015. Inklusion als Herausforderung für die Erziehungswissenschaft. http://www. dgfe.de/fileadmin/OrdnerRedakteure/Stellungnahmen/2015_Inklusion_Positionierung. pdf. Zugegriffen: 17. Dezember 2018.

DGfE. 2017. Stellungnahme Inklusion: Bedeutung und Aufgabe für die Erziehungswissenschaft. https://www.dgfe.de/fileadmin/OrdnerRedakteure/Stellungnahmen/2017.01_ Inklusion_Stellungnahme.pdf. Zugegriffen: 17. Dezember 2018.

Dönges, Christoph, W. Hilpert, und B. Zurstrassen, Hrsg. 2015. *Didaktik der inklusiven politischen Bildung*. Bonn: Bundeszentrale für politische Bildung.

Emmerich, Imke. 2015. Der Kongress „inklusiv politisch bilden": Einführung in die Kongressdokumentation. http://www.bpb.de/lernen/projekte/inklusiv-politisch-bilden/213848/ der-kongress-inklusiv-politisch-bilden. Zugegriffen: 17. Dezember 2018.

George, Uta. 2015. Das Fach Sozialkunde in sonderpädagogischer Perspektive. Das Thema Menschenrechte im inklusiven Unterricht. In *Inklusiver Fachunterricht in der Sekundarstufe*, Hrsg. J. Riegert und O. Musenberg, 238–245. Stuttgart: Kohlhammer.

GFD. 2015. Position der Gesellschaft für Fachdidaktik zum inklusiven Unterricht unter fachdidaktischer Perspektive. http://www.fachdidaktik.org/wordpress/wp-content/ uploads/2015/09/GFD-Stellungnahme-zum-inklusiven-Unterricht-Stand-28.01.2017. pdf. Zugegriffen: 17. Dezember 2018.

Gerdes, Jürgen, D. Sahrai, U. Bittlingmayer, und F. Sahrai. 2015. Menschenrechtsbildung und Demokratie-Lernen als zentrale Elemente einer inklusiven politischen Bildung. In *Didaktik der inklusiven politischen Bildung*, Hrsg. C. Dönges, W. Hilpert und B. Zurstrassen, 69–77. Bonn: Bundeszentrale für politische Bildung.

Grammes, Tilman. 2017. Interpretative Fachunterrichtsforschung. In *Forschung, Planung und Methoden Politischer Bildung*, Hrsg. D. Lange und V. Reinhardt, 36–46. Baltmannsweiler: Schneider.

Grosche, Michael. 2015. Was ist Inklusion? In *Inklusion von Schülerinnen und Schülern mit sonderpädagogischem Förderbedarf in Schulleistungserhebungen*, Hrsg. P. Kuhl, P. Stanat, B. Lütje-Klose, C. Gresch, H. Anand Pant und M. Prenzel, 17–39. Wiesbaden: Springer.

Hedtke, Reinhold. 2011. Das Interesse der Schüler – Abwehr entfremdeten Lernens bei Rolf Schmiederer. Interpretation und Kommentar In *Klassiker der Politikdidaktik neu gelesen. Originale und Kommentare*, Hrsg. M. May und J. Schattschneider, 178–189. Schwalbach/Ts.: Wochenschau.

Hedtke, Reinhold. 2014. Fachwissenschaftliche Grundlagen politischer Bildung – Positionen und Kontroversen. In *Handbuch politische Bildung*, Hrsg. W. Sander, 42–52. 4., völlig überarb. Aufl. Schwalbach/Ts.: Wochenschau.

Heinrich-Böll-Stiftung, Hrsg. 2015. *Inklusion – Wege in die Teilhabegesellschaft*. Frankfurt a. M.: Campus.

Henkenborg, Peter. 2013. Politische Bildung für die Demokratie: Demokratie-lernen als Kultur der Anerkennung. In *Pädagogik der Anerkennung. Grundlagen, Konzepte, Pra-*

xisfelder, Hrsg. Benno Hafeneger, P. Henkenborg und A. Scherr, 106–131. Schwalbach/ Ts.: Wochenschau.

Hinz, Andreas. 2002. Von der Integration zur Inklusion – terminologisches Spiel oder konzeptionelle Weiterentwicklung? *Zeitschrift für Heilpädagogik* 53: 354–361.

Hölzel, Tina, und D. Jugel. 2017. Fachbeitrag: Inklusive politische Bildung etablieren – Standpunkte, Herausforderungen und Lösungsansätze. https://www.politischejugendbildung. de/publikationen/online-dossier-inklusion.html. Zugegriffen: 17. Dezember 2018.

Jahr, David. 2015. Inklusion im Politikunterricht. Potenziale und Grenzen der Dorfgründung für einen heterogenitätssensiblen Unterricht. In *Grundlagen inklusiver Bildung. Teil 1. Inklusive Unterrichtspraxis und -entwicklung*, Hrsg. C. Siedenbiedel und C. Theurer, 135–151. Immenhausen: Prolog.

Jahr, David. 2017. Der Ort der Inklusion in den politischen Grundorientierungen der modernen Demokratie – ein Diskussionsvorschlag. In *Leistung inklusive? Inklusion in der Leistungsgesellschaft. Bd. I: Menschenrechtliche, sozialtheoretische und professionsbezogene Perspektiven*, Hrsg. B. Lütje-Klose, M.-A. Boger, B. Hopmann und P. Neumann, 48–56. Bad Heilbrunn: Klinkhardt.

Jahr, David. 2019. Potenzialorientierung in der politischen Bildung. Fachdidaktische Aspekte zu Anerkennung und Diagnostik in heterogenen Lerngruppen. In *Potenzialorientierte Förderung in den Fachdidaktiken*, Hrsg. M. Veber, R. Benölken und M. Pfitzner, 79–96. Münster: Waxmann.

Jugel, David. 2015. Inklusion in der politischen Bildung – auf der Suche nach einem Verständnis. In *Inklusion – Wege in die Teilhabegesellschaft*, Hrsg. Heinrich-Böll-Stiftung, 441–460. Frankfurt a. M.: Campus.

Kleinschmidt, Malte. 2017. Inclusive Citizenship als Forschungsperspektive: Vom Denken in Spannungsverhältnissen. Impulse für einen herrschaftskritischen, dynamischen und hegemonietheoretisch fundierten Begriff von Inklusion. *Zeitschrift für Inklusion Online* 3. www.inklusion-online.net/index.php/inklusion-online/article/view/443/328. Zugegriffen: 17. Dezember 2018.

Kleinschmidt, Malte, und D. Lange. 2017. Inclusive Citizenship. Exklusion und Praxen inklusiver Bürgerschaft als Ausgangspunkt einer emanzipatorischen politischen Bildung. In *Emanzipation. Zum Konzept der Mündigkeit in der Politischen Bildung*, Hrsg. S. A. Greco und D. Lange, 96–107. Schwalbach/Ts.: Wochenschau.

Klemm, Klaus. 2018. Unterwegs zur inklusiven Schule. Lagebericht 2018 aus bildungsstatistischer Perspektive. https://www.bertelsmann-stiftung.de/fileadmin/files/BSt/Publikationen/GrauePublikationen/Studie_IB_Unterwegs-zur-inklusiven-Schule_2018.pdf. Zugegriffen: 17. Dezember 2018.

Krämer, Philipp, B. Prizibilla, und M. Grosche. 2016. Woran erkennt man schulische Inklusion? Indikatoren zur operationalen Definition von schulischer Inklusion. *Heilpädagogische Forschung* 2: 83–95.

Kronauer, Martin. 2015. Politische Bildung und inklusive Gesellschaft. In *Didaktik der inklusiven politischen Bildung*, Hrsg. C. Dönges, W. Hilpert und B. Zurstrassen, 18–29. Bonn: Bundeszentrale für politische Bildung.

Lindmeier, Christian, und B. Lütje-Klose. 2015. Inklusion als Querschnittsaufgabe in der Erziehungswissenschaft. *Erziehungswissenschaft: Inklusion - Perspektiven, Herausforderungen und Problematisierungen aus Sicht der Erziehungswissenschaft* 51: 7–16.

Massing, Peter. 2015. Kompetenzorientierung im inklusiven Politikunterricht. In *Inklusiver Fachunterricht in der Sekundarstufe*, Hrsg. J. Riegert und O. Musenberg, 225–238. Stuttgart: Kohlhammer.

Petrik, Andreas. 2014. Adressatenorientierung. In *Handbuch politische Bildung*, Hrsg. W. Sander, 241–248. 4., völlig überarb. Aufl. Schwalbach/Ts.: Wochenschau.

Plehn, Anna-Maria. 2015. Der Fußball – Kinderarbeit als Verstoß gegen die Kinder- und Menschenrechte?, In *Inklusiver Fachunterricht in der Sekundarstufe*, Hrsg. J. Riegert und O. Musenberg, 245–249. Stuttgart: Kohlhammer.

Prengel, Annedore. 2006. *Pädagogik der Vielfalt. Verschiedenheit und Gleichberechtigung in Interkultureller, Feministischer und Integrativer Pädagogik.* 3. Aufl. Wiesbaden: Springer VS.

Riegert, Judith und O. Musenberg, Hrsg. 2015. *Inklusiver Fachunterricht in der Sekundarstufe.* Stuttgart: Kohlhammer.

Sander, Wolfgang. 2014. Zur Einführung. In *Handbuch politische Bildung*, Hrsg. W. Sander, 11–12. 4., völlig überarb. Aufl. Schwalbach/Ts.: Wochenschau.

Schröder, Hendrik und A. Klee. 2017. Schülerorientierung. In *Konzeptionen, Strategien und Inhaltsfelder Politscher Bildung*, Hrsg. D. Lange und V. Reinhardt, 342–351. Baltmannsweiler: Schneider

Sturm, Tanja. 2017. Sammelrezension zum Thema Inklusion in der Sekundarstufe. Erziehungswissenschaftliche Revue 1. https://www.klinkhardt.de/ewr/978317026385.html. Zugegriffen: 17. Dezember 2018.

Szukala, Andrea. 2016. Inklusiver Unterricht in den sozialwissenschaftlichen Fächern der Sekundarstufe. In *Didaktik und Differenz*, Hrsg. O. Musenberg und J. Riegert, 164–177. Bad Heilbrunn: Klinkhardt.

Trumpa, Silke, S. Seifried, E. Franz, und T. Klauß, Hrsg. 2014. *Inklusive Bildung. Erkenntnisse und Konzepte aus Fachdidaktik und Sonderpädagogik.* Weinheim: Beltz.

UN. 2006. United Nations Convention on the Rights of Persons with Disabilities. http://www.un.org/esa/socdev/enable/rights/convtexte.htm. Zugegriffen: 17. Dezember 2018.

UNESCO. 2005. Guidelines for Inclusion: Ensuring Access to Education for All. http://www.ibe.unesco.org/sites/default/files/Guidelines_for_Inclusion_UNESCO_2006.pdf. Zugegriffen: 17. Dezember 2018.

Zurstrassen, Bettina. 2015. Zielgruppenorientierung. Anstöße zum Weiterdenken – eine Replik. In *Didaktik der inklusiven politischen Bildung*, Hrsg. C. Dönges, W. Hilpert und B. Zurstrassen, 110–112. Bonn: Bundeszentrale für politische Bildung.

Zurstrassen, Bettina. 2016. Inklusiver Fachunterricht in der beruflichen Bildung – am Beispiel des gesellschaftswissenschaftlichen Unterrichts. In *Didaktik und Differenz*, Hrsg. O. Musenberg und J. Riegert, 178–193. Bad Heilbrunn: Klinkhardt.

Autorin und Autor

Hölzel, Tina (Master of Education in Politik, Kunst und Germanistik), ist Leiterin des Zentrums für inklusive politische Bildung (ZipB) und wissenschaftliche Mitarbeiterin an der Technischen Universität Dresden. Sie promoviert zurzeit zum Thema „Inklusive politische Bildung – partizipatives Forschungsvorhaben zu Gelingensbedingungen, Hemmnissen und Katalysatoren für inklusive politische

Bildungsformate." Ihre Forschungs- und Arbeitsschwerpunkte sind: Inklusion im Kontext politischer Bildung, Heterogenität an berufsbildenden Schulen, politische und kulturelle Bildung, partizipative Forschung und die enge Verknüpfung mit Bildungspraxis.

E-Mail: tina.hoelzel@zipb.de; tina.hoelzel@tu-dresden.de

Jahr, David, ist wissenschaftlicher Mitarbeiter an der Westfälischen Wilhelms-Universität Münster (Professur für Erziehungswissenschaft mit dem Schwerpunkt Schulpädagogik: Inklusive Bildung). Er promoviert derzeit zum Thema „Inklusion und Exklusion im Politikunterricht" (Arbeitstitel). Seine Arbeitsschwerpunkte sind Differenz und Inklusion in Schule und Unterricht, qualitative Methoden der Sozialforschung (insb. Dokumentarische Methode), kasuistische Lehrer*innenbildung sowie Didaktik und Empirie des Politikunterrichts.

E-Mail: david.jahr@uni-muenster.de

I
Grundlagen:
Zum Verhältnis von Inklusion und politischer Bildung

Zur (Re-)Politisierung der Inklusionstheorie
Umgang mit unausweichlichen Widersprüchen in der inklusiven politischen Bildung

David Jahr

Zusammenfassung

Wie alle wissenschaftlichen Disziplinen muss sich auch die politische Bildung mit einem sehr vagen und unbestimmten Inklusionsbegriff auseinandersetzen. Entgegen der Forderung sich auf *ein* Verständnis von Inklusion zu einigen, wird in diesem Beitrag vorgeschlagen, den Inklusionsbegriff in seiner ganzen Widersprüchlichkeit als mehrperspektivischen Antidiskriminierungsansatz für die politische Bildung zur Geltung kommen zu lassen. Ausgangspunkt ist das Modell der trilemmatischen Inklusion, das zeigt, dass sich Inklusion immer als eine spezifische Verbindung von zwei der drei Basissätze Empowerment, Normalisierung und Dekonstruktion bestimmt und bei jedem Zugriff von Inklusion ein Basissatz und damit eine Intention logisch ausgeschlossen werden *muss*. Der Beitrag konkretisiert das Modell, indem es mit bisherigen Arbeiten aus der inklusiven politischen Bildung verbunden wird und Kategorien der politischen Bildung zugeordnet werden. Das Verständnis von Inklusion als Empowerment und Normalisierung erscheint als die anschlussfähigste für die politische Bildung. Konträr dazu steht der Standpunkt von Inklusion als Dekonstruktion und Empowerment, der Anschlussschwierigkeiten zur politischen Bildung zeigt. Der Beitrag schließt mit einem Ausblick zu Forschungsmöglichkeiten unter den widersprüchlichen Bedingungen von Inklusion v. a. aus der Perspektive der Praxeologischen Wissenssoziologie.

Schlüsselbegriffe

inklusive politische Bildung, Trilemma der Inklusion, Inklusionsforschung, Empowerment, Dekonstruktion, Normalisierung

1   Einleitung: Bestimmungen von Inklusion – kein Entkommen aus dem Widerspruch

Ein Text zur Politisierung von Inklusion erscheint auf den ersten Blick etwas verwunderlich. Handelt es sich bei Inklusion doch grundsätzlich um ein politisches Thema. Ob man nun die Entwicklung von Inklusion aus den Bürgerrechtsbewegungen und aus internationalen Erklärungen und Abkommen betont (vgl. Hinz 2008), die widersprüchliche Umsetzung der inklusiven Schulbildung aus rechtlicher Perspektive evaluiert (vgl. Wrase 2015) oder einen anarchistisch/libertären Kern von Inklusion rekonstruiert (vgl. Jahr 2017) – Inklusion erscheint als ein politisch-gesellschaftliches Projekt sui generis. Hier soll es nicht darum gehen, dies aus einem weiteren Blickwinkel erneut zu betonen. Vielmehr will dieser Beitrag einen impliziten, widersprüchlichen Kern *aller Theorien* zu Inklusion sichtbar machen, der dafür sorgt, dass jeder Zugriff im Namen von Inklusion und jede Bestimmung des Begriffs immer vorläufig bleibt und eine wichtige Nuance ausschließen *muss*. Damit soll die Diskussion um Inklusion in dem Sinne politisiert werden, dass deutlicher wird, worüber gestritten wird und was verschwindet, wenn man versucht, den Pudding der Inklusion an die Wand zu nageln.

Der Beitrag schlägt einen genau anderen Weg vor, als ihn bspw. Besand und Jugel (2015a) fordern, die eine Notwendigkeit darin sehen, „der Diskussion von Beginn an einen gemeinsamen und klaren Inklusionsbegriff zugrunde zu legen" (Besand und Jugel 2015a, S. 46). Dieses Verlangen ist verständlich und angesichts des diffusen Inklusionsbegriffs (vgl. Grosche 2015) für jede wissenschaftliche Arbeit auch notwendig. Die hier vorgenommene Betonung eines grundsätzlichen und unaufhebbaren Widerspruchs in der Inklusionstheorie bedeutet etwas darüber Hinausgehendes. Sie betont, dass mit dem Streit um einen der Situation angemessenen Inklusionsbegriff niemals aufgehört werden kann und kein Frieden zu schließen ist mit der Theorie hinter dem politischen Anliegen von Inklusion. Es geht letztlich darum, die theoretische Diskussion selbst zu politisieren.

Dafür werde ich im folgenden Kapitel (2) das Modell der trilemmatischen Inklusion von Mai-Ahn Boger (2015; 2016; 2017) vorstellen, auf das sich meine Argumentation stützt. Im dritten Kapitel sollen die noch recht abstrakten Gedanken des Trilemmas mit Bezug zur politischen Bildung und ihrer Didaktik konkretisiert werden. Abschließend (4) sollen Gedanken für eine (fachdidaktische) Inklusionsforschung vorgestellt werden, wie unter Bedingungen des Trilemmas empirische Forschung gestaltet werden kann.

2 Das Modell der trilemmatischen Inklusion zur Ordnung politischer Gehalte der Inklusion

Die Bielefelder Inklusionsforscherin Mai-An Boger (2015; 2016; 2017) geht in ihrem langjährigen Projekt der Frage nach, wie Quellen aus verschiedenen gesellschaftlichen Bereichen (Wissenschaften, Medien oder Politik) Inklusion verstehen. Sie fasst Inklusion nicht behinderungsbezogen verengt auf, sondern sieht den Begriff als „synonym zu Differenzgerechtigkeit (oder ex negativo: Nicht-Diskriminierung/ Diskriminierungsfreiheit)" (Boger 2017). Unter der Perspektive eines Grounded-Theory-Verfahrens entwickelte sie ihr Modell der trilemmatischen Inklusion als eine „Praxis-Theorie der Anti-Diskriminierung/Inklusion" (Boger 2016). Die erste entscheidende Setzung des Modells ist, dass sich alle theoretischen Bestimmungen von Inklusion anhand dreier grundlegender Basissätze ordnen lassen. Demnach kann Inklusion gedacht werden als:

1. Empowerment (E),
2. Normalisierung (N) oder
3. Dekonstruktion (D)

Das Modell sammelt Konzepte zu Inklusion, die von den sich erhebenden Stimmen der diskriminierten Subjekte ausgehen. Daher stehen hinter diesen drei Basissätzen konkrete Forderungen. *Empowerment* versteht Boger (2015) als „sämtliche Forderungen und Wünsche, die darauf zielen, seiner selbst bemächtigt zu sein" (Boger 2015, S. 52). In diesem Sinne geht es in der Pädagogik dann um „Solidarisierungsfähigkeit der Kinder", um unterstützende Entwicklung von „positiven Selbstbildern" und um „Autonomie" für bestimmte marginalisierte Menschen (Boger 2015). *Normalisierung* sammelt als Kategorie „sämtliche Forderungen und Wünsche, die darauf zielen, als normaler Mensch gesehen zu werden, ‚ganz normal behandelt' zu werden und/oder die gleichen Rechte, Möglichkeiten, Pflichten, Privilegien zu haben wie die Normalen auch" (Boger 2015, S. 52–53). Es geht hier unter anderem darum, an der Gesellschaft teilhaben zu können. *Dekonstruktion* fasst schließlich „sämtliche Forderungen und Wünsche, die darauf zielen, die Konstruktionen, die die Welt in binäre Codes teilen, zu erodieren, also die Wahrnehmung in den Kategorien ‚Mann-Frau', ‚schwarz-weiß', ‚behindert-nichtbehindert', ‚gesund-krank' etc. zu unterlassen oder mindestens zu irritieren oder zu flexibilisieren" (Boger 2015, S. 53). Hier geht es um den Umgang mit „symbolischer Gewalt", um „Dekategorisierung" und konkreter um das seit langem bekannte Etikettierungs-Ressourcen-Dilemma der Inklusion (vgl. Wocken 1996).

Die zweite Setzung des Modells ist, dass empirische Standpunkte zu Inklusion i. d. R. nicht einem Basissatz zugeordnet sind, sondern sich als Kombination zweier Basissätze darstellen. Die sich daraus ergebenden drei Kombinationen veranschaulicht sie mithilfe von Formeln des Begehrens, die von den unterdrückten Subjekten selbst oder von anderen für diese Subjekte geäußert werden:

1. Empowerment mit Normalisierung: „das Begehren als Andere_r bei den Normalen mitspielen zu dürfen",
2. Normalisierung mit Dekonstruktion: „das Begehren in seiner Individualität ohne Zuschreibung von Andersheit gesehen zu werden",
3. Dekonstruktion mit Empowerment: „das Begehren in seiner Eigenheit sein zu dürfen und sich nicht verstecken oder anpassen zu müssen" (Boger 2017).

Die Pointe ist nun, dass man sich nur für zwei Bestimmungen von Inklusion entscheiden kann und damit den dritten Basissatz *aus logischen Gründen* ausschließt:

1. Empowerment mit Normalisierung ohne Dekonstruktion (E-N) ist „Erkämpfen des Rechts der Anderen auf Teilhabe an einer Normalität (wie z. B. […] der ‚Inklusion' von Menschen mit Behinderung in die Regelschule" (Boger 2017). Wichtige Schlagwörter sind hier Teilhabegerechtigkeit und Chancengerechtigkeit. Von diesem Standpunkt aus werden Instrumente wie z. B. die Frauenquote gefordert, die u. a. dazu führen soll, dass Frauen an der Normalität betriebswirtschaftlicher Führung teilnehmen können. In der E-N-Perspektive werden Kategorien der Unterscheidung (die, die schon an Normalität teilhaben und die, die teilhaben sollen) und Markierungen einer wünschenswerten Normalität für die Argumentation gebraucht und deren Dekonstruktion damit verunmöglicht.
2. Normalisierung und Dekonstruktion ohne Empowerment (N-D) als „Dekonstruktion der normalistischen Dispositive, von denen die Zuschreibung von Andersheit ausgeht" (Boger 2017). Dieser Standpunkt verzichtet auf die Adressierung von Menschen als nicht-normale/andere, thematisiert diskriminierende Effekte von Labels wie bspw. Lernbehinderung und fokussiert die machtvollen Bedingungen der Konstruktionen. Das gewünschte ‚Verschwinden' jener Menschen hat die dialektische Kehrseite, dass diese Gruppen für Argumentationen zum Empowerment nicht mehr zur Verfügung stehen.
3. Dekonstruktion und Empowerment ohne Normalisierung (D-E) als „contra-hegemonialer Entwurf, bei dem es darum geht, einen kritischen Standpunkt gegenüber den Normalitätskonstruktionen und dem normalen Verständnis von Wissenschaftlichkeit zu beziehen" (Boger 2017). Man kann diese Linie auch verstehen als das Betreiben eines Empowerments, das die als Zumutung

verstandene Teilhabe an Normalität verweigert, wodurch diese dann gleichsam als Argument verschwindet.

Boger (2017) differenziert ihr Modell weiter aus, indem sie für jeden der drei Basissätze jeweils unterscheidet, in welche Richtung eines anderen Pols man sich bewegt, wenn man einen Standpunkt der Inklusion bezieht. So wird Empowerment mit Dekonstruktion etwas Anderes als Dekonstruktion mit Empowerment. Sie führt dafür jeweilige Kategorien ein (in diesem Beispiel wäre das erste „Emanzipation" und letzteres „Widerstand"). Aus Platzgründen können diese aufschlussreichen Nuancen hier nicht angemessen ausgeführt werden. Sie verdeutlichen aber, wie sich das Modell der trilemmatischen Inklusion mittlerweile ausdifferenziert hat und sollen zur Lektüre der Originalquellen anregen. Folgende Abbildung stellt die Basissätze (Eckpunkte), die konkretisierenden Formeln des Begehrens (Innenseite) und die erwähnten Kategorien dar.

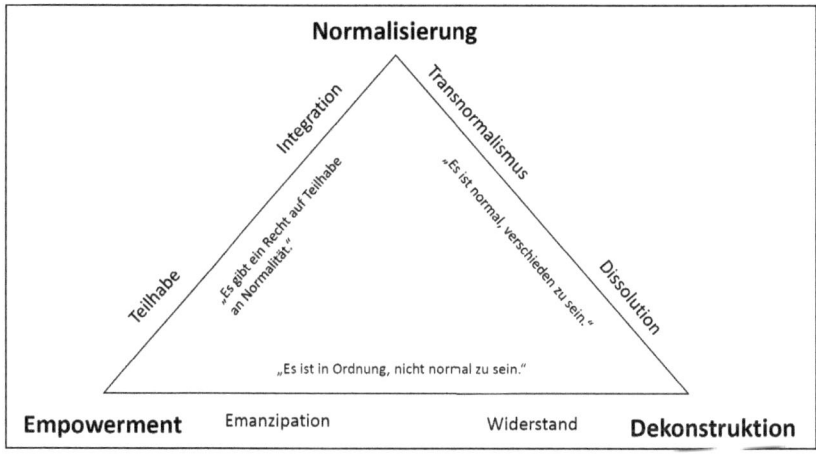

Abb. 1 Das Modell der trilemmatischen Inklusion nach Boger (2015, 2017)

3   Politische Bildung und Inklusion von drei verschiedenen Standpunkten aus denken

Mithilfe des Modells der trilemmatischen Inklusion lassen sich Aussagen ordnen, nicht aber – und das ist wichtig – Menschen (vgl. Boger 2017). Die wenigsten Wissenschaftler*innen vertreten in jedem Kontext die eine immer gleiche Position. Tatsächlich wären zwei der wichtigsten Lehren aus dem Modell, dass man sich erstens *situationsbedingt* und *strategisch* Verständnissen von Inklusion zuwenden sollte und dass man zweitens nicht davon ausgehen kann, man könne jemals immer alles haben (oder mit Bezug auf die Betroffenheitsformel, man könne jemals gleichzeitig für alle sprechen). In diesem Abschnitt sollen die drei Standpunkte des Modells in Beziehung zur politischen Bildung gesetzt werden. Die hier gemachte Verbindung entwirft ein Trilemma der inklusiven politischen Bildung und kann aus Platzgründen nur einen ersten *aufschließenden* und keinen diese Diskussion *abschließenden* Charakter haben. Im Mittelpunkt steht dabei der bisher einzige explizit auf eine Didaktik der inklusiven politischen Bildung sich beziehende Sammelband der BpB (Bundeszentrale für politische Bildung) (vgl. Dönges et al. 2015a).

3.1   Empowerment und Normalisierung als wahlverwandter Standpunkt der politischen Bildung

Inklusion vom Standpunkt E-N zu vertreten heißt, eine bestimmte vulnerable Gruppe zu fokussieren und deren Teilhabe an einer wünschenswerten Normalität zu fordern. Die Forderung nach einem „Recht auf Teilhabe an Normalität" (Boger 2015, S. 54) drückt dieses Verlangen aus. Unter diesem Fokus fordert man (politische oder didaktische) Maßnahmen, die helfen sollen, jene Teilhabe an Normalität zu erreichen. Theoretische Bezüge werden von Martha Nussbaum oder Annedore Prengel formuliert (Boger 2017). Ein Beispiel ist das aktuelle Bemühen, Kinder mit sonderpädagogischem Förderbedarf in die Regelschulen zu integrieren. Logisch konsistent verlangt eine solche Argumentation, dass man die Existenz jener vulnerablen Gruppe, für die man die Stimme erhebt, nicht gleichzeitig in Frage stellt und auch die wünschenswerte Normalität (in diesem Beispiel die kapitalistische Ordnung oder die Schulpflicht) nicht hinterfragt, andererseits würde der Kampf um sie keinen Sinn ergeben.

Dies ist der Standpunkt, der im erwähnten BpB-Sammelband zur inklusiven politischen Bildung die übergeordnete Perspektive darstellt und in der Einleitung folgendermaßen explizit gemacht wird: Trotz Erwähnung eines grundsätzlich weiten Anspruchs von Inklusion wird dort ein enger Fokus gesetzt, indem „Menschen mit

Lernschwierigkeiten (bevorzugte Selbstbezeichnung der Gruppe der Menschen mit geistiger Behinderung)" (Dönges et al. 2015b, S. 9) die relevante Gruppe des Bandes darstellen, *für die* gesprochen wird. Die Herausgeber*innen fordern, die politische Didaktik „wesentlich stärker als bisher auf die spezifischen Belange der Menschen mit Lernschwierigkeiten" (Dönges et al. 2015b, S. 10) auszurichten und sehen die politische Bildung „in die Pflicht genommen, ihre Angebote für Menschen mit Behinderungen nutzbar zu machen und zum Empowerment von Menschen, die bisher durch die gesellschaftliche Wirklichkeit an einer gleichberechtigten Teilhabe an politischen Prozessen gehindert wurden, beizutragen" (Dönges et al. 2015b). Die Herausgeber*innen formulieren hier einen auf *Empowerment* basierenden Ansatz für die vulnerable Gruppe der Menschen mit Lernschwierigkeiten und fordern deren Teilhabe an der *Normalität* politischer Prozesse. Damit benennen sie eine *Zielgruppe*, setzen diese damit als präexistent voraus und verteidigen diese Zielgruppenorientierung im Band als Bedingung für Inklusion (vgl. Dönges und Köhler 2015). Als eine politische/didaktische Maßnahme zur Erreichung dieses Ziels wird Leichte Sprache als entscheidender „Schlüssel für mehr Teilhabe und Selbstbestimmung" (Rüstow 2015, S. 116) diskutiert.

Inklusion als Empowerment und Normalisierung zu verstehen erscheint naheliegend für die politische Bildung. Der Standpunkt entwirft eine genuin *praktisch-politische* Stoßrichtung. Boger (2015) bezeichnet die Räume der E-N-Perspektive als „Räume der politischen Bildung, die uns dazu erziehen, uns selbst als politische Wesen, als ,Bürgerinnen und Bürger' zu erfahren. Somit tragen sie – pädagogisch gesprochen – zur politischen Identitätsbildung bei, helfen uns Normen und Werte zu reflektieren und eine kritische Haltung gegenüber den gesellschaftlichen Verhältnissen zu entwickeln" (Boger 2015, S. 55).

Der E-N-Standpunkt ist darüber hinaus deshalb besonders anschlussfähig für die politische Bildung, weil er als übergeordnete Logik der politischen Bildung selbst bezeichnet werden kann (ohne zu behaupten, dass es in der Politikdidaktik nicht auch gegenläufige Entwürfe gibt). Eine der wichtigsten Zielvorstellungen der politischen Bildung ist der Begriff der *Mündigkeit* (vgl. u. a. Sander 2014). Politische Mündigkeit wird i. d. R. als politikdidaktische Zielkategorie nicht als Selbstzweck entworfen (was dem Modell-Basissatz Empowerment entsprechen würde), sondern mit einem Ziel des Einbezugs in die gesellschaftliche *Normalität* der demokratischen Ordnung verbunden. Politischer Bildung geht es letztendlich um Mitgestaltung, um „die Weiterentwicklung der Demokratie durch mündige Bürgerinnen und Bürger" (Pohl 2014, S. 186). Dieser Standpunkt zu Empowerment und Normalisierung ist auch im Beutelsbacher Konsens angelegt: Schüler*innenorientierung meint dort zum einen die Befähigung des*r Schülers*in „eine politische Situation und seine eigene Interessenlage zu analysieren" und zum anderen eine „vorgefundene politische Lage im Sinne seiner Interessen zu beeinflussen" (Wehling 1977, S. 179). Diese angestrebte Normalität des demokratischen Willensbildungsprozesses findet sich auch in sich kontrovers gegenüberstehenden fachdidaktischen Konzepten wieder. Sie wird bei Weißeno et al. (2010) ausgedrückt im Satz: „Lebendige und gelebte Demokratie ist Aufgabe der politischen Bildung" (Wehling 1977, S. 7) und bei der Autorengruppe Fachdidaktik (2016) folgendermaßen: „Im Zentrum politischer Bildung stehen die Förderung von Urteilskraft und kritischem Denken sowie die Befähigung zur Partizipation [...]. Das ‚Politische' der politischen Bildung [...] bezeichnet die öffentliche Gestaltungskraft mündiger Bürgerinnen und Bürger" (Autorengruppe Fachdidaktik 2016, S. 8).

Somit ist auch verständlich, warum Inklusion in der E-N-Perspektive nichts grundsätzlich Neues für die Politikdidaktik bedeutet. Im Detail wird durch Inklusion aber die Frage laut, ob der Fokus auf die Adressat*innen der politischen Bildung wirklich allumfassend ist. Für die *schulische* politische Bildung scheint dies auf den ersten Blick einfach (es sind die Lernenden), doch auf den zweiten Blick virulent: Was ist mit bestimmten Gruppen wie Schüler*innen mit unterschiedlichen Behinderungen? Was ist mit bestimmten Gruppen junger Lernender, die sich aus der Fachlogik heraus als vulnerabel darstellen, wie ‚politikferne' oder ‚demokratieferne' Menschen? Welche didaktischen Maßnahmen braucht es eigentlich, dass bisher marginalisierte Gruppen am Politikunterricht teilhaben können? Für die *außerschulische* politische Bildung stellt sich die Frage, an wen sich eine politische Bildung unter inklusiven Vorzeichen wenden muss und wie jene vulnerablen Gruppen erreicht werden können, noch einmal anders dar, was anschließend unter Punkt 3.2 aufgegriffen wird.

Bei der Suche nach einer inklusiven politischen Bildung geht man vom Standpunkt E-N kommend von bestimmten ‚anderen' vulnerablen Gruppen aus und sucht dann nach einer Didaktik für den gemeinsamen Politikunterricht oder für gemeinsame politische Bildungssituationen. Inklusion formuliert so eine neue didaktische Herausforderung und es geht darum, bestehende fachdidaktische Konzepte zu adaptieren und neue zu formulieren. Die inhärenten Widersprüche dieser Perspektive, die unhinterfragte Markierung bestimmter Gruppen und Anrufung einer wünschenswerten Normalität *für* diese Gruppen bleiben ein theoretischer Stachel im Fleisch jener Antidiskriminierungsforderungen. Jener Einspruch wird v. a. vom Standpunkt der Linie Normalisierung und Dekonstruktion herangetragen.

3.2 Normalisierung und Dekonstruktion als Kritik zur Zielgruppenorientierung

Inklusion aus der Perspektive von Normalisierung und Dekonstruktion zu vertreten, bedeutet Normalität so zu entwerfen, dass man die Konstruktionen der im E-N-Standpunkt so selbstverständlich artikulierten Zielgruppen hinterfragt. Im Gegensatz zu vulnerablen Gruppen wird Heterogenität bzw. Individualität betont. „Es ist normal, verschieden zu sein" (Boger 2015, S. 56) bringt diese Perspektive auf den Punkt. Als theoretische Bezüge erwähnt Boger (2017) u. a. Michel Foucault und Judith Butler. Im Mittelpunkt stehen die potenziell diskriminierenden Adressierungen, Etikettierungen und Kategorisierungen, die mit einem Ansatz von Empowerment einhergehen müssen. Dieser Standpunkt drückt sich in der Inklusionsdebatte darin aus, die „Konstruktion als Konstruktion des Anderen zu reflektieren und so ein pädagogisches Denken in zwei bzw. multiplen Gruppen zu vermeiden und stattdessen das Spektrum ununterteilbarer Individualität […] in den Blick zu bekommen" (Hinz 2013). Betont wird die unbestimmbare Vielfalt der Adressat*innen pädagogischer Prozesse.

Inklusion als Normalisierung und Dekonstruktion ist ein wichtiger Standpunkt der Kritik an den impliziten Setzungen der E-N-Perspektive. Im BpB-Sammelband zur inklusiven politischen Bildung macht sich diese Kritik mindestens zweimal prominent bemerkbar: bei der Infragestellung sowohl der Zielgruppenorientierung, die der Band verfolgt, als auch der dort vorgeschlagenen Empowerment-Maßnahme der Leichten Sprache. Besand und Jugel (2015b) kritisieren Zielgruppenorientierung als „tradierte Zuschreibungslinien" (Besand und Jugel 2015b, S. 100) und fragen nach „neuen Zielgruppenkonzepten" für eine politische Bildung, die sich „nicht an der Reproduktion defizitorientierter Zuschreibungskategorien beteiligt" (Besand und Jugel 2015b, S. 99). Leichte Sprache wird u. a. mit der Praxis des Einbezugs von Zielgruppen als Experten*innen, der dialektisch zur Verfestigung ihres „exkludierte[n] Sonderstatus[es]" (Zurstrassen 2015a, S. 130) führt, in Frage gestellt. Beide Kritikpunkte erwachsen aus jenem logischen Widerspruch, der, wie im Modell der trilemmatischen Inklusion verdeutlicht wird, aus der E-N-Perspektive hervorgehen *muss*. Man entkommt der Dialektik nicht: Benennt man im Sinne von Empowerment und Normalisierung eine vulnerable Zielgruppe und Instrumente zur Erreichung ihrer Integration in eine gesellschaftliche Normalität, kann genau diese Fokussierung zur gesellschaftlichen Exklusion jener Gruppe führen. Die Maßnahme Leichte Sprache kann helfen *und* schafft gleichzeitig eine gesellschaftliche Gruppe, die auf Leichte Sprache angewiesen ist und von der sich andere gesellschaftliche Gruppen abzugrenzen versuchen (vgl. Zurstrassen 2015a, S. 130ff.). Hinzu kommt, dass jede Gruppenbenennung gleichzeitig eine Homogenität innerhalb dieser Gruppe konstruiert, was vom Standpunkt Inklusion als Normalisierung und Dekonstruktion aus als Widerspruch zur dortigen Betonung menschlicher Individualität abgelehnt wird.

Inklusion als Normalisierung und Dekonstruktion zu verstehen erscheint aus inklusionstheoretischer Perspektive gut begründbar, ergibt aber für die Praxis der politischen Bildung Probleme. Im schulischen Bereich stellt sich die Frage, wie sich besondere Bedarfe und Bedürfnisse kommunizieren lassen, wenn Kategorien zur Bezeichnung fehlen bzw. wie knappe Ressourcen chancengerecht verteilt werden können, wenn gruppenbezogene Kategorien zur Differenzierung fehlen. Für den außerschulischen Bereich erwähnt Boger (2015, S. 57) die Frage, wie man ein inklusives Angebot wie eine Theatergruppe gründen kann, ohne aber Inklusion bzw. eine Zielgruppe darauf zu schreiben und gleichzeitig sichergeht, dass die Menschen, die man auch meint, sich angesprochen fühlen. In diesem Sinne können auch Besand und Jugel (2015b) die Perspektive der Dekonstruktion für die politische Bildung nicht vollständig verfolgen. Ihr Vorschlag geht vielmehr dahin, klassische Differenzkategorien wie Geschlecht, Herkunft, soziale Lage und Behinderung mit neuen „Ausschlusslinien" wie „Kommunikation" oder „Macht" (Besand und Jugel 2015b, S. 106–107) zu ersetzen. Das Verschwinden von Adressat*innen erschwert politische Bildungspraxis und macht die Perspektive N-D anschlussschwieriger. Auf theoretischer Ebene ist dennoch dieser Einspruch wichtig, um nicht allzu unbeschwert Kategorien der Unterscheidung zu reproduzieren.

Die didaktische Frage stellt sich vom Standpunkt N-D aus als eine konsequente Kritik bisheriger didaktischer Konzepte dar. „Im Umgang mit Heterogenität ist die politische Bildung gescheitert, wenn überhaupt ein Bewusstsein dafür bestanden hat" (Zurstrassen 2015b). Hier würde man bestehenden fachdidaktischen Konzepten den Anspruch absprechen, wirklich jemals für alle Lernenden dagewesen zu sein und konsequenterweise nach einer *echten* (Fach-)Didaktik für alle suchen (vgl. Boger 2017). Von hier aus würde man argumentieren, dass viele Konzepte der politischen Bildung bereits exkludierende Vorannahmen transportieren. Konsequent wäre eine inklusive politische Bildung dann nur, wenn Zuschreibungen wie Migrant*in oder Behinderung keine Rolle mehr spielen würden, sondern die Ideen der Politikdidaktik grundsätzlich für alle Individuen geeignet sind. Ansätze, die mit non-kategorialen Zugängen wie *potenzialorientierter Förderung* argumentieren, gehen in diese Richtung (für Potenzialorientierung in der politischen Bildung vgl. Jahr 2019).

3.3 Dekonstruktion und Empowerment als Einspruch gegen Abwertung und Anpassungszwang

Zur Verdeutlichung dieser dritten Perspektive des Modells bezieht sich Boger (2017) auf ihre eigene Position: „Wenn ich an mein Leben denke, kämpfe ich zum Beispiel oft für Depathologisierung und ich mache das mit genau diesen diskursanalytischen ND-Zugängen in der Nachfolge Foucaults. Der Theoriezugang redet dabei aber konsequent an meinem eigenen Körper und seiner Geschichte vorbei, denn in dieser hieß Pathologisierung, dass ich nach einer langen Reise in meiner Existenz anerkannt und gerettet werde. Die Psychiatrie war der einzige Ort, an den ich mich wenden konnte" (Boger 2017). Das Problem des N-D Standpunktes ist die implizite Abwertung von Andersheit, die in einem großen „Wir" verschwindet. Die bedingungslose Anerkennung, das Identitätsgefühl, dass es „völlig in Ordnung ist, nicht normal zu sein" (Boger 2015, S. 57) macht nun jene dritte Perspektive aus. Bürgerbewegungen wie der Krüppelbewegung geht es ja gerade um die Zurückweisung der mit den anderen Perspektiven verbundenen Opferrolle, der zugeschriebenen Ohnmacht und dem Drang, sich Normalitätsvorstellungen anzupassen. Theoretische Bezüge zum N-D Standpunkt stellen die Disability Studies dar, die das Anliegen für Betroffene verfolgen „ihre Geschichte selbst zu erzählen (der Empowerment-Aspekt) und durch diese iterierte Narration der Hegemonie etwas entgegensetzen zu können" (Boger 2017).

Inklusion als Dekonstruktion und Empowerment zu verstehen scheint Ansätzen der politischen Bildung am fremdesten zu sein, da hier die Frage nach Legitimität von selbstgewählter Exklusion gestellt wird. Im BpB-Sammelband zur inklusiven politischen Bildung klingt dieser Standpunkt bei der Frage an, ob Leichte Sprache, wenn sie das Bedürfnis für Menschen mit Lernschwierigkeiten unterstützt unter sich sein zu wollen und eine Gemeinschaft zu kreieren, nicht eine prinzipiell begrüßenswerte Form der Eigenkultur sei oder als „neue Form der Segregation" (Rüstow 2015, S. 116) abzulehnen ist. Dass die D-E-Perspektive in der politischen Bildung kaum anzutreffen ist, mag auch daran liegen, dass sie die oben erwähnte grundsätzliche Zielstellung von Mündigkeit, nämlich der Teilnahme an den demokratischen Prozessen, in Frage stellt. Die Linie D-E macht die Idee auf, dass es aus diskriminierungstheoretischer Sicht legitim sein kann, sich dieser Normalisierung zu verweigern. „Es ist die Form der Achtung von Andersheit, mit der sowohl Demokratie als auch Kapitalismus am schlechtesten umgehen können, da es in demokratischen Termini das Recht bedeutet, nicht wählen zu gehen, und in kapitalistischen Begriffen heißt, nicht aufsteigen zu wollen" (Boger 2015, S. 58).

Die Perspektive Dekonstruktion und Empowerment erscheint als wichtiger Einspruch für didaktische Überlegungen, die Normalität gemeinsamer Aktivitäten zu weit nach vorn zu rücken. Boger (2017) führt ein anschauliches Zitat von Dannenbeck und Dorrance (2009) an: „Ein Kind im Rollstuhl unter allen Umständen und in jedem Fall, zumindest symbolisch am Spiel zu beteiligen, mag letztlich ebenso problematisch sein, wie es vom Basketballspiel systematisch auszuschließen." Der hier aufgemachte Gedanke für die politische Bildung lautet adaptiert: Einen Menschen unter allen Umständen und in jedem Fall, zumindest symbolisch an demokratischen Prozessen zu beteiligen, mag letztendlich ebenso problematisch sein, wie ihn hiervon systematisch auszuschließen. Letztendlich wird damit die demokratietheoretische Frage nach Legitimität selbstgewählter nicht-Politisierung aufgemacht.

Als didaktische Frage wird vom Standpunkt D-E aus stark gemacht, dass es Menschen gibt, die grundsätzlich andere Zugangsweisen für Bildungsprozesse brauchen, um an diesen teilhaben zu können. Es wird nach bestimmten methodischen und medialen Variationen für Lernende gesucht und Fragen gestellt, ob Rückzugsräume des Lernens nicht zumindest zeitweise didaktisch und pädagogisch vertretbar sind. Die Frage ist hier letztendlich, welche besondere politische Bildung Menschen mit besonderen Bedürfnissen brauchen, um Chancen zu haben, am gemeinsamen politischen Lerngegenstand teilhaben zu können. Spezialwissen für und der besondere(n) Lerngruppen, wie das der Sonderpädagogik, rückt mit diesem Standpunkt in den Mittelpunkt.

4   Ein Fazit: Fachdidaktische Forschung unter Bedingungen des Trilemmas

Das Modell der trilemmatischen Inklusion verdeutlicht, von welchem Standpunkt aus über Inklusion gesprochen wird und was damit verstummt. Bei der Verbindung des Modells mit der noch recht jungen Diskussion um eine inklusive politische Bildung zeigt sich, dass die Inklusionsperspektive Empowerment und Normalisierung die politikdidaktisch anschlussfähigste Linie ist und damit ein logischer erster Ausgangspunkt der Suche nach einer inklusiven politischen Bildung. Die Perspektive Normalisierung und Dekonstruktion stellt sich als erster Widerspruch dazu dar, der sich am deutlichsten in der Kritik an Zielgruppenorientierung und Maßnahmen wie Leichte Sprache artikuliert. Die Inklusionsperspektive Dekonstruktion und Empowerment scheint dem Denken der Politikdidaktik am fremdesten zu sein, womit sie das höchste Potenzial zum theoretischen Widerspruch in sich trägt. Dies gilt für den fachdidaktischen Streit sowohl auf theoretischer als auch auf Praxisebene. Boger (2017) selbst plädiert in der Frage nach der ‚richtigen'

Perspektive auf Inklusion in der Didaktik „gegen dogmatische Verhärtungen und für ein Pendeln im Trilemma (da das Politische das Pädagogische sonst erschlägt)". Daraus ergibt sich auch für die fachdidaktische Diskussion, von Fall zu Fall zu entscheiden, welche Perspektive von Inklusion *situativ* angemessen ist und welche anderen Standpunkte als kritische Einwände gehört werden müssen.

Aus den im Trilemma aufgezeigten unterschiedlichen Inklusionsperspektiven ergeben sich jeweils andere Nuancen für die inklusionsbezogene (fachdidaktische) Forschung. Versteht man Inklusion als Empowerment und Normalisierung dann ist Diskriminierung etwas konkret Vorhandenes. Sie lässt sich in quantitativen Studien (bspw. als Gender Gap oder als Inklusionsquote) messen bzw. in qualitativen Interviews von Betroffenen kommunizieren. Die Perspektive der Normalisierung und Dekonstruktion sorgt einerseits für Schwierigkeiten in der Forschung (so lässt bspw. die durch Inklusion gewünschte Nicht-Etikettierung von Lernenden mit sonderpädagogischem Förderbedarf zunehmend die Aussage von quantitativen Studien über deren schulische Situation weniger aussagekräftig werden – vgl. Klemm 2015, S. 29). Andererseits sorgt sie für andere Analysefragen: In den Blick kommen dann zu rekonstruierende Zuschreibungen und Konstruktionen von Andersheit. Das Verständnis von Inklusion als Dekonstruktion und Empowerment macht den wichtigen Punkt auf, dass (so wie die Disability Studies es fordern und praktizieren) betroffene Menschen *auf ihre Art,* ihre Geschichte der Diskriminierung erzählen können. Gleichzeitig werden wir dazu angehalten, Praktiken jenseits gesellschaftlicher Normalität in den Blick zu nehmen, wie beispielsweise den Zusammenhang von Homeschooling und Inklusion (vgl. Jahr und Kruschel 2017).

Mit einer genauen Definition von Inklusion ins Feld zu gehen (was quantitative Studien machen müssen und qualitative machen können) ist nur eine Möglichkeit, unter den widerspruchsbetonenden Bedingungen des Trilemmas Inklusionsforschung zu betreiben. Eine Alternative dazu stellen *praxeologische* Ansätze dar, die den Vollzug von Praxis komplex beschreiben und erklären (für inklusionsbezogene praxeologische Unterrichtsforschung vgl. Sturm 2012). Neben ethnographischen Forschungsprojekten (Budde et al. 2016) gehören hierzu Ansätze, die in der auf Mannheim und später Bohnsack (2017) zurückgehenden Praxeologischen Wissenssoziologie fundiert sind und die mit der Dokumentarischen Methode (Bohnsack 2014) arbeiten. Solche Forschungsprojekte stellen das im Vollzug der Praxis sich zeigende Wissen der Akteur*innen (bzw. deren Orientierungen) in den Mittelpunkt. Praxeologische Ansätze benötigen keine widerspruchsfreie Vorannahme, was Inklusion ist bzw. was Inklusion will. Ihnen geht es in erster Linie um die Rekonstruktion der als mehrdimensional aufgefassten Handlungspraxis, die sich bspw. im inklusiven (Politik-)Unterricht zeigt. Die Ergebnisse der Rekonstruktion können dann in einem zweiten Schritt gegenstandstheoretisch eingeordnet werden, indem reflektiert wird, wie sie mit Inklusion oder Exklusion für die Beteiligten einhergehen (vgl. Wagener 2018). Die Theorie der trilemmatischen Inklusion erlaubt es, diese Reflexion über Inklusion und Exklusion in aller Widersprüchlichkeit des Inklusionsbegriffs aufzunehmen und dadurch dem Umstand gerecht zu werden, dass sich gerade in der Unterrichtspraxis Inklusion fast zwangsläufig widersprüchlich darstellt.

Zur Veranschaulichung dieser Verknüpfung von praxeologisch-wissenssoziologischer Forschungsperspektive mit dem Modell der trilemmatischen Inklusion soll hier ein Beispiel aus meinem Promotionsprojekt zu ‚Inklusion und Exklusion im Politikunterricht' (vgl. Jahr 2018) angeführt werden. Fall Erle ist eine 10. Klasse mit einem Sozialkundelehrer an einer reformpädagogischen Gesamtschule in Sachsen-Anhalt. Diese Schule ist auf Ebene des Schulprofils eine inklusive Schule. Zur Klasse gehören zwei Schülerinnen und ein Schüler mit Trisomie 21. Ihr Status sonderpädagogischer Förderbedarf zeigt sich u. a. darin, dass die drei beständig von einer weiteren Pädagogin im Unterricht begleitet werden. Diese *programmatischen* Dimensionen von Inklusion (im Schulprofil und als zugewiesener sonderpädagogischer Förderbedarf) sind im Sinne der Praxeologischen Wissenssoziologie zu unterscheiden von der *Handlungspraxis*, die sich im gemeinsamen Politikunterricht zeigt. Im Verlauf der Dorfgründungssimulation (vgl. Petrik 2013) bekommen alle Schüler*innen die Aufgabe, in jeweils einer von vier Gruppen ein Rollenspiel vorzubereiten und vor der Klasse aufzuführen. Der Unterrichtsauftrag lautet, grundsätzliche Aspekte von einer von vier politischen Grundorientierungen (Liberalismus, Konservatismus, Sozialismus oder Anarchismus) szenisch darzustellen. Nachdem der Lehrer die Schüler*innen mit Trisomie 21 vorgeholt hat, führen die beiden jungen Frauen schließlich eine Art Liebeszene auf, die mit einem Kuss im Klassenzimmer endet. Die Mitschüler*innen beobachten das Spiel und ‚erraten' schließlich unter Anleitung des Lehrers den hier dargestellten Aspekt im Denken des Liberalismus: die akzeptierende Haltung des Liberalismus gegenüber gleichgeschlechtlicher Liebe.

Der besondere Fokus der kollektiven unterrichtlichen Handlungspraxis auf die Schüler*innen mit Trisomie 21 hat in der Situation etwas *Inklusives* im Sinne von Empowerment und Normalität (E-N): die drei sonst sehr passiv im Klassenzimmer sitzenden Jugendlichen können aufgrund des besonderen Engagements des Fachlehrers an der unterrichtlichen Normalität ‚alle führen ein Rollenspiel auf' zumindest formal teilhaben.[1] Gleichzeitig, und das ist die Pointe des Trilemmas,

---

1   Sehr viel kritischer ist die Frage einzuschätzen, ob hier über diese *formale* Teilhabe am Rollenspiel hinaus auch eine *inhaltliche* Teilhabe am Lerngegenstand ermöglicht wird. Auch muss zwischen den drei Schüler*innen unterschieden werden: der junge Mann

hat die Situation etwas *Exkludierendes*: Gerade *durch* das besondere und sichtbare Engagement des Lehrers und dessen Drängen, dass diese Schüler*innen sich vor der Klasse exponieren, werden diese als Besondere, als ,Nicht-Normale' markiert, dieser Status damit reproduziert und weiter verstetigt. Ein möglicherweise selbst-gewählter Rückzug aus der Situation (D-E) sowie ein Unsichtbar-werden in der Heterogenität der Klasse (N-D) werden gleichzeitig verunmöglicht.

Mithilfe des Modells der trilemmatischen Inklusion kann die dialektische Bezugnahme von Inklusion und Exklusion in der (schulischen) Handlungspraxis komplex reflektiert werden. Über den ordnenden Anspruch des Modells hinaus wäre im Anschluss an eine solche praxeologisch-wissenssoziologische Rekonstruktion und inklusionspädagogische Reflexion nun fachdidaktisch die Frage zu stellen, welche Formen von Inklusion und Exklusion im Unterricht *fachlich* gerechtfertigt bzw. abzulehnen sind und wie sich eine solche Einschätzung eventuell in Spannung zur pädagogischen Bewertung der Situation verhält.

Literaturverzeichnis

Autorengruppe Fachdidaktik. 2016. *Was ist gute politische Bildung? Leitfaden für den sozialwissenschaftlichen Unterricht.* Schwalbach/Ts.: Wochenschau.

Besand, Anja, und D. Jugel. 2015a. Inklusion und politische Bildung – gemeinsam denken! In *Didaktik der inklusiven politischen Bildung*, Hrsg. C. Dönges, W. Hilpert und B. Zurstrassen, 45–59. Bonn: Bundeszentrale für politische Bildung.

Besand, Anja, und D. Jugel. 2015b. Zielgruppenspezifische politische Bildung jenseits tradierter Differenzlinien. In *Didaktik der inklusiven politischen Bildung*, Hrsg. C. Dönges, W. Hilpert und B. Zurstrassen, 99–109. Bonn: Bundeszentrale für politische Bildung.

Boger, Mai-Anh. 2015. Theorie der trilemmatischen Inklusion. In *Herausforderung Inklusion. Theoriebildung und Praxis*, Hrsg. I. Schnell, 51–62. Bad Heilbrunn: Klinkhardt.

Boger, Mai-Anh. 2016. Das Trilemma der Inklusion. http://www.mai-anh-boger.de/trilemma-der-inklusion. Zugegriffen: 26.10.2018.

Boger, Mai-Anh. 2017. Theorien der Inklusion – eine Übersicht. *Zeitschrift für Inklusion Online* 1. https://www.inklusion-online.net/index.php/inklusion-online/article/view/413/317. Zugegriffen: 26.10.2018.

Bohnsack, Ralf. 2014. *Rekonstruktive Sozialforschung. Einführung in qualitative Methoden.* 9., überarb. und erw. Aufl. Opladen, Toronto: Budrich.

Bohnsack, Ralf. 2017. *Praxeologische Wissenssoziologie.* Opladen, Toronto: Budrich.

mit Trisomie 21 spielt selbst nicht mit, sondern steht während der Szene nur mit dem Rücken zur Klasse.

Budde, Jürgen, N. Blasse, und S. Johannsen. 2016. Praxistheoretische Inklusionsforschung im Schulunterricht. *Zeitschrift für Inklusion Online* 4. https://www.inklusion-online.net/index.php/inklusion-online/article/view/358/310. Zugegriffen: 26.10.2018.

Dannenbeck, Clemens, und C. Dorrance. 2009. Inklusion als Perspektive (sozial)pädagogischen Handelns – eine Kritik der Entpolitisierung des Inklusionsgedankens. *Zeitschrift für Inklusion Online* 2. https://www.inklusion-online.net/index.php/inklusion-online/article/view/161/161. Zugegriffen: 26.10.2018.

Dönges, Christoph, und J. M. Köhler. 2015. Zielgruppenorientierung oder Inklusion in der politischen Bildung – Dilemma oder Scheingegensatz? In *Didaktik der inklusiven politischen Bildung*, Hrsg. C. Dönges, W. Hilpert und B. Zurstrassen, 87–98. Bonn: Bundeszentrale für politische Bildung.

Dönges, Christoph, W. Hilpert, und B. Zurstrassen. Hrsg. 2015a. *Didaktik der inklusiven politischen Bildung*. Bonn: Bundeszentrale für politische Bildung.

Dönges, Christoph, W. Hilpert, und B. Zurstrassen. 2015b. Einleitung: Didaktik der inklusiven politischen Bildung. In *Didaktik der inklusiven politischen Bildung*, Hrsg. C. Dönges, W. Hilpert und B. Zurstrassen, 9–16. Bonn: Bundeszentrale für politische Bildung.

Grosche, Michael. 2015. Was ist Inklusion? In *Inklusion von Schülerinnen und Schülern mit sonderpädagogischem Förderbedarf in Schulleistungserhebungen*, Hrsg. P. Kuhl, P. Stanat, B. Lütje-Klose, C. Gresch, H. A. Pant und M. Prenzel, 17–39. Wiesbaden: Springer.

Hinz, Andreas. 2008. Inklusion – historische Entwicklungslinien und internationale Kontexte. In *Von der Integration zur Inklusion. Grundlagen, Perspektiven, Praxis*, Hrsg. A. Hinz, I. Körner und U. Niehoff, 33–52. Marburg: Lebenshilfe.

Hinz, Andreas. 2013. Inklusion – von der Unkenntnis zur Unkenntlichkeit!? – Kritische Anmerkungen zu einem Jahrzehnt Diskurs über schulische Inklusion in Deutschland. *Zeitschrift für Inklusion Online* 1. http://www.inklusion-online.net/index.php/inklusion-online/article/view/26/26. Zugegriffen: 17. Dezember 2018.

Jahr, David. 2017. Der Ort der Inklusion in den politischen Grundorientierungen der modernen Demokratie – ein Diskussionsvorschlag. In *Leistung inklusive? Inklusion in der Leistungsgesellschaft*, Hrsg. B. Lütje-Klose, M.-A. Boger, B. Hopmann und P. Neumann, 48–56. Bad Heilbrunn: Klinkhardt.

Jahr, David. 2018. Kurzsammenfassung Dissertationsprojekt: Inklusion und Exklusion im Politikunterricht: Konstruktionen von Differenz im Unterrichtsmilieus. https://www.dropbox.com/s/c49z32x1mr9sv0r/Kurzzusammenfassung%20Dissertationsprojekt%20David%20Jahr.pdf?dl=0. Zugegriffen: 17. Dezember 2018.

Jahr, David. 2019. Potenzialorientierung in der politischen Bildung. Fachdidaktische Aspekte zu Anerkennung und Diagnostik in heterogenen Lerngruppen. In *Potenzialorientierte Förderung in den Fachdidaktiken*, Hrsg. M. Veber, R. Benölken und M. Pfitzner, 79–96. Münster: Waxmann.

Jahr, David, und R. Kruschel. 2017. Homeschooling als Alternative zur schulischen Bildung: Überlegungen zum Unterricht zu Hause aus der Perspektive inklusiver Pädagogik. In *Menschrechtsbasierte Bildung. Inklusive und demokratische Lern- und Erfahrungswelten im Fokus*, Hrsg. R. Kruschel, 197–215. Bad Heilbrunn: Klinkhardt.

Klemm, Klaus. 2015. Inklusion in Deutschland. Daten und Fakten. https://www.bertelsmann-stiftung.de/fileadmin/files/BSt/Publikationen/GrauePublikationen/Studie_IB_Klemm-Studie_Inklusion_2015.pdf. Zugegriffen: 17. Dezember 2018.

Petrik, Andreas. 2013. *Von den Schwierigkeiten, ein politischer Mensch zu werden. Konzept und Praxis einer genetischen Politikdidaktik*. 2., erw. u. aktual. Aufl. Opladen: Budrich.

Pohl, Kerstin. 2014. Schulischer Fachunterricht. In *Handbuch politische Bildung*, Hrsg. W. Sander, 186–193. 4., völlig überarb. Aufl. Schwalbach/Ts.: Wochenschau.

Rüstow, Nadine. 2015. Leichte Sprache – eine neue „Kultur" der Beteiligung. In *Didaktik der inklusiven politischen Bildung*, Hrsg. C. Dönges, W. Hilpert und B. Zurstrassen, 115–125. Bonn: Bundeszentrale für politische Bildung.

Sander, Wolfgang. 2014. Geschichte der politischen Bildung. In *Handbuch politische Bildung*, Hrsg. W. Sander, 15–30. 4., völlig überarb. Aufl. Schwalbach/Ts.: Wochenschau.

Sturm, Tanja. 2012. Praxeologische Unterrichtsforschung und ihr Beitrag zu inklusivem Unterricht. *Zeitschrift für Inklusion Online* 1–2. http://www.inklusion-online.net/index.php/inklusion-online/article/view/65/65. Zugegriffen: 17. Dezember 2018.

Wagener, Benjamin. 2018. Inklusion aus Perspektive der Praxeologischen Wissenssoziologie. In *Handbuch schulische Inklusion*, Hrsg. T. Sturm und M. Wagner-Willi, 77–92. Opladen, Toronto: Budrich.

Wehling, Hans-Georg. 1977. Konsens à la Beutelsbach. In *Das Konsensproblem in der politischen Bildung*, Hrsg. S. Schiele und H. Schneider, 179–180. Stuttgart: Klett.

Weißeno, Georg, J. Detjen, I. Juchler, P. Massing, und D. Richter. 2010. *Konzepte der Politik. Ein Kompetenzmodell*. Schwalbach/Ts.: Wochenschau.

Wocken, Hans. 1996. Sonderpädagogischer Förderbedarf als systemischer Begriff, *Sonderpädagogik* 1: 34–38. http://bidok.uibk.ac.at/library/wocken-foerderbedarf.html. Zugegriffen: 17. Dezember 2018.

Wrase, Michael. 2015. Die Implementation des Rechts auf inklusive Schulbildung nach der UN-Behindertenrechtskonvention und ihre Evaluation aus rechtlicher Perspektive. In *Inklusion von Schülerinnen und Schülern mit sonderpädagogischem Förderbedarf in Schulleistungserhebungen*, Hrsg. P. Kuhl, P. Stanat, B. Lütje-Klose, C. Gresch, H. A. Pant und M. Prenzel, 41–74. Wiesbaden: Springer.

Zurstrassen, Bettina. 2015a. Inklusion durch Leichte Sprache? Eine kritische Einschätzung. In *Didaktik der inklusiven politischen Bildung*, Hrsg. C. Dönges, W. Hilpert und B. Zurstrassen, 126–138. Bonn: Bundeszentrale für politische Bildung.

Zurstrassen, Bettina. 2015b. Zielgruppenorientierung. Anstöße zum Weiterdenken – eine Replik. In *Didaktik der inklusiven politischen Bildung*, Hrsg. C. Dönges, W. Hilpert und B. Zurstrassen, 110–114. Bonn: Bundeszentrale für politische Bildung.

Autor

Jahr, David, ist wissenschaftlicher Mitarbeiter an der Westfälischen Wilhelms-Universität Münster (Professur für Erziehungswissenschaft mit dem Schwerpunkt Schulpädagogik: Inklusive Bildung). Er promoviert derzeit zum Thema „Inklusion und Exklusion im Politikunterricht" (Arbeitstitel). Seine Arbeitsschwerpunkte sind Differenz und Inklusion in Schule und Unterricht, qualitative Methoden der Sozialforschung (insb. Dokumentarische Methode), kasuistische Lehrer*innenbildung sowie Didaktik und Empirie des Politikunterrichts.

E-Mail: david.jahr@uni-muenster.de

Inklusion im Politikunterricht
Impulse durch Intersektionalität, Partizipation und Lebensweltbezug

Kerstin Vennemeyer

Zusammenfassung

Dieser Beitrag geht der Frage nach, inwiefern intersektionale Betrachtungen neue Impulse für eine inklusive politische Bildung geben können. Dazu wird ein weites Verständnis von Inklusion erläutert, mit dem gesellschaftliche Ein- und Ausschlüsse thematisiert werden können. Eine Einbeziehung von verschiedensten Ungleichheitskategorien, neben der für Inklusion zentralen Kategorie Behinderung, wird so ermöglicht. Im Anschluss daran werden intersektionale Betrachtungen vorgestellt, die für eine inklusive politische Bildung fruchtbar sein können. Dabei stehen neben dem Subjekt auch Macht- und Herrschaftsverhältnisse sowie symbolische Repräsentationen im Fokus von intersektionalen Analysen. Mit dem Werkzeugkasten Intersektionalität können so politische Handlungsmöglichkeiten entworfen werden. Dabei ist Partizipation als Zieldimension von politischer Bildung sowie Inklusion das gemeinsame Moment. Für eine inklusive politische Bildung wird Empowerment als Strategie in den Fokus gerückt. Abschließend wird erörtert, wie inklusive politische Bildung unter Einbeziehung von Intersektionalität gelingen kann.

Schlüsselbegriffe

Intersektionalität, Inklusion, politische Bildung, Partizipation, Lebensweltbezug

© Springer Fachmedien Wiesbaden GmbH, ein Teil von Springer Nature 2019
T. Hölzel und D. Jahr (Hrsg.), *Konturen einer inklusiven politischen Bildung*,
https://doi.org/10.1007/978-3-658-25716-3_3

35

Inklusion ist als Schlagwort aus den bildungspolitischen und fachwissenschaftlichen Debatten nicht mehr wegzudenken. Der gemeinsame Unterricht von Schüler*innen mit und ohne Behinderung steht dabei im Fokus (Boban und Hinz 2017, S. 32). Damit wird auch eine Debatte angestoßen, wie inklusive politische Bildung ausgestaltet werden kann (vgl. Dönges et al. 2015). Eine *weite* inklusive Perspektive stellt Fragen nach sozialen Ungleichheiten, Ausschlüssen und Diskriminierungen. Fragen, die auch in politischer Bildung aufgeworfen werden. Wenn wir uns einer inklusiven politischen Bildung über die Entstehung von Exklusionen und sozialen Ungleichheiten nähern, dann lohnt sich ein Blick in andere Forschungsbereiche zu marginalisierten Gruppen und Personen. Um diese Gruppen und Personen in ihrer Vielschichtigkeit greifbar zu machen, entwickelten sich intersektionale Perspektiven, die Marginalisierungen in ihren *Verwobenheiten* sichtbar machen wollen. Seit den ersten wissenschaftlichen Auseinandersetzungen in den 1990er Jahren ist Intersektionalität zu einem Paradigma avanciert (Degele und Winker 2009, S. 10). Ursprünglich in der Geschlechterforschung angesiedelt, werden intersektionale Ansätze auf verschiedenste Forschungsfelder, wie zum Beispiel auf die Disability Studies oder Migrationsforschung, übertragen und weiter ausgearbeitet (Wansing und Westphal 2014, S. 38). Dieser Blick auf die Verwobenheiten von Ungleichheitskategorien könnte auch für inklusive politische Bildung fruchtbar gemacht werden. Mein Interesse gilt dabei dem möglichen Potential, das intersektionale Perspektiven für eine politische Bildung bieten können. Ich möchte einen Anstoß geben in diese Richtung weiter zu denken und zu forschen.

Ich gehe davon aus, dass intersektionale Perspektiven und Betrachtungsweisen ermöglichen, Politikunterricht ausgehend von sozialen Ungleichheiten und Mehrfachdiskriminierungen zu gestalten und dabei den Fokus weg von Gruppenzugehörigkeiten hin zu einer individuellen Positionierung innerhalb von gesellschaftlichen Verhältnissen zu richten. Die hier eingegangene Fokussierung auf schulische politische Bildung ist auf die Bedeutung von Inklusion innerhalb des Diskurses um die Gestaltung von Schule und Unterricht zurückzuführen. Dabei wird auf ein weites Inklusionsverständnis zurückgegriffen, welches verschiedene Ungleichheitskategorien – neben der zentralen Kategorie Behinderung – miteinbezieht (Punkt 1). Im nächsten Schritt (Punkt 2) werden intersektionale Perspektiven erläutert, dabei wird besonders das Mehrebenenmodell von Degele und Winker (2009) vorgestellt. Anschließend werden Anschlüsse, die sich aus diesem Verständnis von Inklusion und Intersektionalität für politische Bildung ergeben, dargestellt (Punkt 3). Abschließend (Punkt 4) soll zusammengefasst werden, welche Möglichkeiten Intersektionalitätsanalysen für eine inklusive politische Bildung bieten.

1 Was bedeutet Inklusion?

Der Begriff der Inklusion hat sich in Deutschland schnell verbreitet. Hinz (2012) stellt allerdings fest, dass dies mehr mit seiner Aktualität zu begründen ist, als mit einer thematischen Auseinandersetzung (Hinz 2012, S. 37). Ich möchte mich diesem In-Begriff über seinen Gegenbegriff – Exklusionen – nähern. Diese werden als illegitim geschlossene soziale Beziehungen begriffen. Nach Kronauer (2013) wird eine offene soziale Beziehung als die Teilnahme an gegenseitigem sozialen Handeln definiert, welches niemandem verwehrt wird, der*die dazu in der Lage und geneigt dazu ist (vgl. Kronauer 2013, S. 19). Dabei sind soziale Beziehungen und Interaktionen die Voraussetzung um am gesellschaftlichen Leben teilzuhaben. Eine offene soziale Beziehung zeichnet sich dadurch aus, dass sie von allen genutzt werden kann, die dazu tatsächlich in der Lage sind und dieses auch in Anspruch nehmen möchten (vgl. Kronauer 2013).

Soziale Beziehungen sind gleichzeitig auch immer von Ausschlüssen geprägt. Dabei ist nicht jede Exklusion als eine Diskriminierung zu verstehen. Es bedarf genauer Kriterien, welche Art von sozialer Schließung berechtigt ist und welche diskriminiert (vgl. Kronauer 2013, S. 19). Illegitime geschlossene Beziehungen sind solche, die einer Person den Zugang verwehren, die diese Beziehung aber eingehen möchte und auch dazu in der Lage ist. „Problematisch wird soziale Schließung erst, als Mittel der Eroberung und Durchsetzung von Macht – sobald damit für die Ausgeschlossenen soziale Lebenschancen beeinträchtigt werden" (Kronauer 2015, S. 25). Die Folgen von den Schließungen sind dann besonders schwerwiegend, wenn Menschen von gesellschaftlichen und materiellen Ressourcen ausgeschlossen werden. Dies wirkt sich für die Betroffenen psychisch, physisch, sozial und gesellschaftlich aus.

Exklusionen lassen sich unter anderem mit der kapitalistischen Strukturierung der Gesellschaft erklären. Menschen werden aufgrund ihrer Verwertbarkeit für den Markt eingeteilt. Im Kampf um knappe Ressourcen, wie zum Beispiel Arbeitsplätze wird exkludiert (Degele und Winker 2009, S. 35). Eine demokratische Gesellschaft hat aber jedoch den normativen Anspruch alle Menschen teilhaben zu lassen und allen gleiche Rechte zukommen zu lassen. „Die Tatsache der Exklusion widerspricht dem Selbstbild kapitalistischer Gesellschaften, die zugleich demokratisch sein wollen" (Kronauer 2015, S. 22). Hier erscheint ein Grundwiderspruch zwischen Inklusion und Kapitalismus. So stellt auch Wansing (2015) fest, dass die Orientierung an Leistungsfähigkeit und ökonomischen Verwertbarkeit das Postulat der Inklusion der Gesamtbevölkerung in gewisser Weise unterläuft (Wansing 2015, S. 51). Dieser Grundwiderspruch ist in Auseinandersetzungen um Inklusion mitzudenken, da so erklärt werden kann, dass manche Erwartungen unerfüllt bleiben werden. Als

Beispiel lässt sich hier die Exklusion von Menschen mit Behinderungen aus dem ersten Arbeitsmarkt nennen. Selbst mit dem Besuch einer Regelschule und eines Regelschulabschlusses ist es Menschen mit Behinderungen häufig immer noch nicht möglich sich auf dem ersten Arbeitsmarkt zu etablieren. Häufig beginnen und enden Karrieren in den Werkstätten oder speziell auf Menschen mit Behinderungen ausgerichteten Betrieben.[1]

Nach dem hier skizzierten Verständnis von Exklusionen lässt sich für Inklusion eine Zieldimension bestimmen: das Aufbrechen und Verhindern von unberechtigten sozialen Schließungen. Durch die Öffnung von illegitimen sozialen Beziehungen kann eine inklusive Gesellschaft gestaltet werden: „Angesichts der Ambivalenzen und unterschiedlichen Qualitäten sozialer Schließungen ließe sich die Aufgabe der Inklusion […] folgendermaßen bestimmen: als die Überwindung illegitimer Schließungen und die Gestaltung legitimer, durchlässiger Grenzen" (Kronauer 2013, S. 21). Weiterführend kann man für die Schließungen von sozialen Beziehungen feststellen, dass diese in Bezug zu gesellschaftlichen Macht- und Herrschaftsverhältnissen stehen. Dabei spielen auch gesellschaftliche Normen und Werte eine wichtige Rolle. Exklusionen wahrzunehmen bedeutet, den Blick dafür zu schärfen, wer aufgrund welcher Eigenschaften aus welchen gesellschaftlichen Teilbereichen ausgeschlossen wird. Dabei hilft Inklusion als Konzept, Ungleichheitsverhältnisse auch auf struktureller und diskursiver Ebene zu verorten und nicht nur bei einzelnen Individuen. Um solchen individualisierten Problemzuschreibung entgegenzuwirken, bietet Inklusion eine strukturelle Perspektive an. So können Ungleichheitsverhältnisse beschrieben und in einen gesellschaftlichen Kontext eingebettet werden (Koch 2015, S. 80). Anstatt die Menschen aufzufordern, sich den gesellschaftlichen Gegebenheiten anzupassen, geht mit der Forderung nach Inklusion einher, die gesellschaftlichen Lebensbereiche so zu gestalten, dass sie allen Menschen gleichberechtigte Teilhabe ermöglichen (Wansing 2015, S. 48).

Aus dieser Zielsetzung wird auch deutlich, dass Inklusion als Prozess verstanden werden sollte. Da Gesellschaft und Individuen im stetigen Wandel sind, ändern sich auch Ansprüche, an eine inklusiv gestaltete Gesellschaft und ein inklusives Zusammenleben. Hinz (2012) beschreibt Inklusion als niemals endgültig abgeschlossen, sondern als ‚Nordstern', der eine Richtung des Denkens vorgibt und die Schritte für das nächste Handeln bestimmt (Hinz 2012, S. 34). Dieser quasi visionäre Prozess ist darauf ausgerichtet, die vielfältigen Bedarfe und Bedürfnissen aller Beteiligten

---

1   Vgl. dazu das Interview mit dem Aktivisten Raul Krauthausen, der u. a. das Werkstattsystem als Grund für die schwierige Inklusion von Menschen mit Behinderungen auf dem ersten Arbeitsmarkt ausmacht. Zusätzlich prangert er an, dass Behörden es den Unternehmen und Menschen mit Behinderungen schwermachen würden (Hoock 2017).

zu verstehen und umfasst somit viele Schritte (Boban und Hinz 2017, S. 34). Mit einer inklusiven Perspektive verschiebt sich der Fokus von Individuen, die sich der Gesellschaft anpassen sollen, hin zu Strukturen, die Exklusionen und Behinderungen bedingen. Allen Menschen soll gleichberechtigte Teilhabe ermöglicht werden, unabhängig von Kategorien wie Geschlecht, Alter oder Beeinträchtigung (Wansing 2015, S. 48). Somit kann Inklusion als gesellschaftspolitische Aufgabe definiert werden, die nicht auf den gemeinsamen Unterricht von Kindern mit und ohne Behinderungen verkürzt werden darf.

Auch wenn mit dem Anspruch an Inklusion Gruppenkategorien wie Geschlecht etc. hinterfragt und dekonstruiert werden, ist eine Betrachtung ebendieser notwendig, da entlang dieser Kategorien Ausschlüsse produziert werden. Diese Ausschlüsse beziehen sich auf Vorstellungen und Bewertungen, die Menschen, die solch einer Kategorie zugeordnet bzw. zugeschrieben werden. Oftmals werden diese Kategorien binär konstruiert und eine Gruppe wird als die eigentliche, die ‚bessere‘ oder die ‚normalere‘ wahrgenommen (Boban und Hinz 2017, S. 43). So konstruieren sich binäre Gruppenkategorien wie Mann-Frau, weiß-schwarz, gesund-krank etc., wobei letzteres als Abweichung der ersten Kategorie gesehen wird. Diese Einteilungen können als konstitutives Element der Gesellschaft aufgefasst werden, „wobei die Möglichkeit der Einteilung und der daraus resultierenden Exklusionsprozesse in der Definitionsmacht derjenigen liegen, die als Dominanzgesellschaft [...] charakterisiert werden" (Jagusch 2011, S. 423f.). Im Prozess inklusiver Gestaltung ist es eine Aufgabe, solche Gruppenkategorien zu hinterfragen, zu dekonstruieren und die Exklusionen, die mit ihnen einhergehen, abzubauen.

Aber auch innerhalb von Gruppenkategorien sind hierarchisierende Strukturen zu beobachten. Ungleichheitslagen sind differenzierter zu betrachten, sie sind ambivalent und vor allen Dingen miteinander verwoben. Dabei stellt Rudolph (2015) fest, dass die Ungleichheitslagen noch ambivalenter geworden sind, „als sie es früher waren, die Gegensätze arm – reich, gebildet – ungebildet, anerkannt – diskriminiert etc., lassen sich nicht mehr in jedem Fall entlang eindeutiger Gruppenzugehörigkeiten bestimmen" (Rudolph 2015, 32). Es ist davon auszugehen, dass Ungleichheitslagen ineinander übergehen, beziehungsweise miteinander verknüpft sind. Hier lässt sich mit intersektionalen Perspektiven anknüpfen, um diese Verwobenheiten und Verstrickungen zu analysieren und zu verdeutlichen. Damit können Ausschluss- und Diskriminierungserfahrungen sichtbar werden, die mit einem Ein-Kategorien-Denken verborgen bleiben.

2   Intersektionale Impuls für eine inklusive politische Bildung

Intersektionalität ist in den Gender Studies zu einem Schlagwort mit paradig-
matischer Bedeutung geworden. Unter Intersektionalität werden verschiedenste
Forschungsansätze zusammengefasst, die sich in ihrer theoretischen Ausrichtung
unterscheiden können. Dabei stellt Walgenbach (2017) fest, dass der gemeinsame
Bezugspunkt all dieser Ansätze das Zusammenlaufen von Macht-, Herrschafts- und
Normierungsverhältnisse bzw. Subjektivierungsprozesse, die soziale Strukturen,
Repräsentationen, Praktiken und Identitäten (re)produzieren, ist (Walgenbach 2017,
S. 55). Der Fokus von Intersektionalitätsanalysen liegt dabei auf der Verwobenheit
von unterschiedlichen Ungleichheitskategorien. Die Hauptkategorie Geschlecht der
Frauen- und Geschlechterforschung wird mit anderen Ungleichheitskategorien,
wie zum Beispiel Klasse, „Rasse", Sexualität oder Behinderung zusammengedacht.
   Die Entstehungsgeschichte von intersektionalen Ansätzen ist sehr vielseitig und
kann nicht auf einen Zeitpunkt festgelegt werden (Binder und Hess 2011, S. 25). Klar
ist, dass Crenshaw (1989) in ihren Ausarbeitungen zum amerikanischen Rechtssystem
das erste Mal den Begriff der „intersections" prägte. Sie wollte sichtbar machen, dass
bestimmte Ungleichheitskategorien sich überlagern, beeinflussen und auch gegenseitig verändern. Die bloße Fokussierung auf eine Ungleichheitskategorie reicht oft
nicht aus, um Ungleichheiten und Diskriminierungen ausreichend analysieren zu
können. Crenshaw (Crenshaw 1989) verdeutlicht in ihren Ausführungen, dass die
amerikanischen Antidiskriminierungsgesetze zwar *weiße* Frauen und Schwarze[2]
Männer schützen würden, aber Schwarze Frauen durch das Raster dieser Gesetze
fallen, da sie sich nur auf eine Ungleichheitskategorie beziehen. Häufig werden
die Arbeiten von Crenshaw als Startpunkt für die Auseinandersetzungen um
Intersektionalität benannt. Aber: „Choosing this particular point of origin erases
the synergy of intersectionality's critical inquiry and critical praxis, and recasts
intersectionality as just another academic field" (Collins und Bilge 2016, S. 64).
Intersektionale Ansätze gehen weiter zurück und sind besonders in sozialen Bewegungen anzusiedeln. So haben Schwarze Feminist*innen in Amerika schon in
den 1960er Jahren auf ihre besondere Unterdrückungslage aufmerksam gemacht
(Collins und Bilge 2016). In Deutschland existiert eine lange Tradition des Zu-

---

2   *Weiß* wird in dieser Schreibweise verwendet, da der Begriff eine kritisch gemeinte
     Konstruktion ist und keine rassistische Beschreibung, die unreflektiert auf ein kör-
     perliches Merkmal wie Hautfarbe abhebt. *Schwarz* wird großgeschrieben, weil es keine
     adjektivische Beschreibung ist, sondern eine politisch gewählte Selbstbezeichnung von
     People of Color, die kolonial geprägte und damit rassistische Bezeichnungen ablehnen
     (vgl. Andrax 2009).

sammendenkens von Klasse und Geschlecht (Walgenbach 2007, S. 25). Zusätzlich verdeutlichten Migrant*innen, Jüd*innen oder Frauen mit Behinderungen ihre eigenen, speziellen Verwobenheiten und Unterdrückungslagen (Walgenbach 2012).

Aus der Vielzahl der akademischen Intersektionalitätsanalysen wird hier die von Degele und Winker (2009) entworfene Mehrebenenanalyse vorgestellt, da sich dieses Modell durch einen soziologischen Zugang, der Bezüge zu Macht- und Herrschaftsstrukturen und Normen und Werten herstellt besonders für die politische Bildung eignet. Als Analyseebenen benennen sie die Ebenen der *Strukturen*, der *symbolischen Repräsentationen* sowie der *Identitäten* (Degele und Winker 2009, S. 11). Ihrer intersektionale Analyse stellen sie folgendes voran: „Wir gehen in unseren Überlegungen von einer kapitalistisch strukturierten Gesellschaft mit der grundlegenden Dynamik ökonomischer Profitmaximierung aus" (Degele und Winker 2009, S. 25). Sie legen auf den drei Analyseebenen dar, inwiefern sie das kapitalistische System in dieser theoretischen Klammer verorten. Dabei heben sie hervor, dass diese drei Ebenen miteinander verwoben sind und in reziproker Abhängigkeit zueinanderstehen. Aber nicht nur durch die kapitalistische Akkumulation sind diese Ebenen verbunden, sondern auch durch soziale Praxen aller Einzelnen: „Über soziale Praxen, d. h. soziales Handeln und Sprechen, entwerfen sich Subjekte durch Identitätskonstruktionen in sozialen Kontexten selbst, verstärken oder vermindern den Einfluss bestimmter symbolischer Repräsentationen und stützen gesellschaftliche Strukturen oder stellen sie in Frage" (Degele und Winker 2009, S. 27).

Die Annahme, dass sich Subjekte durch Identitätskonstruktionen selbst entwerfen, bietet einen guten Bezugspunkt für eine inklusive politische Bildung, da anhand der Identitäten der Lernenden soziale Praxen untersucht werden können, die von Normen, Werten und Strukturen gerahmt sind. Degele und Winker (Degele und Winker 2009) beschränken sich in ihrer Analyse der Strukturebene auf die vier Strukturkategorien Klasse, Geschlecht, ‚Rasse' und Körper. Diese halten sie für ihr Modell als zentrale Kategorien fest, anhand denen sich Ungleichheiten strukturieren. Sie verdeutlichen aber, dass diese Setzung vom zu untersuchenden Gegenstand abhängig ist und dass auf der Ebene der Identitäten ohne vorgegebene Kategorien analysiert wird. Das bedeutet, dass es auf dieser Ebene darauf ankommt, welche Ungleichheitskategorien benannt werden, die nicht als Strukturkategorie zählen. Dies könnte zum Beispiel Religion sein. So können Lernende eigene Identitätskategorien und Verwobenheiten benennen und davon ausgehend können politische Bildungsprozesse initiiert werden. Nach einer Hinwendung zur Identitätsebene werden Bezüge zur Sozialstruktur hergestellt und symbolische Repräsentationen identifiziert (Degele und Winker 2009, S. 97). Hierbei werden auch die Wechselwirkungen von zentralen Kategorien auf den drei Ebenen der Identität, Strukturen und Repräsentationen benannt. Für die Arbeit mit dieser intersektionalen Perspektive innerhalb von politischer Bildung bedeutend sind die nächsten Schritte, in denen strukturelle Herrschaftsverhältnisse analysiert, Identitätskonstruktionen verglichen werden und nach Rechtfertigungen für Ungleichheiten gesucht wird (Degele und Winker 2009). Degele und Winker stellen fest, dass der Gewinn ihres Ansatzes im „Zugang über Wechselwirkungen von Kategorien und Ebenen, ohne einer Beliebigkeit von Kategorien das Wort zu reden" (Degele und Winker 2009, S. 142) liegt. Sie betonen, dass mit der Kombination von induktiver und deduktiver Vorgehensweise es gelingen kann, auch Nicht-Thematisiertes zu erkennen. „Üblicherweise profitieren vor allem Personen von Dualismen oder Differenzierungen, die die entsprechenden Kategorien nicht benennen" (Degele und Winker 2009, S. 143). Degele und Winker betonen, dass sie mit ihrem intersektionalen Werkzeugkasten theoretisch fundierte Handlungsmöglichkeiten für unterschiedliche Akteur*innen aufzeigen möchten (Degele und Winker 2009, S. 145). Dieser Gedanke kann für die politische Bildung aufgegriffen werden. Intersektionalität weitet dabei den Blick für Durchkreuzungen von Kategorien und ermöglicht es so bisher unsichtbare Positionen und Perspektiven sichtbar zu machen. So kann politische Handlungs- und Urteilsfähigkeit erweitert werden.

3 Partizipation als verbindendes Element von politischer Bildung und Inklusion

Die Forderung nach Inklusion hat auch innerhalb der politischen Bildung eine Debatte angestoßen, die sich mit der Frage beschäftigt, wie inklusive politische Bildung gestaltet werden kann. Besand und Jugel (2015) verstehen unter Inklusion einen Wandlungsprozess, der darauf abzielt „jedem Menschen in allen gesellschaftlichen Lebensbereichen auf Grundlage seiner individuellen Bedarfe Zugang, Teilhabe und Selbstbestimmung zu ermöglichen" (Besand und Jugel 2015, S. 53).

Ein verbindendes Moment von Inklusion und politischer Bildung ist dabei Partizipation. Partizipation bedeutet dabei nicht nur „die Möglichkeit anwesend zu sein, sondern Einfluss nehmen und mitendscheiden zu können" (Boban und Hinz 2017, S. 36). Als Zielsetzung von inklusiven Ansätzen kann das Aufbrechen von illegitim geschlossenen Beziehungen definiert werden, um Partizipation zu ermöglichen. Auch in politischer Bildung ist Partizipation eine Zielsetzung, denn „die Ermöglichung politischer Teilhabe für alle bildet von jeher den Ausgangspunkt politischer Bildung" (Besand und Jugel 2015, S. 45). Inklusive Gestaltung möchte Partizipation ermöglichen, politische Bildung avisiert die Schüler*innen zu dieser zu befähigen. Um diese Teilhabe zu ermöglichen, fasst Dettendorfer (2014) unter politischer Bildung diejenigen Prozesse, „die dazu beitragen, Jugendlichen und Erwachsenen politische Mündigkeit und Verständnis über die Gesellschaft und ihre Strukturen zu vermitteln und die kritische Teilhabe an ihr zu ermöglichen" (Dettendorfer 2014, S. 18). Mit der Vermittlung von Kenntnissen über die Strukturierung der Gesellschaft kann politische Bildung einen Beitrag zu gesellschaftlicher Inklusion leisten.

Um der Frage nachzugehen, wie politische Bildung selbst inklusiv gestaltet werden kann, sind unter anderem die Inhalte von politischer Bildung von Bedeutung. Um Teilhabe zu ermöglichen gehört es also auch zu politischer Bildung, illegitime geschlossene Beziehungen zu analysieren und zu thematisieren. „Politische Bildung mit Blick auf eine ‚inklusive Gesellschaft' wird [...] zunächst von Exklusionen zu sprechen haben" (Kronauer 2015, S. 19). Die Thematisierung von Exklusionen bietet Anknüpfungspunkte für die Gestaltung von Politikunterricht. Exklusionen sind erfahrbar im alltäglichen Leben und bieten somit einen lebensweltlichen Bezug für Lernende, da sie selbst auf diese Erfahrungen zurückgreifen können. Die Erfahrungen und die Interpretationen dieser selbsterfahrenen illegitimen Ausgrenzung geben Hinweise auf die Art und Weise, wie sich Kinder und Jugendliche als Subjekte innerhalb von Differenzordnungen verorten und verortet werden. Durch Selbstauskünfte der Lernenden „können Unrechtserfahrungen, gesellschaftlich bedingte Praktiken der Dehumanisierung thematisiert, artikuliert, reflektiert und kritisiert werden, d. h. es kann identifiziert werden, welche Zugehörigkeiten und Identitätspositionen privilegiert werden und welche nicht" (Meints-Stender 2013, S. 247). Durch die Arbeit an den Zugehörigkeiten und Identitätspositionen der Lernenden kann politische Bildung inklusiver gestaltet werden. Diese Arbeit stellt politische Bildung besonders im schulischen Kontext vor große Herausforderungen. Schule und damit auch politische Bildung innerhalb von Schule ist kein machtfreier Ort, an dem die Lernenden sich frei entfalten können. Auch hier werden Macht- und Herrschaftsverhältnisse (re)produziert und soziale Ungleichheiten bestehen fort, selbst unter dem Postulat der Chancengleichheit (vgl. Maaz et al. 2010, S. 69). Das bedeutet auch, dass Lernende besonders im Kontext Schule mit sozialen Ungleichheiten und Diskriminierungen bzw. Privilegierungen konfrontiert sind. Diese dann innerhalb des schulischen Kontextes zu thematisieren benötigt viel Fingerspitzengefühl und Einfühlungsvermögen (nicht nur) seitens der Lehrer*innen. Für eine inklusiv gestaltete politische Bildung bedeutet das auch, dass sich die Lehrenden selbst in den Lern- und Reflexionsprozess miteinschließen und die Bereitschaft mitbringen die eigene (Macht-)Position zu bedenken und reflektieren. Machtstrukturen begleiten den Lernprozess und es gilt, diese immer wieder mitaufzunehmen, sichtbar zu machen und versuchen gemeinsam Wege zu finden, diese abzubauen.

Macht- und Herrschaftsverhältnisse, Werte und Normen lassen sich von den lebensweltlichen Erfahrungen der Schüler*innen ableiten. Aufgabe von politischer Bildung ist es, Kenntnisse über die Strukturen der Gesellschaft zu vermitteln. Inklusive politische Bildung bedeutet dann dies mit einem lebensweltlichen Bezug und unter Rücksichtnahme auf die Individuen mit ihren jeweiligen Erfahrungen im Unterricht zu tun. Ungleichheits- und Diskriminierungserfahrungen können so in einen gesamtgesellschaftlichen Kontext eingeordnet und strukturell fassbarer gemacht werden. Die eigene Person wird erfahrbar in einem gesellschaftlichen Zusammenhang und die eigenen Handlungen und Denkweisen können reflektiert werden. Das ist relevant, weil so einer Individualisierung und Ohnmachtserfahrungen von gesellschaftlichen Problemen und Konflikten entgegengewirkt werden kann (Lösch 2016, S. 229).

Die eigene Positionierung und Verortung in gesellschaftlichen Verhältnissen kann es Lernenden ermöglichen davon ausgehend Handlungsmöglichkeiten für notwendige Veränderungen oder politische Prozesse zu entwickeln. Dabei sollten die realen Handlungsspielräume von Lernenden in den Blick genommen werden. Die Verantwortung für Veränderungen obliegen nicht allein bei den Exkludierten. Jedoch kann es aufgrund von Ohnmachtserfahrungen hilfreich sein, Handlungsräume zu eröffnen und damit aus einer passiven in eine aktive Rolle zu kommen. Wenn Lernenden politische Mündigkeit entwickeln sollen, dann muss die Analyse von bestehende Macht- und Herrschaftsverhältnisse zentral im Lernprozess werden (Hammermeister 2016, S. 172). Lernende können im Politikunterricht ein Moment des Empowerments – also der Selbstermächtigung und Selbstbestimmung – erfahren, wenn das eigene Scheitern oder Ungleichbehandlungen nicht mehr nur auf das Selbst zurückzuführen sind. Empowerment erfordert einen sensiblen und umsichtigen Umgang mit den Erfahrungen der Lernenden. Das bedeutet, dass die Erfahrungen und die Interpretationen dieser ernst zu nehmen sind. Dazu gehört es auch den Emotionen, die mit eben diesen Erfahrungen verknüpft sind, Raum zu geben. Inklusiver Politikunterricht, der die Ungleichheitslagen von Lernenden in den Blick nimmt, kann zur Selbstreflexion und Kritikfähigkeit beitragen. Mit politischer Mündigkeit als Leitziel politischer Bildung verbindet sich mit dem Anspruch auf Selbstbefähigung zur Austragung sozialer Konflikte und demokratischer Aushandlungsprozesse über die Diskursbedingungen in sich transformierenden Gesellschaften (vgl. Eis 2016, S. 422).

Inklusive politische Bildung zeichnet sich durch die Einbeziehung aller Menschen aus. Mit dieser Einbeziehung geht einher, dass Inhalte – die bisher vermittelt wurden – hinterfragt werden. Die Hinterfragung von Wissensbeständen durch marginalisierte Positionen ist als lange Tradition zum Beispiel in der Geschlechterforschung, den Disability Studies oder den Postcolonial Studies zu verorten (Dederich 2007; Kerner 2013; Rendtorff et al. 2016). Für die Schule stellt Riegel (2016) fest, dass „Normalitätsvorstellungen und Wissensbestände, die ethnozentristisch-rassialisierten, heteronormativen, mittelstands- und ableism- orientierte Bedeutungs- und Differenzordnungen westlich-kapitalistischer Verhältnisse unterliegen" (Riegel 2016, S. 85f.) dominieren. Diese „kulturelle Hegemonie" (Riegel 2016) kann dazu führen, dass ein lebensweltlicher Bezug für Schüler*innen verloren geht, da das vermittelte Wissen nicht mit ihrer Erfahrung in Einklang zu bringen ist. Wenn wir also die Forderung der Einbeziehung aller ernstnehmen, dann bedeutet das auch, Inhalte hinsichtlich der Erfahrungen der Schüler*innen zu hinterfragen und neu zu denken. Ungleichheits- und auch Privilegierungserfahrungen der Lernenden bieten die Möglichkeit Bisheriges zu hinterfragen und neue Horizonte im Politikunterricht zu eröffnen. „Dies ist für die Politische Bildung von zentraler Bedeutung: Sie geben Auskünfte darüber, welche Bedingungen (Klasse, Geschlecht, Herkunft, Alter, Behinderung etc.) – die gesellschaftlich strukturiert und bei jedem Menschen unterschiedlich sind – ausschlaggebend sind" (Meints-Stender 2013, S. 247). Wenn Ungleichheitserfahrungen der Lernenden zum Ausgangspunkt von Politikunterricht werden, kann dieser kulturellen Hegemonie entgegengewirkt werden. Inklusiv bedeutet in diesem Fall auch, Wissen und Standpunkte von marginalisierten Personen ernst zu nehmen und diskriminierte Positionen sichtbar zu machen.

Um diese marginalisierten Erfahrungen sichtbar zu machen, bedarf es innerhalb von politischer Bildung einer soziologischen Öffnung. Mit Petrik (2011) lassen sich Wertewandel und damit einhergehende Veränderungen innerhalb von Gesellschaften nachvollziehen. „Dieser Wertewandel ist der deutlichste Ausdruck dessen, was Soziologinnen und Politologen unter Alltagspolitik verstehen: Der Kampf um kulturelle Deutungshoheit" (Petrik 2011, S. 74). Dies ermöglicht die Einbeziehung von Diskursen, Sprache und Strukturen in das, was als Politik verstanden wird, jenseits des klassischen policy-politics-polity Dreiecks. Auch können vermeintlich private Konflikte politisiert werden. Sie werden umso wirksamer, je expliziter die Konfliktparteien ihre konfliktauslösenden Werte als Maßstäbe für eine Veränderung oder Bewahrung der gesamtgesellschaftlichen Herrschaftsstruktur machen (vgl. Petrik 2011, S. 75). Die Geschichte von Inklusion zeigt, dass dieser Ordnungsrahmen notwendig ist, um die politische Agenda zu verändern. Der Zusammenschluss von Menschen, die von ähnlichen Diskriminierungen betroffen sind, und die damit einhergehende Politisierung vermeintlich privater Konflikte ermöglicht es, durch Erfahrungsaustausch und gesellschaftliche Analyse, Ungleichheiten und Diskriminierungen in den politischen Diskurs einzubinden und politisches Handeln folgen zu lassen. Das zeigen verschiedenste soziale Bewegungen, die auf gesellschaftliche

Missstände hinweisen. So sind gesellschaftspolitische Errungenschaften eng mit Krüppel-, Frauen- und Queerbewegungen oder antirassistischen Bewegungen verknüpft (vgl. Dederich 2007; Marx Ferree 2018; Kerner 2013). Wenn also alltagspolitisches Handeln analog zur institutionellen Politik dimensioniert wird, können die Auswirkungen dieser Bewegungen auf gesellschaftliche Strukturen im Politikunterricht sichtbar gemacht werden. Für eine inklusive politische Bildung bedeutet das, dass der Politikbegriff, auf den sich bezogen wird, ein polyzentrischer sein sollte, der „die wechselseitige Abhängigkeit von alltagspolitisch-situativer Normsetzung und institutionell- fallbezogener Gesetzgebung" herausstellt (Petrik 2011, S. 76).

4   Fazit: Zum Potential von intersektionalen Perspektiven für eine inklusive politische Bildung

Inklusive politische Bildung setzt sich in einem weiten Verständnis mit Ein- und Ausschlüssen auseinander und hat die Einbeziehung Aller zum Ziel. Intersektionale Perspektiven ermöglichen es in diesem Rahmen ein vereinfachtes Denken in einzelnen Kategorien zu überwinden und Exklusionen wahrzunehmen, die durch Verwobenheiten von mehreren Ungleichheitskategorien entstehen. Um verschiedene marginalisierten und diskriminierten Positionen sichtbar zu machen, können intersektionale Perspektiven als ertragreich betrachtet werden. Die Lernenden werden in ihrer Vielfalt und mit all ihren unterschiedlichen Erfahrungen wahrgenommen. Gruppenzuschreibungen werden mit einer intersektionalen Perspektive verhindert und ermöglichen so differenziertere Sichtweisen. Die Verwobenheiten von unterschiedlichen Diskriminierungserfahrungen werden so deutlich. Für eine inklusive politische Bildung ist ein subjektorientierter Zugang notwendig, der die eigenen Verstrickungen und Verwobenheiten in die Verhältnisse zum Gegenstand macht. Dabei ist Intersektionalität nicht nur eine Methode, um Forschung zu betreiben, sondern vielmehr ein Werkzeug zum Empowerment von Menschen (Collins und Bilge 2016, S. 37). Dabei kann die eigene Verstrickung in die gesellschaftlichen Verhältnisse reflektiert und Diskriminierungen und Privilegien wahrgenommen werden. Für politische Bildung ist es notwendig, hier Schritte über eine Reflexion des Selbst hinauszugehen. Dabei sind Kenntnisse über die Strukturen der Gesellschaft notwendig, um Exklusionen zu verstehen und einordnen zu können. Eine Aufgabe von inklusiver politischer Bildung ist es also diese Kenntnisse zu vermitteln, sich dabei aber von den eigenen Adressat*innen bilden lassen, somit offen zu sein Inhalte und Wissensbestände auch zu hinterfragen (Kronauer 2015, S. 27). Dazu gehört auch, die Erfahrungen, die die Lernenden machen, ernst zu nehmen und zum Gegenstand zu machen. Neben der Vermittlung und Erarbeitung von Kenntnissen über Macht- und Herrschaftsverhältnisse soll inklusive politische Bildung zur Partizipation und Selbstermächtigung befähigen. Ziel ist die Entwicklung von (kollektiven) politischen Handlungsstrategien, die mehrdimensionale Benachteiligungen aufgreifen. Inklusive politische Bildung kann dann gelingen, wenn man als Mensch mit allen Facetten, Erfahrungen und Ressourcen ernst genommen wird, sich in der Gesellschaft zu verorten lernt und Kenntnisse und Fähigkeit zur Selbstermächtigung entwickeln kann.

Literaturverzeichnis

Amnesty International Deutschland. 2017. Glossar für diskriminierungssensible Sprache. https://www.amnesty.de/2017/3/1/glossar-fuer-diskriminierungssensible-sprache. Zugegriffen: 17. Dezember 2018.

Besand, Anja, und D. Jugel. 2015. Inklusion und politische Bildung – gemeinsam denken! In *Didaktik der inklusiven politischen Bildung*, Hrsg. C. Dönges, W. Hilpert und B. Zurstrassen, 45–59. Bonn: Bundeszentrale für politische Bildung.

Binder, Beat, und S. Hess. 2011. Intersektionalität aus der Perspektive der Europäischen Ethnologie. In *Intersektionalität revisited. Empirische, theoretische und methodische Erkundungen*, Hrsg. S. Hess, N. Langreiter und E. Timm, 15–52. Bielefeld: transcript.

Boban, Ines, und A. Hinz. 2017. Das Inklusionsverständnis und seine Bedeutung für die Entwicklung von Bildungsprozessen. In *Inklusive Bildungsprozesse gestalten. Nachdenken über Horizonte, Spannungsfelder und Schritte*, Hrsg. I. Boban und A. Hinz, 32–50. Seelze/ Velber: Klett-Kallmeyer.

Collins, Patricia Hill, und S. Bilge. 2016. *Intersectionality*. Cambridge: Polity Press.

Crenshaw, Kimberlé. 1989. Demarginalizing the Intersection of Race and Sex: A Black Feminist Critique of Antidiscrimination Doctrine, Feminist Theory and Antiracist Politics. University of Chicago Legal Forum Article. https://chicagounbound.uchicago.edu/cgi/viewcontent.cgi?article=1052&context=uclf. Zugegriffen: 17. Dezember 2018.

Dederich, Markus. 2007. *Körper, Kultur und Behinderung. Eine Einführung in die Disability Studies*. Bielefeld: transcript.

Degele, Nina, und G. Winker. 2009. *Intersektionalität. Zur Analyse sozialer Ungleichheiten*. Bielefeld: transcript.

Dettendorfer, Bettina. 2014. Zur Geschichte der politischen Bildung in Deutschland und ihren aktuellen Herausforderungen. In *Emanzipation in der politischen Bildung. Theorien – Konzepte – Möglichkeiten*, Hrsg. J. Mende und S. Müller, 18–37. Schwalbach/Ts.: Wochenschau.

Dönges, Christoph, W. Hilpert, und B. Zurstrassen. 2015. Einleitung: Didaktik der inklusiven politischen Bildung. In *Didaktik der inklusiven politischen Bildung*, Hrsg. C. Dönges, W. Hilpert und B. Zurstrassen, 9–16. Bonn: Bundeszentrale für politische Bildung.

Eis, Andreas. 2016. Politische Bildung untersucht, wie Macht- und Herrschaftsansprüche in den Subjekten und in den gesellschaftlichen Verhältnissen wirksam werden. In *Positionen der politischen Bildung 2*, Hrsg. K. Pohl, 408–423. Schwalbach/Ts.: Wochenschau.

Hammermeister, Juliane. 2016. Macht- und Herrschaftsverhältnisse. Ein blinder Fleck des Beutelsbacher Konsens. In *Brauchen wir den Beutelsbacher Konsens? Eine Debatte der politischen Bildung*, Hrsg. B. Widmaier und P. Zorn, 171–178. Bonn: Bundeszentrale für politische Bildung.

Hinz, Andreas. 2012. Inklusion – historische Entwicklungslinien und internationale Kontexte. In *Von der Integration zur Inklusion. Grundlagen – Perspektiven – Praxis*, Hrsg. A. Hinz, I. Körner und U. Niehoff, 33–52. Marburg: Lebenshilfe.

Hoock, Silke. 2017. „Die Mehrheit der behinderten Menschen hat keine Chance". Zeit Online. https://www.zeit.de/karriere/2017-07/inklusion-karrier-behinderte-menschen-arbeit. Zugegriffen: 17. Dezember 2018.

Jagusch, Birgit. 2011. Anerkennung und Empowerment als Strategien rassismuskritischer politischer Bildung. In *Kritische politische Bildung. Ein Handbuch*, Hrsg. B. Lösch und A. Thimml, 423–432. Bonn: Bundeszentrale für politische Bildung.

Kerner, Ina. 2013. *Postkoloniale Theorien zur Einführung*. 2. Aufl. Hamburg: Junius.

Koch, Birgit. 2015. Inklusion eine Illusion? In *Inklusion – ein Menschenrecht. Was hat sich getan, was kann man tun?*, Hrsg. G. Geiger und M. Lengsfeld, 75–90. Opladen/ Berlin/ Toronto: Budrich.

Kronauer, Martin. 2013. Soziologische Anmerkungen zu zwei Debatten über Inklusion und Exklusion. In *Zugänge zu Inklusion: Erwachsenenbildung, Behindertenpädagogik und Soziologie im Dialog*, Hrsg. R. Burtscher, E. J. Ditschek, K.-E. Ackermann, M. Kil und M. Kronauer, 17–25. Bielefeld: Bertelsmann.

Kronauer, Martin. 2015. Politische Bildung und inklusive Gesellschaft. In *Didaktik der inklusiven politischen Bildung*, Hrsg. C. Dönges, W. Hilpert und B. Zurstrassen, 18–29. Bonn: Bundeszentrale für politische Bildung.

Lösch, Bettina. 2016. Warum diese Angst vor dem politischen Dissens? Zur Demokratisierung gehören der Streit um Alternativen und die Kritik am Bestehenden. In *Brauchen wir den Beutelsbacher Konsens? Eine Debatte der politischen Bildung*, Hrsg. B. Widmaier und P. Zorn, 224–232. Bonn: Bundeszentrale für politische Bildung.

Marx Ferree, Myra. 2018. *Feminismen. Die deutsche Frauenbewegung in globaler Perspektive*. Frankfurt a. M./ New York: Campus.

Maaz, Kai, J. Baumert, und U. Trautwein. 2010. Genese sozialer Ungleichheit im institutionellen Kontext der Schule: Wo entsteht und vergrößert sich soziale Ungleichheit? In *Bildungsungleichheit revisited. Bildung und soziale Ungleichheit vom Kindergarten bis zur Hochschule*, Hrsg. H. Krüger, U. Rabe-Kleberg, R. Kramer und J. Budde, 69–102. Wiesbaden: VS.

Meints-Stender, Waltraud. 2013. Politische Urteilskraft und Diversity in der Migrationsgesellschaft. In *Diversity Education. Zugänge – Perspektiven – Beispiele*, Hrsg. K. Hauenschild, S. Robak und I. Sievers, 241–251. Frankfurt a. M.: Brandes & Apsel.

Petrik, Andreas. 2011. Das Politische als soziokulturelles Phänomen. Zur Notwendigkeit einer wertebezogenen, soziologischen und lernpsychologischen Modellierung politischer Basiskonzepte am Beispiel „politische Grundorientierungen". In *Konzepte der politischen Bildung. Eine Streitschrift*, Hrsg. Autorengruppe Fachdidaktik, 69–93. Schwalbach/Ts.: Wochenschau.

Rendtorff, Barbara, E. Kleinau, und B. Riegraf. 2016. *Bildung – Geschlecht – Gesellschaft. Eine Einführung.* Weinheim/ Basel: Beltz.

Riegel, Christine. 2016. *Bildung – Intersektionalität – Othering. Pädagogisches Handeln in widersprüchlichen Verhältnissen.* Bielefeld: transcript.

Rudolph, Clarissa. 2015. *Geschlechterverhältnisse in der Politik. Eine genderorientierte Einführung in die Grundfragen der Politikwissenschaft.* Bonn: Bundeszentrale für politische Bildung.

Walgenbach, Katharina. 2007. Gender als inderdependente Kategorie. In *Gender als interdependente Kategorie. Neue Perspektiven auf Intersektionalität, Diversität und Heterogenität,* Hrsg. K. Walgenbach, G. Dietze, A. Hornscheidt und K. Palm, 23–64. Opladen/ Farmington Hills: Budrich.

Walgenbach, Katharina. 2012. Intersektionalität – eine Einführung. Portal Intersektionalität, http://portal-intersektionalitaet.de/theoriebildung/ueberblickstexte/walgenbach-einfuehrung/. Zugegriffen: 17. Dezember 2018.

Walgenbach, Katharina. 2017. *Heterogenität – Intersektionalität – Diversity in der Erziehungswissenschaft.* 2. Auflage. Opladen/ Toronto: Budrich.

Wansing, Gudrun. 2015. Was bedeutet Inklusion? Annäherung an einen vielschichtigen Begriff. In *Handbuch Behindertenrechtskonvention. Teilhabe als Menschenrecht – Inklusion als gesellschaftliche Aufgabe,* Hrsg. T. Degener und E. Diehl, 43–54. Bonn: Bundeszentrale für politische Bildung.

Wansing, Gudrun, und M. Westphal. 2014. Behinderung und Migration. Kategorien und theoretische Perspektiven. In *Behinderung und Migration. Inklusion, Diversität, Intersektionalität,* Hrsg. G. Wansing und M. Westphal, 17–47. Wiesbaden: Springer VS.

Autorin

Vennemeyer, Kerstin, promoviert derzeit im Promotionskolleg Gender Studies der Universität Vechta. Das Promotionsvorhaben „Inklusion – politische Bildung – Intersektionalität" (Arbeitstitel) befasst sich mit Identitätskonstruktionen von Schüler*innen im Politikunterricht. Ihre Arbeitsschwerpunkte sind Inklusion und politische Bildung, Geschlechterforschung sowie Intersektionalität.

E-Mail: kerstin.vennemeyer@mail.uni-vechta.de

II
Gestaltung und Ergebnisse von Schüler*innenforschung: Adressat*innen einer inklusiven politischen Bildung

Inklusion und die Darstellung des politischen Interesses Jugendlicher in Politik-Schulbüchern

Alexander Wohnig

Zusammenfassung

Demokratie, Inklusion und politische Bildung sind auf das Engste miteinander verbunden. Politische Bildung in einer Demokratie ist dem Anspruch nach Lernen für die Demokratie. Demokratie wiederum bedeutet die möglichst breite und allumfassende Inklusion der Interessen der in ihr lebenden Menschen. Schulbücher vermitteln ein kompaktes Wissen zu politischen Grundannahmen, Demokratie und Inklusion, auf Basis derer Menschen politisch handeln. Der Beitrag fokussiert die Darstellung von ‚Jugend' und dabei insbesondere deren politisches Interesse in Politik-Schulbüchern und fragt, wie ‚Jugend' dort entworfen und angesprochen wird. Auf der Grundlage normativer Merkmale von Inklusion werden die Schulbuchdarstellungen abschließend eingeordnet.

Schlüsselbegriffe

Politik-Schulbuch, Politikdidaktik, Inklusion, Demokratie, politisches Interesse, Politikverdrossenheit, Wissenssoziologischen Diskursanalyse

© Springer Fachmedien Wiesbaden GmbH, ein Teil von Springer Nature 2019
T. Hölzel und D. Jahr (Hrsg.), *Konturen einer inklusiven politischen Bildung*,
https://doi.org/10.1007/978-3-658-25716-3_4

1 Einleitung: Zur Exklusion von Jugendlichen in Schulbuch-Darstellungen

Wird im öffentlichen Diskurs über Jugendliche, ihr Interesse an und ihr Verhältnis zur Politik gesprochen, so überwiegt die Erzählung von einer politikverdrossenen Jugend, die den Bestand der Demokratie gefährde, sollte sie nicht ‚zur Einsicht gelangen' und sich wieder vermehrt in Parteien und an Wahlen beteiligen (für den medialen Diskurs in Deutschland siehe bspw. Herr und Sperr 2017; für den internationalen wissenschaftlichen Diskurs siehe bspw. Marsh et al. 2007). Nach Jens Wolling (1999) ist Politikverdrossenheit „die Unzufriedenheit mit der konkreten Art und Weise, wie Politik gemacht wird" (Wolling 1999, S. 9). Die Erzählung von einer politikverdrossenen Jugend wird zumeist von erwachsenen Autor*innen vorgenommen, die der Jugend ein Defizit zuschreiben und diese damit in einer bestimmten Art und Weise als ‚Jugend' entwerfen.

Der Schule wie dem Politikunterricht kommt im Allgemeinen die Aufgabe zu, junge Menschen zu mündigen Bürger*innen zu erziehen. Damit wird zumeist verbunden, dass alle Schüler*innen eine Vorstellung von aktiver Teilhabe in der Gesellschaft erlangen und sich an Prozessen der demokratischen Willensbildung beteiligen können (Gagel 2000, S. 22–24). Dabei kommt Schulbüchern eine wichtige Rolle zu. Als Medium, das Wirklichkeit konstruiert und gleichzeitig politische und soziale Konstruktionen reflektiert, transportiert das Schulbuch bestimmte, von einer Gesellschaft in der Mehrheit bevorzugte Sichtweisen: „In Schulbüchern spiegelt sich das Wissen und die Werte, die eine Gesellschaft und speziell ihre politischen Eliten als wichtig definieren […]. Indirekt lassen sie aber auch erkennen, welche sozialen, ethnischen oder religiösen Gruppen im Prozess der Aushandlung dieser Werte keine oder nur eine marginale Rolle gespielt haben bzw. spielen und wessen Weltbilder dominant sind" (Lässig 2010, S. 203). Schulbücher sind Instrumente politischer Einflussnahme. In hochkomplexen Zulassungsverfahren achten Schulbuchverlage darauf, dass in den Büchern ein solches Wissen aufbereitet wird, das gesellschaftlich mehrheitsfähig ist. Durch die Reduktion der Komplexität von Wissen prägen Schulbücher die gesellschaftliche Realität mit und vermitteln Interpretationen, Deutungscodes und Perspektiven (vgl. Lässig 2010, S. 204–210), die als Wahrheit präsentiert werden und dadurch eine Form der Machtpolitik sind, denn jede „Gesellschaft hat ihre eigene Ordnung der Wahrheit, [ihre] allgemeine Politik der Wahrheit: […] sie akzeptiert bestimmte Diskurse, die sie als wahre Diskurse funktionieren läßt" (Foucault 1978, S. 51). Daher sind Schulbücher „ein zentraler Ort für die (Re-)Produktion von Wahrnehmungsformen, sozialen Relationen und legitimem Wissen" und Schulbuchverlage „Organisationen der Diskursproduktion" (Macgilchrist 2011, S. 260).

In diesem Beitrag stehen die Fragen im Mittelpunkt, wie im Schulbuch das politische Interesse der Jugend dargestellt wird, wie erwachsene Schulbuchautor*innen diesen Gegenstand an die Jugend herantragen. Werden sie als gleichberechtigte oder ungleiche Bürger*innen konstruiert? Gelten sie als politikverdrossen, so wie es im medialen und gesellschaftlichen Diskurs oftmals vermittelt wird (s. o.), oder politisch interessiert und engagiert? Wird die demokratische Zielperspektive einer echten Teilnahme und Teilhabe an den Institutionen der Gesellschaft berücksichtigt? Kurzum: Wie wird ‚Jugend' in Schulbüchern entworfen und angesprochen? Dies erscheint in Bezug auf die Inklusionsthematik insofern von Relevanz, da in der Diskussion um eine *inklusive politische Bildung* betont wird, dass es „Instrumente […], mit deren Hilfe sich Bildungsprozesse in unserer Domäne inklusiver gestalten lassen" bräuchte (Besand 2017, S. 31f.). Zu diesen Instrumenten müssten dem Anspruch nach auch Bildungsmaterialien – in dem hier behandelten Fall das Politik-Schulbuch – gehören, da mit diesem immer noch im großen Maße der Unterricht gestaltet wird (Lässig 2010, S. 200) und es Inhalte, Interpretationen und Handlungsvorschläge zum Umgang mit gesellschaftspolitischen Themen liefert, die sowohl einen eher exkludierenden als auch einen eher inkludierenden Charakter haben können.

Im Folgenden wird zunächst der Zusammenhang von Demokratie, Inklusion und politischer Bildung beschrieben, woraufhin drei Inklusionsmerkmale herausgearbeitet werden. In einem zweiten Schritt werden die aufgeworfenen Fragen über die Analyse der Darstellung des politischen Interesses von Jugend im Politik-Schulbuch bearbeitet. Im Fazit werden die Schulbuchdarstellungen in Bezug auf die vier Inklusionsmerkmale eingeordnet.

2   Inklusion und Inklusionsmerkmale

Politische Bildung in der Demokratie sollte Demokratie-Bildung sein (Kenner und Lange 2017, S. 9–12). Demokratie wiederum ist eng mit der Forderung nach einer möglichst breiten Inklusion verbunden. Dies zeigt sich bspw. in der Theorietradition des Republikanismus, in dem Demokratie als Mittel des „aktiven Einbezugs der Bürger in das Kollektiv der gemeinsamen Lebensbewältigung" (Richter 2012, S. 157) gilt und somit als verwirklichte Inklusion, die vor allem durch die aktive Teilnahme am öffentlichen Leben, durch eine möglichst inklusive Partizipation, erreicht wird. Auch im Liberalismus ist die Demokratie dadurch bestimmt, dass etwa die zentralen liberalen Freiheitsrechte inklusiv für alle Bürger*innen gelten und sie die gleichen Partizipationsmöglichkeiten haben (Schaal und Heidenreich 2016, S. 66).

Ich beziehe mich in diesem Beitrag auf ein Verständnis von Inklusion, das alle Menschen mit Teilhabeerschwernissen einbezieht: „Inklusion ist ein in allen gesellschaftlichen Teilbereichen vernetzt verlaufender Wandlungsprozess, der darauf abzielt, jedem Menschen in allen gesellschaftlichen Lebensbereichen auf Grundlage seiner individuellen Bedarfe Zugang, Teilhabe und Selbstbestimmung zu ermöglichen" (Besand und Jugel 2015, S. 53). Der Bezug auf den Fixpunkt „Teilhabeerschwernisse" bedeutet – nicht nur für politische Bildung –, dass die Erschwernisse zunächst diagnostiziert werden müssen, dass also eine „Kritik dessen […],was der Fall ist' – die Vorherrschaft von Verhältnissen nämlich, die gerade nicht ‚inklusiv' sind, sondern vielmehr Menschen regelmäßig ‚exkludieren'" (Kronauer 2015, S. 18) vorgenommen werden muss. Ähnliches sollte für die Analyse von Darstellungen in Politik-Schulbüchern gelten: Sind diese an inkludierenden oder an exkludierenden Denkmustern orientiert?

Im Folgenden arbeite ich drei Inklusionsmerkmale heraus, die im Fazit zur Einordnung der Schulbuchdarstellungen zu Hilfe gezogen werden. Diese können ebenso als Merkmale der Demokratie gelesen werden, da sie sich aus einem an Gleichheit und Inklusion orientierten Demokratieverständnis ableiten.

1) Politische Gleichheit

Nach Emanuel Richter (2016) ist Demokratie ein „Bewegungsmuster unter politisch handelnden Menschen […], das ihrem Handeln in der öffentlichen Sphäre die Gestalt einer Interaktion unter gleichrangigen Bürgerinnen und Bürgern ermöglicht" (Richter 2016, S. 21). Die „Ermittlung der allgemeinsten symbolischen Funktionsbestimmung der Demokratie, die mit diesem politischen Handlungsprinzip verbunden werden kann […] führt zum Rekurs auf die *menschliche Intersubjektivität*" (Richter 2016, S. 23, Herv. i. Orig.). Wird Demokratie derart bestimmt, bedeute sie vor allem die Herstellung einer gleichrangigen Präsenz von Menschen in der Sphäre der Politik, denn menschliche Existenz ist von Gegenseitigkeit bestimmt, die politischen Ausdruck suche: „Das führt zum Anspruch jedes ‚Subjekts', unterscheidungslos die Chance auf öffentliche Artikulation, politische Sichtbarkeit und Inklusion zu erlangen. Alle Subjekte sollen aus ihrem im Prinzip ‚uniformen' Status als interagierende Menschen den identischen Anspruch ableiten können, *gleichrangig* in den realen kooperativen Vollzug der Begegnung einzutreten" (Richter 2016, S. 194, Herv. i. Orig.). Wird also Demokratie nicht nur als Herrschaftsform verstanden, die ihre Erfüllung in Institutionen der repräsentativen Demokratie findet, so ist sie immer daran zu messen, inwiefern alle Mitglieder einer demokratischen Gesellschaft über wirkliche Macht zur Gestaltung des Gemeinwesens verfügen, also zu fragen, inwiefern der Anspruch der Einbeziehung eines jeden einzelnen Mitglieds der Gesellschaft erfüllt ist.

2) Infragestellung von Privilegien

Rainer Forst (2015) diskutiert die Frage der Gerechtigkeit als eine Strategie der Inklusion; mit ihr ist ein zentraler demokratischer Anspruch (Richter) verknüpft. Wichtig sind Forsts Ausführungen zur „fundamentalen Gerechtigkeit", die eine „Herstellung einer *Grundstruktur der Rechtfertigung*, d. h. die strukturelle Ermöglichung einer Gesellschaft ohne Privilegien bzw. zumindest die Eröffnung von Möglichkeiten, Privilegien und willkürliche Herrschaft in Frage zu stellen" (Forst 2015, S. 51, Herv. i. Orig.), anstrebt. Unterprivilegierte Gruppen sollten die Subjekte der Gerechtigkeit sein, was bedeute, dass diesen Gruppen eine „echte Teilnahme und Teilhabe an den Institutionen der Gesellschaft" ermöglicht werden muss (Forst 2015). Folglich muss es eine „Stärkung und Erneuerung öffentlicher Institutionen [geben], die die sozialen Möglichkeiten Einzelner determinieren", die „neben Inklusion auch Partizipation zum Ziel hat und darüber hinaus festsitzende Systeme der Privilegierung bestimmter Schichten angreift" (Forst 2015, S. 52). Durch solche institutionellen Veränderungen würden das Selbstbewusstsein und die Selbstachtung der Subjekte als Voraussetzung der Beteiligung gestärkt, was wiederum auch von materiellen Voraussetzungen abhänge. Gefordert werden sollte daher auch eine Verteilungsgerechtigkeit, die Hand in Hand mit politisch-institutionellen Entwicklungen gehen müsse. Bürger*innen mit einem solchen Selbstbewusstsein, die nicht aufgrund von bspw. Armut ausgegrenzt würden, könnten exklusionsverhindernde politisch-gesellschaftliche Strukturen etablieren (vgl. Forst 2015, S. 53).

3) Partizipation und Inklusion auf struktureller Ebene

Zudem erscheint es als fundamental, dass neben dem Abbau sozialer Schranken auch die Erfahrung von Möglichkeiten der Partizipation die Voraussetzung für die Herausbildung eines Selbstbewusstseins zur Partizipation darstellt. In einem solchen Verständnis wird Exklusion als Gegensatz zur Inklusion nicht als „Ausgrenzung *aus* der Gesellschaft [sondern] als Ausgrenzung *in* der Gesellschaft" definiert (Kronauer 2010, S. 41, Herv. i. Orig.). In den Blick geraten daher „Ungleichheitsverhältnisse *innerhalb* der Gesellschaft" (Kronauer 2010, S. 43, Herv. i. Orig.). Die Forderung nach Inklusion ist demzufolge als eine Forderung nach der Überwindung exkludierender gesellschaftlicher Verhältnisse zu verstehen. Notwendig dafür ist, nach Kronauer, eine „Politik des Sozialen", eine „Politik der Inklusion, die die ausgrenzenden Institutionen selbst infrage stellt" (Kronauer 2010, S. 56f.), da die exkludierenden

Verhältnisse auf struktureller Ebene nicht durch ein individuelles Gegensteuern überwunden werden können.

3   Die Darstellung des politischen Interesses Jugendlicher im Politik-Schulbuch

Die Analyse der Darstellung des politischen Interesses Jugendlicher im Politik-Schulbuch erscheint vor allem aufgrund der Tatsache interessant, dass jungen Menschen das Denken und Handeln einer spezifisch konstruierten „politischen Jugend" präsentiert wird, womit zeitgleich eine Anforderung an die Rezipient*innen – hier in aller Regel an die Schüler*innen – einhergeht, sich zu dem Dargestellten selbst zu verhalten. Dies bedeutet, dass die Schüler*innen aus den Fachtexten, Abbildungen und Aufgabenstellungen etwas über „die politische Jugend" lernen und sich zu dem Gegenstand in einer bestimmten Form positionieren sollen. Daher wird im Folgenden auf genau diese Darstellungen eingegangen und untersucht, wie das politische Interesse junger Menschen thematisiert wird.

In das Sample sind alle für den Politikunterricht der Sekundarstufe I zugelassenen Schulbücher für die Sonder-, Werkreal-, Realschule und für das Gymnasium des Bildungsplanes 2004 in Baden-Württemberg eingegangen. Die identifizierten Passagen und Kapitel, in denen das politische Interesse junger Menschen dargestellt wird, wurden mithilfe der Wissenssoziologischen Diskursanalyse nach Reiner Keller (2011) analysiert.[1]

Im Folgenden werden die Analysen von sechs verschiedenen Politik-Schulbüchern aus dem Sample dargestellt, da darin das politische Interesse von Jugendlichen explizit thematisiert wird. Aus Platzgründen können die Analysen nicht am Material belegt werden.[2]

---

1   Die Analysen fanden in der Projektgruppe „Ungleichheit und Partizipation in Bildungsmedien" statt, zu der Stefan Müller-Mathis und Kristina Wesle gehörten. Viele der im Folgenden zu Papier gebrachten Überlegungen entstammen aus den Diskussionen der Gruppe und sind teilweise bereits in einem aus dem Projekt entstandenen Sammelband (Müller-Mathis und Wohnig 2017) dokumentiert.

2   An anderer Stelle habe ich (Wohnig 2017) zwei Erklärungstheorien für Politikverdrossenheit herausgearbeitet. Erstens eine, die auf Behebung des individuellen Defizites durch eine „Aktivierungspädagogik" (vgl. Wohnig 2015) setzt und zweitens eine, die auf strukturelle und institutionelle Probleme und Krisen der Demokratie und Repräsentation hinweist. Hier wären u. a. Diagnosen, wie die der „Postdemokratie" (Crouch 2008) oder der „Krise demokratischer Repräsentation" (Diehl 2016) zu nennen. Aufgrund des

Jugendliche Bittsteller*innen – Erwachsene Entscheidungsträger*innen

Das Schulbuch für die Sonderschule „Stark in … Gesellschaftslehre" (Kaiser 2001) behandelt das politische Interesse von Jugendlichen unter der fragenden Überschrift: „Politik: was geht mich das an?" und lässt Jugendliche über die Darstellung von Sprechblasen zu Wort kommen. Diese äußern schwerpunktmäßig stereotype Aussagen, die Politikverdrossenheit ausdrücken, wie: „Politiker interessieren sich gar nicht für Jugendliche" (Kaiser 2001, S. 180). Jugendlichen wird insgesamt keine wirkliche Möglichkeit der Einflussnahme vermittelt, die über das Äußern von Wünschen an die Machthaber*innen, die wiederum entscheiden, hinausgeht. Das Buch entwirft in diesem Kapiel Jugendliche in einer passiven Haltung, indem das Politische auf das Miteinander der Menschen und die konkreten Handlungsmöglichkeiten der Jugendlichen auf das Äußern eben solcher Wünsche verkürzt wird, womit ein Verhalten der Akzeptanz des regiert-Werdens impliziert ist. So wird Jugend vor allem in Form von Bittsteller*innen und in Abgrenzung zu erwachsenen Entscheidungsträger*innen entworfen.

Unkonventionelles jugendliches Engagement – gewünschtes erwachsenes konventionelles Engagement[3]

Im Realschulbuch „TRIO3" (Langbein 2006) werden Jugendliche sowohl als konventionell engagiert, als auch als politikverdrossen dargestellt. In Aussagen, die wiederum durch Sprechblasen dargestellt werden, betont die Hälfte der abgebildeten Jugendlichen, dass ,Machen' als Handlungsmöglichkeit wichtiger sei als ,Meckern', ein Drittel der Jugendlichen sind konventionell, zumeist in Parteien, engagiert. Im Gegensatz dazu stehen die im Schulbuch präsentierten Ergebnisse der Shell Studie (Shell 2002), denen zu entnehmen ist, dass junge Menschen unkonventionell engagierten Gruppen und Beteiligungsmöglichkeiten mehr Vertrauen entgegenbringen als konventionellen Gruppen und Beteiligungsformen. Zu letzteren gehört vor allem die Teilnahme an Wahlen, die im Buch als ,erwachsen' gekennzeichnet wird, da die Teilnahme an einer Wahl in der Regel erst ab 18 möglich ist (vgl. Shell 2002, S. 32). Den Schüler*innen wird über die Darstellung von zwei, die Ergebnisse der Shell Studien konterkarierenden, konventionell engagierten Jugendlichen nahegelegt, sie sollten sich konventionell engagieren und nicht „nur meckern". Diese beiden Jugendlichen dienen im Vergleich zu zwei als politikverdrossen markier-

---

begrenzten Umfangs dieses Beitrages kann die Herleitung der beiden Erklärungstheorien an dieser Stelle nicht vorgenommen werden. Ich werde im Folgenden auf die beiden Erklärungstheorien jedoch Bezug nehmen.

3   Zur Unterscheidung von konventionellem und unkonventionellem politischem Engagement vgl. Kaase (2003).

ten Jugendlichen als Vorbild, deren Haltung den Schüler*innen zur Übernahme empfohlen wird. Politikverdrossenheit wird als nicht sagbar definiert und als ein individuelles Defizit charakterisiert, das durch die Teilnahme an konventionellen Beteiligungsmöglichkeiten zu beheben sei. Dahingegen vermittelt die Darstellung im Schulbuch die Sichtweise, unkonventionelles Engagement alleine sei kein Anzeichen dafür, nicht politikverdrossen zu sein.

Jugend ohne Bürger*innenstatus – Erwachsene mit Bürger*innenstatus

„Politik geht uns alle an!" (Nebel 2006, S. 220) postuliert das Realschulbuch „EWG3" in der Kapitelüberschrift. Über unterschiedliche politische Themen, die Jugendliche interessieren könnten (z. B. Führerschein ab 17), wird die Aufforderung „Beteiligt Euch!" unterstrichen. Dies ist notwendig, da in der Folge Politikverdrossenheit als Problem dargestellt wird: „Politische Entscheidungen betreffen uns und bestimmen unseren Alltag. Trotzdem interessieren sich viele Erwachsene und Jugendliche nicht für Politik. Sie sagen: ‚Politik wird nur von denen da oben gemacht'" (Nebel 2006). Im gleichen Text heißt es jedoch am Ende: „Bürgerinnen und Bürger wissen, dass es um ihre eigenen Interessen geht. Sie haben erkannt: Politik geht uns alle an!" (Nebel 2006). Die Schüler*innen sollen, um ihren Bürger*innenstatus wahrzunehmen, erkennen, dass sie Politik angeht. Dabei bleibt ausgeblendet was Ursachen für Politikverdrossenheit auf einer strukturellen und institutionellen Ebene sein könnten. Daher wird auch nicht genauer auf struktureller Ebene thematisiert, warum nicht nur Jugendliche, sondern auch Erwachsene politikverdrossen sind. Die Option, Merkmale zu zeigen und zu artikulieren, die als politikverdrossen gelten, wird als irrational dargestellt. Es existieren keine rationalen Gründe, die herrschenden institutionell-politischen Begebenheiten zu kritisieren oder gar abzulehnen.

Engagierte, zu aktivierende Jugend – politikverdrossene Erwachsene

Das Werkrealschulbuch „Trio 4" (Alber et al. 2012) definiert aktiv-Sein als Bürger*innenpflicht und konstruiert eine klare Trennungslinie zwischen der engagierten Jugend und den politikverdrossenen Erwachsenen. Diesmal sprechen Erwachsene über Sprechblasen und geben wiederum als politikverdrossen gekennzeichnete Äußerungen von sich. Mehrmals wird erwähnt, dass Menschen lieber über die Politik schimpfen, statt sich zu engagieren. Weitere Erwachsene kritisieren das politikverdrossen-Sein und stellen es als nicht konstruktives Verhalten und damit als eine Gefahr für die Demokratie dar. Ein Experte berichtet in einem Zeitungsinterview verständnislos über die „Geringschätzung für die politische Klasse" (Alber et al. 2012, S. 45). Den dargestellten Bürger*innen wird ein individuelles Defizit zugeschrieben, das für die Demokratie „alarmierend" (Alber et al. 2012) und durch eine individuelle Einstellungsänderung zu lösen sei. Dem wird die an die Jugend gerichtete Aufforderung entgegengestellt, konstruktiv statt politikverdrossen zu sein, indem beispielsweise das Wahlrecht wahrgenommen wird. Der Appell „Engagiert Euch!" zeigt an, dass der Politikverdrossenheit durch die praktische Bearbeitung des individuellen Defizites im Sinne einer Handlung beizukommen sei. Strukturelle Ursachen für Politikverdrossenheit existieren in diesen Schulbuchdarstellungen nicht und daher sollen Schüler*innen auch nicht auf theoretischer Ebene Gründe für Politikverdrossenheit bearbeiten und reflektieren.

Mündige Jugend – Defizit zuschreibende Erwachsene

Die im Gymnasialschulbuch „Terra GWG 2" (Bub-Kalb und Kalb 2007) rekonstruierten Deutungsmuster lehnen allesamt eine rein individuelle Defizitzuschreibung als Erklärung für ein angeblich geringes politisches Interesse der Jugend ab. So wird eine Anwaltschaft für die Jugend übernommen, deren Merkmal es vor allem ist, die gesellschaftliche Zuschreibung von Politikverdrossenheit an Jugend zu dekonstruieren und die Gründe für diese Zuschreibung analysierbar zu machen. Damit wird eine Korrektur der Politikverdrossenheitsdiagnose vorgenommen, die vor allem über den Wandel der Partizipationsformen (unkonventionell statt konventionell) beschrieben wird. Weiterhin werden systemische Ursachen der Politikverdrossenheit beschrieben, hier vor allem soziale Ungleichheit.

Konkret wird das Kapitel „Politische Interessen Jugendlicher" durch einen Autor*innentext eingeleitet, der betont, die Shell Studien könnten „das Gerede von der Politik- und Demokratieverdrossenheit der Jugend [...] richtig stellen" (Bub-Kalb und Kalb 2007, S. 28). Anschließend werden zwei Fälle von engagierten Jugendlichen aus der Shell Studie (2002) präsentiert: Der eine Jugendliche ist sowohl konventionell (Jugendorganisation einer Partei) als auch unkonventionell (online-Partizipation) politisch aktiv, die andere geht vielfältigen Aktivitäten – größtenteils mit unkonventionellem Charakter (Engagement in einer NGO, Organisation von und Teilnahme an Demonstrationen) – nach. Sie äußert sich systemkritisch, da Demokratie durch die Möglichkeit, an einer Wahl teilzunehmen, nicht ‚endgültig' verwirklicht sei. Beide den Jugendlichen präsentierte Beispiele wirken über die Betonung des neuen Engagements junger Menschen als Korrektur der Politikverdrossenheitsdiagnose. Letztendlich wird den Jugendlichen sogar empfohlen, sich gegen die Zuschreibung von Politikverdrossenheit durch die Gesellschaft zu wehren. Sie sollen „ein Flugblatt für eine Kundgebung ‚Jugend gegen Politikverdrossenheit'" (Shell 2002, S. 29) entwerfen.

Innovative Jugend – jugendverdrossene Erwachsene

In dem Gymnasialschulbuch „Mensch & Politik" (Egner et al. 2005) ist das zentrale Deutungsmuster in Bezug auf das politische Interesse Jugendlicher durch eine Gegenüberstellung charakterisiert. Auf der einen Seite stehen die vermeintlich politikverdrossene Jugend und der Wandel der Partizipationsformen, auf der anderen Seite die vermeintliche Jugendverdrossenheit der Politik. Auf die Kapitelüberschrift „Politik – nein danke!?" wird mit der Thematisierung unkonventioneller Politikformen reagiert. Konventionelle Formen werden zunächst über eine Karikatur abgewertet, indem Politik als etwas Negatives beschrieben wird, das durch ‚alte Herren' gemacht wird, die zudem die Jugend für ihre unpolitische Haltung kritisieren. In der Karikatur sind zwei Jugendliche mit einer mit „Greenpeace" beschrifteten Mappe abgebildet, die an sechs älteren Herren vorbeilaufen. Die Herren halten Zettel in den Händen, auf denen u. a. Slogans wie „Hohle Worte", „Fromme Sprüche" und „Leere Versprechungen" stehen. Über ihnen ist eine Sprechblase abgebildet, die alle sagen lässt: „total unpolitisch die Jugend heute" (Egner et al. 2005, S. 72). Jugend wird also mit unkonventionellem Engagement (Greenpeace) verbunden. So wird eine Kontroversität zwischen konventionellen (repräsentiert durch: alte Männer, negative Attribute, Abwertung der Politikkonzepte der Jugend, Unfähigkeit politische Probleme zu lösen) und unkonventionellen Politikformen der Jugend hergestellt. Eine Existenz von Politikverdrossenheit hinsichtlich konventioneller Politik- und Partizipationsformen erscheint als strukturelles Defizit überkommener Organisationsformen und als fehlerhafte Zuschreibung der Erwachsenen. In einer Aufgabe sollen die Schüler*innen überlegen „was die Jugendlichen den älteren Herren entgegnen könnten" ((Egner et al. 2005, S. 73), wodurch Politikverdrossenheit nicht als feststehende Wahrheit, sondern als eine Frage des Standpunktes definiert wird. Es gibt verschiedene Möglichkeiten, Politik und Partizipation zu verstehen und je nachdem, welche der Möglichkeiten als richtig angesehen wird, kann die Jugend als engagiert oder politikverdrossen beschrieben werden.

4   Fazit: Inklusion und Schulbuchdarstellungen von dem politischen Interesse Jugendlicher

In Abschnitt 2 wurden drei Inklusionsmerkmale herausgearbeitet, die nun an die Schulbuchdarstellungen herangetragen werden. Die Analyse in Abschnitt 3 zeigt, dass die Schulbücher diese Merkmale unterschiedlich aufnehmen, teilweise negieren oder stark machen:

1) Politische Gleichheit

Schulbücher, die unkonventionelles Engagement von Jugendlichen abwerten und die Jugend gleichzeitig mit dem Stigma der Politikverdrossenheit belegen, sind nicht dazu geeignet, den gleichwertigen Anspruch auf öffentliche Begegnung und Artikulation als normativen Wert der Demokratie zu veranschaulichen und unterstützen eine Ausgrenzung der Jugend (Langbein 2006; Nebel 2006; in Teilen auch Alber et al. 2012). Neue Partizipationsformen werden dabei nicht als wertvolle politische Beteiligung junger Menschen angesehen sondern im Vergleich zu „etablierten" Beteiligungsformaten der parlamentarischen Demokratie abgewertet. Damit erscheint jugendliches Engagement nicht als gleichwertig. Immer wieder wird betont, politikverdrossene Jugendliche hätten ihr Verhalten individuell zu ändern um im politischen Raum als ebenbürtig anerkannt zu werden. Bücher, die verschiedene legitime Formen des Engagements betonen und die Erzählung der Politikverdrossenheit diskutierbar machen oder in Frage stellen, können hingegen einen Standpunkt der Anerkennung aller Subjekte und deren Begegnungs- und Artikulationsformen vermitteln (Bub-Kalb und Kalb 2007; Egner et al. 2005).

2) Infragestellung von Privilegien

Werden Jugendliche als Bittsteller*innen dargestellt, so impliziert dies, dass Privilegien von Erwachsenen nicht angegriffen werden können (Kaiser 2001). Wird ihnen jedoch die Fähigkeit zugesprochen, eigene Standpunkte auch gegen die Erwachsenen – und außerhalb der Wahrnehmung des Wahlrechts – zu vertreten, so können Privilegien sichtbar und angreifbar werden (Bub-Kalb und Kalb 2007; Egner et al. 2005).

3) Partizipation und Inklusion auf struktureller Ebene

Hier gilt es zu fragen, welche Institutionen dargestellt und wie die Handlungsmöglichkeiten der Akteur*innen dort betont werden. Wiederum bewirkt die Abwertung von jugendlich unkonventionellem Engagement und die Fixierung auf die Partizipationsform „Wahl" die Exklusion der nicht wahlberechtigten Jugend aus politischen Artikulations- und Entscheidungsprozessen.

Die Analyse der Schulbücher zeigt, dass die Jugend im Schulbuch als *Subjekt* – bspw. als Diskursteilnehmer*innen und gegen die Zuschreibung der Politikverdrossenheit Protestierende – (Variante A) oder als *Objekt* – bspw. als Bittsteller*innen und als noch nicht vollwertige Bürger*innen – (Variante B) entworfen wird. Kristina Wesle (2017) hat in ihren Analysen herausgearbeitet, dass Schulbücher Jugendliche oftmals als unmündige und ohnmächtige Objekte definieren, die nicht selbst politisch handlungsfähig sind und deren politisches Handeln zumeist über

Erwachsene, die als Autoritäten eingeführt werden, reguliert wird. Der Grund für das vermeintliche politische Desinteresse der Jugend wird bei solchen Schulbüchern über das Denkmuster eines individuellen Defizits erklärt, das durch eine individuelle Verhaltensänderung („Wählen gehen!") behoben werden kann (Variante B). Die Bücher hingegen, die die Jugend als Subjekt definieren, versuchen strukturelle Defizite in den politischen Institutionen und im Politikbetrieb anschaulich zu machen und bieten Gelegenheiten, diese zu reflektieren und zu analysieren (Variante A) (vgl. Wohnig 2017). Problematisch ist dies zudem aus einem ungleichheitssensiblen Blick, denn die Schulbücher, die Variante A folgen, sind Schulbücher für das Gymnasium, während die Schulbücher, die der Variante B zugeordnet werden können, nicht-gymnasiale Lehrwerke sind. Ähnlich hat dies Kristina Wesle erarbeitet: „Die Verteilung der in der Studie analysierten Bücher legt somit nahe, dass die betrachteten Gymnasialbücher im Vergleich zu den betrachteten Haupt- oder Realschulbüchern eher dazu neigen, Schüler_innen als mündige Bürger_innen zu betrachten. Wenn dem so ist, würden die Schulbücher der Studie dazu beitragen unterschiedliche Bildungsniveaus in verschiedene ‚Befähigungen' zu politischer Partizipation zu übertragen, wodurch politische Ungleichheit nicht nur reproduziert, sondern immer wieder von Neuem erzeugt würde" (Wesle 2017, S. 50).

Eine inklusionsorientierte politische Bildung, die die in Abschnitt 2 herausgearbeiteten Punkte in sich aufnimmt, müsste sich an Variante A orientieren: Junge Menschen sollten als Subjekte der Teilhabe begriffen werden, anstatt sie als Objekte zu entmündigen. Zudem sollten strukturelle Defizite politischer Institutionen und demokratischer Gesellschaften analysierbar gemacht werden, womit diese auch als kritisier- und veränderbar erscheinen. Dies ist nicht der Fall, wenn einseitig moralische Appelle an als politikverdrossen entworfene und mit einem Defizit belegte jugendliche Objekte gerichtet werden. In der Variante A jedoch können exkludierende Mechanismen in den Blick geraten und es kann eine Kritik des Bestehenden vorgenommen werden, aus der Kriterien und Möglichkeiten einer möglichst umfassenden Inklusion formulierbar sind.

Mithilfe einer diskursanalytische Schulbuchanalyse lässt sich herausarbeiten, welche gesellschaftlichen Denkmuster jungen Menschen als Wahrheit präsentiert und zur Übernahme empfohlen werden. In der Analyse der Darstellung des politischen Interesses junger Menschen im Schulbuch konnte gezeigt werden, wie das Phänomen der „Politikverdrossenheit" aus dem gesellschaftlichen Diskurs Eingang in Schulbücher findet um dort eben jungen Menschen deren Interesse an Politik zu erklären. In der Praxis bedeutet dies, dass Jugendliche in einigen Schulbüchern mit dem Stigma der Politikverdrossenheit belegt und dadurch aus dem politischen Diskurs ausgegrenzt und exkludiert werden. Dies ist für eine normativ an Gleichheit und Inklusion orientierte Demokratie insofern problematisch, als dass exkludierende Mechanismen und Strukturen auf das Individuum verlegt werden. Die Erzählung lautet sodann, dass sich junge Menschen selbst aus dem politischen Diskurs exkludieren; das demokratische System erscheint als vollendet inklusiv. In der wissenschaftlichen Auseinandersetzung mit Schulbuchdarstellungen mag es daher von besonderem Mehrwert sein, diese kritisch auf potentiell exkludierende oder inkludierende Denkmuster zu untersuchen.

Analysierte Schulbücher

Alber, Jürgen, W. Mühlberger, I. Richter, J. Ruckenbrod, J. Spanger, D. Storm, und G. Sutor. 2012. *Trio 4 für Klasse 10. Welt, Zeit, Gesellschaft. Werkrealschule Baden-Württemberg.* Braunschweig: Schroedel.

Bub-Kalb, Simone, und J. Kalb. 2007. *TERRA GWG 2. Gemeinschaftskunde, Wirtschaft. Gymnasium Baden-Württemberg.* Stuttgart: Klett.

Egner, Anton, S. Egner, H. Magdalena, und M. Vöhringer. 2005. *Mensch und Politik S I. Bd. 2.* Braunschweig: Schroedel.

Kaiser, Georg. 2001. *Stark in … Gesellschaftslehre. Schülerband 2.* Hannover: Schroedel.

Nebel, Jürgen. 2006. *EWG 3. Erdkunde, Wirtschaftskunde, Gemeinschaftskunde. Realschule Baden-Württemberg. Bd. 3.* Braunschweig: Klett.

Langbein, Andreas. 2006. *Trio 3. Erdkunde, Wirtschaftskunde, Gemeinschaftskunde. Realschule Baden-Württemberg.* Braunschweig: Schroedel.

Literaturverzeichnis

Besand, Anja. 2017. Von roten und blauen Kreisen. Oder: Wie kommen wir zu einer inklusiveren politischen Bildung? In *Wenig erreichte Zielgruppen der politischen Bildung – Forschung und Zugangsmöglichkeiten. Jahresthema 2016 der Transferstelle für politische Bildung,* Hrsg. Transferstelle für politische Bildung, 29–33. Essen.

Besand, Anja, und D. Jugel. 2015. Inklusion und politische Bildung – gemeinsam denken! In *Didaktik der inklusiven politischen Bildung,* Hrsg. C. Dönges, W. Hilpert und B. Zurstrassen, 45–59. Bonn: Bundeszentrale für politische Bildung.

Crouch, Colin. 2008. *Postdemokratie.* Frankfurt a. M.: Suhrkamp.

Diehl, Paula. 2016. Demokratische Repräsentation und ihre Krise. *Aus Politik und Zeitgeschichte* 40/42: 12–17.

Forst, Rainer. 2015. Die erste Frage der Gerechtigkeit. In *Inklusion. Wege in die Teilhabegesellschaft.* Hrsg. Heinrich-Böll-Stiftung, 44–53. Frankfurt a. M.: Heinrich-Böll-Stiftung.

Foucault, Michel. 1978. Wahrheit und Macht. Interview mit A. Fontana und P. Pasquino. In *Dispositive der Macht. Über Sexualität, Wissen und Wahrheit*, Hrsg. Ders., 21–54. Berlin: Merve Verlag.

Gagel, Walter. 2000. *Einführung in die Didaktik des politischen Unterrichts*. Opladen: Springer.

Herr, Vincent-Immanuel, und M. Speer. 2017. Wahlbeteiligung. Wir Demokratieversager. *Zeit-Campus* 39. https://www.zeit.de/2017/39/wahlbeteiligung-nichtwaehler-jugend-demokratie. Zugegriffen: 26.10.2018

Kaase, Max. 2000. Politische Beteiligung/Politische Partizipation. In *Handwörterbuch des politischen Systems der Bundesrepublik Deutschland*, Hrsg. U. Andersen und W. Woyke, 473–478. Wiesbaden: Springer.

Keller, Reiner. 2011. *Diskursforschung. Eine Einführung für SozialwissenschaftlerInnen*. Wiesbaden: Springer.

Kenner, Steve, und D. Lange. 2017. Einführung: Citizenship Education. In *Citizenship Education. Konzepte, Anregungen und Ideen zur Demokratiebildung*, Hrsg. Dies., 9–17 Schwalbach/Ts.: Wochenschau.

Kronauer, Martin. 2010. Inklusion – Exklusion. Eine historische und begriffliche Annäherung an die soziale Frage der Gegenwart. In *Inklusion und Weiterbildung. Reflexionen zur gesellschaftlichen Teilhabe in der Gegenwart*, Hrsg. Ders., 24–58. Bielefeld: Bertelsmann.

Kronauer, Martin. 2015. Politische Bildung und inklusive Gesellschaft. In *Didaktik der inklusiven politischen Bildung*, Hrsg. C. Dönges, W. Hilpert und B. Zurstrassen, 18–29. Bonn: Bundeszentrale für politische Bildung.

Lässig, Simone. 2010. Wer definiert relevantes Wissen? Schulbücher und ihr gesellschaftlicher Kontext. In *Schulbuch konkret. Kontexte Produktion Unterricht*, Hrsg. E. Fuchs, J. Kahlert und U. Sandfuchs, 199–215. Bad Heilbrunn: Klinkhardt.

Macgilchrist, Felicitas. 2011. Schulbuchverlage als Organisation der Diskursproduktion: Eine ethnographische Perspektive. *Zeitschrift für Soziologie der Erziehung und Sozialisation* 3: 248–263.

Marsh, David, T. O'Toole, und S. Jones. 2007. *Young People and Politics in the UK: Apathy or Alienation?* Hampshire: Palgrave.

Müller-Mathis, Stefan, und A. Wohnig. 2017. *Wie Schulbücher Rollen formen. Konstruktionen der ungleichen Partizipation in Schulbüchern*. Schwalbach/Ts.: Wochenschau.

Richter, Emanuel. 2012. Inklusion von Freien und Gleichen. Zur republikanischen Demokratietheorie. In *Zeitgenössische Demokratietheorie. Bd. 1: Normative Demokratietheorien*, Hrsg. O. Lembcke, C. Ritzi und G. S. Schaal, 157–187. Wiesbaden: Springer VS.

Richter, Emanuel. 2016. *Demokratischer Symbolismus. Eine Theorie der Demokratie*. Berlin: Suhrkamp.

Schaal, Gary S., und F. Heidenreich. 2016. *Einführung in die Politischen Theorien der Moderne*. 3. Aufl. Opladen, Toronto: Budrich.

Shell. 2002. *Jugend 2002. Zwischen pragmatischem Idealismus und robustem Materialismus. 14*. Frankfurt a. M.: Fischer Taschenbuch.

Wesle, Kristina. 2017. An der Mündigkeit sparen? Jugendliche Bürger_innen zwischen Autonomie und Anpassung. In *Wie Schulbücher Rollen formen. Konstruktionen der ungleichen Partizipation in Schulbüchern*, Hrsg. S. Müller-Mathis und A. Wohnig, 32–52. Schwalbach/Ts.: Wochenschau.

Wohnig, Alexander. 2015. Verantwortungsübernahme für die Gesellschaft – Kennzeichen einer Aktivierungspädagogik. *Politik unterrichten 1*: 46–51.

Wohnig, Alexander. 2017. Die Darstellung von Politikverdrossenheit als Merkmal des politischen Interesses junger Menschen in Schulbüchern. In *Wie Schulbücher Rollen formen. Konstruktionen der ungleichen Partizipation in Schulbüchern*, Hrsg. S. Müller-Mathis und A. Wohnig, 12–31. Schwalbach/Ts.: Wochenschau.

Wolling, Jens. 1999. *Politikverdrossenheit durch Massenmedien? Der Einfluss der Medien auf die Einstellungen der Bürger zur Politik*. Wiesbaden: Westdeutscher.

Autor

Wohnig, Alexander, Dr., ist wissenschaftlicher Mitarbeiter an der Heidelberg School of Education (Universität und Pädagogische Hochschule Heidelberg). Seine Forschungsschwerpunkte sind: Partizipation als Ziel politischer Bildung, das Verhältnis von sozialer Erfahrung und politischem Lernen, Gesellschaftstheorie, politische Theorie und politische Bildung sowie Bildungsmedienanalyse. Aktuell führt er u. a. die wissenschaftliche Begleitung des bundesweiten Modellprojekts „Politische Partizipation als Ziel der politischen Bildung" (Haus am Maiberg/Heppenheim, gefördert von der Bundeszentrale für politische Bildung) durch.

E-Mail: wohnig@heiedu.uni-heidelberg.de

Förderschüler*innen und ihre Vorstellungen zu sozioökonomischen Phänomenen

Ein Desiderat der fachdidaktischen Forschung?!

Anja Bonfig

Zusammenfassung

In der ökonomischer und auch politischen fachdidaktischen Forschung finden sich immer häufiger Studien, in welchen die Vorstellungen von diversen Gruppen untersucht werde: von Kindergartenkindern über Studierenden bis Finanzanleger*innen. Solche Ergebnisse können genutzt werden um Unterrichtsmaterialien zu gestalten, (schulinterne) Lehrpläne anzupassen, fachliche Empfehlungen für Lehrer*innen auszusprechen etc. Nicht erst seit der voranschreitenden Umsetzung schulischer Inklusion stehen z. B. Lehrer*innen vor der Frage: Gelten diese Forschungsergebnisse auch für Förderschüler*innen? Die fachdidaktische Forschung muss der Frage nachgehen, ob sie Förderschüler*innen in ihrer Betrachtung (stärker) berücksichtigen muss, ob dies Aufgabe sonderpädagogischer Forschung ist oder zu welchen Lerngegenständen die Perspektiven von Förderschüler*innen Gegenstand fachdidaktischer Forschung sein müssen. Dieser Thematik wird im Artikel von Anja Bonfig am Beispiel der Förderschüler*innen mit sonderpädagogischen Förderschwerpunkt Lernen nachgegangen.

Schlüsselbegriffe

Vorstellungen; Förderschüler; ökonomische Bildung; politische Bildung; Sozialwissenschaften; Lernvoraussetzungen; sozioökonomische Phänomene; Mündigkeit

1   Mündigkeit als Bildungsziel für alle Schüler*innen

Der Bildungs- und Erziehungsauftrag der Schule ist in Deutschland im Schulgesetz jedes Bundeslandes festgehalten. Im Schulgesetz NRW (zuletzt geändert 2016) in §2 „Bildungs- und Erziehungsauftrag der Schule" heißt es u. a. in Absatz 6, dass die Schüler*innen lernen sollen „selbstständig und eigenverantwortlich zu handeln" sowie „die eigene Meinung zu vertreten und die Meinung anderer zu achten". Ähnliche Formulierungen finden sich auch in den Schulgesetzen der anderen Bundesländer wieder.[1] Diese (Teil-)Ziele sind Aspekte des allgemeinen Bildungsziel – an welchem sich sowohl die politische als auch die ökonomische Bildung orientiert – der „Mündigkeit".

Nahezu alle Zielformulierungen der politischen Bildung – wie „Politikbewusstsein" (Detjen 2013, S. 211) oder „politisches Handeln" (Pohl 2015) – beschreiben den zentralen Fokus einer politischen Mündigkeit als dessen Kern die politische Urteilsfähigkeit gelten kann. Ebenfalls gemeinsam sind den unterschiedlichen Konzeptionen ökonomischer Bildung (mit ihren teilweise divergierenden Ansätzen und Leitideen) das Verständnis ökonomischer Bildung als Teil einer Allgemeinbildung, die Orientierung an ökonomisch geprägten Lebenssituationen und Mündigkeit als übergeordnetes Leitziel (vgl. u. a. Hedtke 2011; Kirchner 2016, S. 15–53; Weber 2001).[2] Übergeordnete Bildungsziele gelten für alle Schüler*innen, unabhängig von der Schulform o. ä.

Die Fachdidaktik als „die Wissenschaft vom fachspezifischen Lehren und Lernen innerhalb und außerhalb der Schule" (KVFF 1998, S. 13) hat die Aufgabe „der Auswahl, Legitimation und der didaktischen Rekonstruktion von Lerngegenständen, der Festlegung und Begründung von Zielen des Unterrichts (…) sowie der angemessenen Berücksichtigung der psychischen und sozialen Ausgangsbedingungen von Lehrenden und Lernenden" (KVFF 1998, 14). Die unterschiedlichen Perspektiven

---

1   So heißt es z. B. im bayerischen Schulgesetz in Artikel 2, Absatz 1: „Die Schule hat die Aufgabe zu selbständigem Urteil und eigenverantwortlichem Handeln zu befähigen". Im hessischen Schulgesetz in § 2, Absatz 3 findet sich die Formulierung, dass die Schüler*innen lernen sollen, „sich Informationen zu verschaffen, sich ihrer kritisch zu bedienen, um sich eine eigenständige Meinung zu bilden und sich mit den Auffassungen Anderer unvoreingenommen auseinander setzen zu können".

2   Wie diese Ziele erreicht werden können, welche Teilkompetenzen dafür notwendig sind, welche Inhalte vermittelt werden sollten etc. wird in der fachdidaktischen Forschung sowohl innerhalb wie auch zwischen den einzelnen Fachdidaktiken diskutiert. Die Diskussion in und zwischen den fachdidaktischen Disziplinen wird an dieser Stelle nicht weiter ausgeführt. Für einen Eindruck diesbezüglich sei auf den Tagungsband der Jahrestagung der GPJE herausgegeben von Engartner und Krisanthan (2017) verwiesen.

innerhalb der Fachdidaktiken haben somit keinen Einfluss auf diese übergeordneten Aufgaben – wohl aber auf die Ausgestaltung dieser Bereiche wie z. B. die Auswahl der Lerngegenstände. Auch in den sozialwissenschaftlichen Fachdidaktiken wird die Lernausgangslage von Schüler*innen empirisch untersucht. Diese ist Grundlage aller Lehr- und Lernbedingungen, die es den Schüler*innen ermöglichen sollen, das Ziel der Mündigkeit zu erreichen. Untersuchungsgegenstand der empirischen Forschung sind dabei immer häufiger die Vorstellungen von Schüler*innen zu verschiedenen Lerngegenständen – wobei Schüler*innen mit sonderpädagogischem Förderbedarf kaum berücksichtigt werden.

Aber ist nicht eine explizite Betrachtung von Schüler*innen mit Förderbedarf in der fachdidaktischen Forschung ein Widerspruch zu einem inklusiven Gesellschaftsbild? Nein, denn die Perspektiven von Schüler*innen mit Förderbedarf in der unterrichtlichen Ausgestaltung, in der Konzeption von Curricula, in der Formulierung von Kompetenzzielen usw. nicht zu berücksichtigen, würde bedeuten ihnen Bildung allgemein, das Bildungsziel der Mündigkeit und somit echte Teilhabe vorzuenthalten. Die Heterogenität der Individuen auszublenden, ist nicht im Sinne eines inklusiven Gesellschaftsbildes. Ob vorhandene Methoden, Kompetenzmodelle, Inhalte etc. im sozialwissenschaftlichen Unterricht Zugänge für Förderschüler*innen allgemein bieten, lässt sich nur sagen, wenn auch diese Perspektive berücksichtigt wird.

Im Folgenden wird zunächst der Vorstellungsbegriff erläutert, um auf dieser Basis den Stand der Vorstellungsforschung im Bereich der Sozialwissenschaften einordnen zu können. Da es nicht möglich ist, zu jedem Lerngegenstand jede Lerngruppe wissenschaftlich zu betrachten, ist es notwendig das ‚Konstrukt' des sonderpädagogischen Förderbedarfs Lernen zu erläutern und die durch diesen konstruierte Gruppe zu beschreiben. Auf dieser Grundlage kann beurteilt werden, ob Forschungsergebnisse beispielsweise bezüglich der Vorstellungen von Schüler*innen, auf diese übertragen werden können. Sind solche Übertagbarkeiten nicht sinnvoll, muss diese Lücke als Forschungsdesiderat bezeichnet werden.[3] Wenn diesen Schüler*innen eine größere Bedeutung in der fachdidaktischen Auseinandersetzung zukommen soll, stellt sich zudem die Frage, welche Lerngegenstände für sie relevant sind. Lernbedeutsame Lerngegenstände können durch unterschiedliche

---

3 In diesem Artikel wird dabei der sonderpädagogische Förderschwerpunkt Lernen in den Blick genommen. Trotz dieser Eingrenzung können die Schlussfolgerungen, die sich aus dieser Betrachtung ergeben, auf alle weiteren Förderschwerpunkte übertragen werden. Ob und inwiefern sich empirische Forschungsergebnisse über die Vorstellungen von Schüler*innen ohne und mit verschiedenen Förderbedarfen unterscheiden bleibt dabei allerdings offen.

fachdidaktische Ansätze[4] eruiert werden. Im nächsten Schritt müssen diese dann in der (Vorstellungs-) Forschung untersucht werden. So lässt sich abschließend feststellen, ob und zu welchen Phänomenen die Perspektiven von Schüler*innen mit Förderbedarf Forschungsgegenstand der sozialwissenschaftlichen Fachdidaktik sein müssen.

2   Vorstellungen – eine begriffliche Annäherung

Forschungen, die sich mit den Vorstellungen von Schüler*innen auseinandersetzen nähern sich dem Begriff „Vorstellungen" unterschiedlich ausführlich und von verschiedenen Ausgangspunkten aus an. Zum Teil finden sich Begriffe, die synonym verwendet werden, die bei genauerer Betrachtung jedoch unterschiedliche Schwerpunkte in der theoretischen Fundierung aufweisen: Schüler*innenkonzepte, Präkonzepte, Einstellungen, Vorstellungen, subjektive Theorie, Alltagstheorien, naive Theorien, Verständnis, Werte, (Vor-) Wissen, etc. (vgl. hierzu u.a. Kirchner 2016; Kölzer 2014; Lutter 2011)

Früher als in den Sozialwissenschaften finden sich in den Naturwissenschaften Untersuchungen, die Vorstellungen in den Blick nehmen (vgl. Duit et al. 1981).[5] Zu naturwissenschaftlichen Phänomenen sind überprüfbare (und aus fachlicher Perspektive ‚richtige') Aussagen möglich (Was ist Magnetismus? Was ist Photosynthese?). Auf sozialwissenschaftliche Phänomene trifft dies nur bedingt zu (Was ist eine Familie? Was ist Extremismus?). Ein eindeutiger Vergleich von Schüler*innenvorstellungen mit ‚dem einen richtigen' Fachkonzept ist selten möglich, was verdeutlicht, wie wichtig es ist, den verwendeten Vorstellungsbegriff zu erläutern und von anderen (z.B. Wissen) abzugrenzen. Zudem hat der zugrundeliegende Vorstellungsbegriff Auswirkung auf das empirische Design, aber auch auf den Vergleich der Ergebnisse mit anderen Studien.

Der Biologiedidaktiker Harald Gropengiesser (2003) versteht Vorstellungen (im Kontext des Modells der didaktischen Rekonstruktion) als subjektive gedankliche Prozesse. Bei diesen handelt es sich um „Konzepte, Denkfiguren und Theorien" (Gropengiesser 2003, S. 13). Sie können als Teil des *gedanklichen* Bereichs nicht

---

4   Wie den Lebenssituationen-Qualifikationen-Ansatz (nach Steinmann 1997) oder durch Schlüsselprobleme (u.a. nach Sander 1989).

5   Siehe Duit (2009) für eine Übersicht aller bis zu diesem Zeitpunkt veröffentlichten Studien über die Vorstellungen von Lehrpersonen oder Schüler*innen im naturwissenschaftlichen Bereich.

weitergegeben werden und unterscheiden sich damit vom *sprachlichen* Bereich. Für die Forschung bedeutet das, dass eine direkte Erfassung der Vorstellungen über sprachliche Äußerungen nicht möglich ist. Vielmehr müssen aus Aussagen die zugrundeliegenden Vorstellungen gedeutet werden.[6] Diese Perspektive auf Schüler*innenvorstellungen, die sich auch in der sozialwissenschaftlichen Forschung wiederfindet (siehe Tab. 1), versteht Vorstellungen nicht als „Fehlkonzepte" oder „Fehlvorstellungen", sondern lediglich als Ausgangpunkt von Lehr- und Lernprozessen.

Eine andere Perspektive nehmen z. B. die Autor*innen Holger Arndt und Bärbel Kopp (2016) ein. Wissensbestände und Vorkenntnisse, die Kinder mit in den Unterricht bringen, verstehen sie synonym zu intuitiven Vorstellungen oder Präkonzepten. In dieser Perspektive sind Fehlvorstellungen noch unvollständige Erklärungen (Arndt und Kopp 2016, S. 201), sodass Lernen als die Überführung von „intuitiv erworbenen Alltagsvorstellungen" in „belastbare und wissenschaftlich haltbare Konzepte" verstanden wird (Arndt und Kopp 2015, S. 120).[7]

Über die fachdidaktische Relevanz von Schüler*innenvorstellungen herrscht weitestgehend Konsens. Die Schüler*innen werden im Unterricht mit Lerngegenständen konfrontiert, zu denen sie durch direkte eigene Erfahrungen oder Beobachtungen individuelle Vorstellungen entwickelt haben. Werden diese Perspektiven der Schüler*innen nicht im Unterricht berücksichtigt, können Lernschwierigkeiten entstehen. Andreas Lutter (2007) plädiert dafür, diese Vorstellungen nicht als Fehlvorstellungen zu sehen. Da durch eine solche Defizitorientierung die Kontexte und somit Ursachen von Schüler*innenvorstellungen nicht weiter berücksichtigt und nicht hinreichend erfasst werden können – da die Vorstellungen aus dem sprachlichen Äußerungen eruiert werden müssen. Darüber hinaus impliziert diese Herangehensweise, ein *richtig* und *falsch* im Ganzen und trivialisiert damit die Vorstellungen. Vielmehr sind Vorstellungen „als didaktische Grundkategorie und zugleich fruchtbare Mittel des Lernens" zu sehen (Lutter 2007, S. 76). Diese Herangehensweise wird aber nicht – wie bereits erkennbar – von allen Autor*innen mitgetragen.

---

6   Gropengießer merkt an, dass für die Erforschung von Vorstellung die „Methode (…) im Hinblick auf die Fragestellung und dem Forschungsgegenstand begründet auszuwählen" ist. Eine allgemeine Vorgehensweise die auf alle Forschungsgegenstände anwendbar ist kann es somit nicht geben.

7   Eine Differenzierung zwischen Vorstellungen, Präkonzepte etc. findet in den Ausführungen von Arndt und Kopp (2016) nicht satt- auch sie verwenden diese Begriffe synonym zu Lernvoraussetzungen. Dabei betonen sie die Bedeutung der Berücksichtigung des Interesses von Schüler*innen für den Lernerfolg (Arndt und Kopp 2016, S. 201–202).

3 Der Stand der Vorstellungsforschung in den sozialwissenschaftlichen Fachdidaktiken

In der Forschungslandschaft zu Vorstellungen werden nicht nur viele Begriffe mit unterschiedlicher theoretischer Fundierung verwendet, vielmehr unterscheidet sich diese Fundierungen zum Teil grundlegend, wie aus den Ausführungen bereits deutlich geworden ist. Es stellt sich die Frage, welche Vorstellungsforschung im Feld der sozialwissenschaftlichen Fachdidaktik ein weites Vorstellungsverständnis zu Grunde legt, d. h. Vorstellungen nicht als Präkonzept auf dem Weg zum Fachkonzept betrachtet oder Vorstellungen mit Wissen gleichsetzt und aufgrund dessen z. B. Stufenabfolgen dieser definiert. Wenn man eine Aussage darüber treffen möchte, ob Schüler*innen mit Förderbedarf eine vernachlässigte Gruppe in diesem Feld darstellen, gilt er zu erschließen wer konkret befragt wurde. Tab. 1 berücksichtigt hierfür vor allem Veröffentlichungen seit dem Jahr 2007, die entweder davon sprechen, Schüler*innenvorstellungen zu erfassen oder mit einem häufig synonym zu Vorstellungen gebraucht Begriff die Perspektive von Förderschüler*innen mit Förderbedarf Lernen berücksichtigen – sie erhebt keinen Anspruch auf Vollständigkeit.

Diese Übersicht skizziert, dass nicht nur Schüler*innen mit sonderpädagogischem Förderschwerpunkt Lernen, sondern insgesamt Schüler*innen mit sonderpädagogischem Förderbedarf im gesamten Feld der fachdidaktischen Forschung kaum präsent sind – nicht nur im Bereich der Vorstellungsforschung, sondern auch in weiteren fachdidaktischen Forschungsbereichen.

Sie können somit als vergessene oder zumindest stark vernachlässigte Gruppe fachdidaktischer Forschung bezeichnet werden. Deutlich wird dies an folgendem Beispiel: Elmar Lange und Karin R. Fries (2006) beschreiben die schulischen Verhältnisse aus denen die von ihnen befragten Jugendliche stammen. Ihre Verteilung entspricht dabei „der Verteilung (…) auf die Schulen im gesamten Bundesgebiet" (Lange und Fries 2006, S. 30). Förderschulen tauchen in ihrer gesamten Analyse nicht auf. Zudem ist beachtlich, wie wenige sozialwissenschaftliche fachdidaktische Arbeiten Förderschüler*in den Blick nehmen, wenn man z. B. die Anzahl aller Forschungen über die heterogenen Lernvoraussetzungen von Schüler*innen bedenkt.

Tab. 1 Übersicht Vorstellungsforschungen zu sozialwissenschaftlichen Phänomenen

Studie	Befragte Proband*innen	Vorstellungs-verständnis
Aprea (2013): Alltagsvorstellungen von Jugendlichen zu komplexen ökonomischen Phänomenen	Berufs- und Realschulschüler*innen	eng
Arndt und Kopp (2015; 2016): Präkonzepte von Grundschulkindern zu ökonomischen Sachverhalten	Grundschulkinder	eng
Fischer (2013): Rechtsextremismus – Was denken Schüler darüber?	Gymnasialschüler*innen	weit
Bloemen (2009): Fachliche Vorstellungen und Schülervorstellungen zum Thema Nachhaltigkeit	Schüler*innen eines Fachgymnasiums Wirtschaft	weit
Kricks et al. (2013): Schwellenkonzepte und Phänomenografie. Explorative Studie und Messung von Unterschieden im ökonomischen Verstehen	Realschulschüler*innen, Schüler*innen der Höheren Handelsschule, Auszubildende, Studierende	eng
Kölzer (2014): Arbeitsweltliche Vorstellungen und Bewältigungsstrategien von Jugendlichen mit Hauptschulhintergrund	Hauptschüler*innen	weit
Lutter (2011): Integration im Bürgerbewusstsein von SchülerInnen	Schüler*innen einer Gesamtschule	weit
Seeber (2009): Ökonomisches Verständnis	Schüler*innen einer Schule oder Schulklasse mit sonderpädagogischem Förderbedarf Lernen	eng

4 Die Lebenswelten von Schüler*innen mit sonderpädagogischem Förderbedarf Lernen

Es wäre eine kaum zu bewältigende Herausforderung für die Forschung die Vorstellungen zu jedem, im sozialwissenschaftlichen Unterricht thematisierten Lerngegenstand von jeder Schüler*innengruppe zu erfassen. Ergebnisse zu einem konkreten Lerngegenstand können Aufschluss darüber geben, wie die Breite der Vorstellungen zu einem ähnlichen Inhaltsfeld sein könnte. Ob die Vorstellungen auf eine andere nicht befragte Schüler*innengruppe übertragbar sind, ist kaum allgemein zu beantworten und hängt stark von dem Lerngegenstand und der (durch Sozialisation) geprägten Perspektive auf diesen zusammen. Die Vorstellungen von

Kindern z. B. zu „Familie" die im selben sozialen Umfeld aufgewachsen sind, können sich dabei stärker von Kindern, die in einem anderen Umfeld aufgewachsen sind unterscheiden als von Jungen und Mädchen aus demselben sozialen Umfeld. Die Frage ist nun: Können Ergebnisse aus der fachdidaktischen Forschung (allgemein und zu Vorstellungen) auf Schüler*innen mit sonderpädagogischem Förderbedarf Lernen übertragen werden? Dafür ist es notwendig zu erläutern, welche Schüler*innen sich hinter dieser Bezeichnung verbergen.[8]

Im Schuljahr 2014/15 hatten fast 500.000 Schüler*innen in Deutschland einen diagnostizierten sonderpädagogischen Förderbedarf, 335.008 davon besuchten eine Förderschule. Fast die Hälfte der Förderschüler*innen hatten einen diagnostizierten sonderpädagogischen Förderschwerpunkt Lernen. Die Anzahl dieser Schüler*innen die eine Regelschule besuchen steigt und zeitgleich steigt der Anteil an Kindern mit sonderpädagogischem Förderbedarf insgesamt. Im Schuljahr 2000/2001 hatten 479.940 Schüler*innen einen sonderpädagogischen Förderbedarf, was einem Anteil von 5,3 % entsprach, im Schuljahr 2012/13 waren es 493.200 (6,6 %) (vgl. Statistisches Bundesamt 2016; Autorengruppe Bildungsberichterstattung 2014).

Die Bezeichnung des Förderschwerpunkts ‚Lernen' hängt eng mit dem deutschen (Förder-) Schulsystem zusammen. International wird allgemeiner von ‚learning disabilities' gesprochen. Im deutschsprachigen Diskurs wird zwischen *vorübergehenden* oder überdauernden sowie *bereichsspezifischen* und *allgemeinen* Lernstörungen unterschieden. Wenn eine Lernbeeinträchtigung mehrere Lernbereiche umfasst und länger als ein Schuljahr andauert, wird von einer Lernbehinderung gesprochen.[9]

Gerade Siepmann (2007) merkt an, dass sowohl „der Begriff der Lernbehinderung als auch der Begriff Lernbeeinträchtigung (…) nicht wissenschaftliche, sondern eher pragmatisch geprägte Begriffe" sind (Siepmann 2007, S. 306). Die begrifflichen Änderungen gehen vielmehr auf verschiedene Empfehlungen der Kultusministerkonferenz zurück. „Die Schülergruppe, um die es hier geht, ist jedoch nach wie vor mit ihren spezifischen Lern- und Leistungsschwierigkeiten existent, ganz egal, wie wir sie bezeichnen. Wichtig bleibt einzig und allein, ihre wirksame Förderung durch kompetente Pädagogen" (Siepmann 2007, S. 306). Aus diesem Grund wird auch an dieser Stelle nicht weiter auf die unterschiedlichen Begrifflichkeiten eingegangen, denn eine begriffliche Zuordnung gibt kaum Aufschluss

---

8   Diese Ausführung bietet einen allgemeinen Überblick und führt ausgewählte Aspekte auf, die für die weiteren Schlussfolgerungen zielführend sind. Sie kann damit nicht alle Facetten der Diskussion um den sonderpädagogischen Förderschwerpunkt Lernen aufgreifen.

9   Somit wird dann i. d. R. ein sonderpädagogischer Förderbedarf im Lernen diagnostiziert werden.

darüber, welche Schüler*innen gemeint sind, wenn man vom sonderpädagogischen Förderbedarf Lernen spricht. Die folgenden Merkmale dienen dazu diese näher zu beschreiben: Dies soll weder dazu beitragen, diese Schüler*innen zu stigmatisieren oder zu etikettieren, sondern soll vielmehr dazu dienen, ihre unterschiedlichen Lernvoraussetzungen berücksichtigen zu können.

- 67 % der Schüler*innen mit sonderpädagogischem Förderbedarf Lernen kommen aus Familien mit einem Haushaltsnettoeinkommen von weniger als 2.000 Euro (vgl. Euen et al. 2015, S. 117).
- Häufiger als in Familien von Regelschüler*innen hat kein Elternteil einen hohen Bildungsabschluss erreicht (Euen et al. 2015).
- Mehr als jede dritte Familie erhält Wohngeld (vgl. Koch 2004a, S. 196).
- Ihre Familien zeigen ein gering ausgeprägtes soziales Netzwerk (vgl. Koch 2004b, S. 425).
- Die Freizeitaktivitäten der Eltern und Kinder sind durch einen ‚passiven Konsum' bestimmt (Koch 2004b).
- Häufig leben die Familien unter beengten Wohnverhältnissen in ‚schlechten' Wohngegenden (vgl. Cloerkes 2007, S. 95).

Da anders als beispielsweise bei Kindern mit sonderpädagogischem Förderbedarf Sehen oder geistige Entwicklung keine Zusammenhänge zwischen Ursache und Förderbedarf vorliegen, finden sich je nach Paradigma unterschiedliche Erklärungsansätze wieder. Folgenden Erklärungen für einen sonderpädagogischen Förderbedarf Lernen aus (entwicklungs-)psychologischer Perspektive sind dabei Gegenstand der Diskussion: Defizite in bereichsübergreifenden kognitiven Grundfunktionen zu denen bereichsspezifische Defizite hinzukommen (vgl. Gold 2015, S. 127), „mangelnde Mathematisierungsfähigkeit" (Moser Opitz und Schmassmann 2016, S. 266), „mangelndes bereichsspezifisches Wissen" (Lauth et al. 2014, S. 353) usw.[10]
  Die Lebenswege von Förderschüler*innen nach Verlassen der Schule lassen sich nicht aus Gesamtstatistiken nachvollziehen, denn „die Spur von den Schulentlas-

---

10 Trotz der Diskussion um den Zusammenhang von Schwierigkeiten im schulischen Lernen und den Gründen hierfür wird an einer defizitorientierten Diagnostik zur Feststellung des sonderpädagogischen Förderbedarfs mittels standardisierter Testverfahren festgehalten. Traditionell kommen „zwei Arten von Testverfahren besonders häufig zum Einsatz, Intelligenztests und Schulleistungstests" (Heimlich et al. 2016, S. 12). Aufgrund der inhärenten Stigmatisierung durch den Besuch einer Förderschule wird darüber diskutiert, Förderschulen abzuschaffen – auch weil eine solche Separierung einen Widerspruch zu einer inklusiven Gesellschaft darstellt (vgl. weiterführend Wrase 2016).

senen mit sonderpädagogischem Förderbedarf" verliert sich (Niehaus und Kaul 2012, S. 9). Eindeutig sind lediglich die Angaben über die Schulabschlüsse: 70,6 % verlassen die Förderschule ohne Schulabschluss, 25,7 % mit einem Hauptschulabschluss (Autorengruppe Bildungsberichterstattung 2016, S. 274).[11] Die wenigen vorliegenden qualitativen (regional begrenzten) Studien geben einen Eindruck über den weiteren Lebensweg: Die Chancen ehemaliger Förderschüler*innen auf eine reguläre Berufsausbildung sind gering. Wenn sie einen Ausbildungsplatz finden, ist dieser in theoriegeminderten Ausbildungsgängen (wie Beiköch*in oder Hauswirtschaftshelfer*in) einzuordnen. Besonders Förderschüler sind nach Verlassen einer Förderschule häufig mehrere Jahre lang arbeitslos (vgl. Ginnold 2008; Gaupp und Geier 2010; Zimmermann und Lex 2013).

Auch ohne Klarheit über die Ursachen einer „Lernbehinderung" lässt sich – auf einer deskriptiven Ebene – festhalten, dass eine Großzahl dieser Schüler*innen unter erschwerten bis hin zu prekären Lebensverhältnissen aufwächst und ebenfalls erschwerte Zukunftsperspektiven hat. Studienergebnisse über jede Facette der Lernvoraussetzungen, von (Fakten-)Wissen bis Vorstellungen zu ökonomischen, politischen oder gesellschaftlichen Phänomenen auf diese Schüler*innen zu übertragen, würde diesen aufgrund der vielschichtigen genannten Besonderheiten nicht gerecht werden.

5   Fazit: Welche Inhaltsfelder sollten mit Blick auf Förderschüler*innen in der fachdidaktischen Forschung thematisiert werden?

Welche Phänomene müssen Teil der fachdidaktischen Auseinandersetzung sein, wenn also Schüler*innen mit sonderpädagogischem Förderbedarf berücksichtigt werden sollen? Eine Option wäre, zunächst Inhaltsfelder aufzugreifen, die in den Lehrplänen bereits verankert sind. Jedoch sind in einigen Bundesländern keine Lehrpläne explizit für die Förderschule Lernen vorhanden. Der Unterricht orientiert sich vielmehr an den Lehrplänen der Grund- bzw. Hauptschule.

Eine andere Option um Bildungsinhalte und -ziele zu bestimmen sind unterschiedliche Konzeptionen, die in der allgemeinen Didaktik wie auch in den Fachdidaktiken der politischen und der ökonomischen Bildung existieren. Durch diese

---

11 Zwischen den verschiedenen Förderschulen wird in der Statistik nicht unterschieden. Diese Zahl bezieht sich also auf alle Arten von Förderschulen (u. a. Förderschule geistige Entwicklung an der kein Hauptschulabschluss möglich ist) in Deutschland im Jahr 2014.

Konzeptionen als wichtig für Schüler*innen mit sonderpädagogischem Förderbedarf Lernen eruierten Inhalte müssten dann in der Forschung zu berücksichtigt werden. Peter Henkenborg (2012) unterscheidet für die Politikdidaktik grob die „Konzepte der Politik" und die „Konzepte der politischen Bildung". Ähnlich Konzepte finden sich auch in der ökonomischen Bildung wieder, wie z.b. der kategoriale Ansatz nach Klaus-Peter Kruber (1997) oder der Lebenssituationen-Qualifikationen-Ansatz nach Bodo Steinmann (1997). Ohne an dieser Stelle eine Aussage darüber zu treffen, welcher Ansatz für welche Schüler*innengruppe möglicherweise geeigneter ist, lässt sich folgendes festhalten:

Keine dieser Konzeptionen strebt eine schulische Bildung an, die eine rein individuelle Lebensbewältigung zum Ziel hat. Ebenfalls finden sich keine Grundlagen, die den Schluss zulassen, dass mit Schüler*innen mit sonderpädagogischem Förderbedarf andere Inhaltsfelder thematisiert oder sie von bestimmten Themen ausgegrenzt werden sollen.[12] Für die Gestaltung der Zugänge sowie der Anforderungsniveaus bieten die Ansätze Raum, diese aufgrund der Lernvoraussetzungen der Schüler*innen auszuwählen. Da sich die unterrichtlichen Lerngegenstände nicht unterscheiden, sind auch in der Forschung dieselben Inhaltsfelder zu untersuchen, wenn es um das Wissen, die Einstellungen, die Vorstellungen etc. von Kindern mit sonderpädagogischem Förderbedarf geht – leider wurde dies bisher vernachlässigt!

Literaturverzeichnis

Aprea, Carmela. 2013. Alltagsvorstellungen von Jugendlichen zu komplexen ökonomischen Phänomenen: Eine explorative Untersuchung am Beispiel der Wirtschafts- und Finanzkrise. In *Ökonomische Allgemeinbildung in der Sek. II: Konzepte, Analysen und empirische Befunde*, Hrsg. T. Retzmann, 100–112. Schwalbach/Ts.: Wochenschau.
Arndt, Holger, und B. Kopp. 2015. Präkonzepte von Grundschulkindern zu ökonomischen Sachverhalten: Erste Ergebnisse der Vorstudie. In *Kognitive Aktivierung in der Ökonomischen Bildung*, Hrsg. H. Arndt, 118–130. Schwalbach/Ts.: Wochenschau.
Arndt, Holger, und B. Kopp. 2016. Entwicklung eines Erhebungsinstruments zur Erfassung des Vorwissens von Grundschulkindern zur ökonomischen Präkonzepten – Ergebnisse

---

12 Beispielsweise lassen sich im Rahmen des Lebenssituationen-Qualifikationen-Ansatz dieselben Lebenssituationen für alle Schüler*innen als lernbedeutsam identifizieren. Eine Lebenssituation ist nach Steinmann (1997) lernbedeutsam, wenn diese zur Bedürfnisbefriedigung beiträgt, diese (gegenwärtig oder zukünftig) gefährdet oder behindert und Entscheidungs- und Handlungsspielräume existieren. Wichtig dabei ist, dass die gesamtgesellschaftliche Betroffenheit berücksichtigt wird.

aus der ersten Pilotierung. In *Das Theorie- Praxis-Verhältnis in der ökonomischen Bildung*, Hrsg. H. Arndt, 201–211. Schwalbach/Ts.: Wochenschau.

Autorengruppe Bildungsberichterstattung, Hrsg. 2014. *Bildung in Deutschland 2014: Ein indikatorengestützter Bericht mit einer Analyse zur Bildung von Menschen mit Behinderungen*. Bielefeld: Bertelsmann.

Autorengruppe Bildungsberichterstattung, Hrsg. 2016. *Bildung in Deutschland 2016: Ein indikatorengestützter Bericht mit einer Analyse zu Bildung und Migration*. Bielefeld: Bertelsmann.

Bloemen, André. 2009. *Fachliche Vorstellungen und Schülervorstellungen zum Thema Nachhaltigkeit*. Oldenburg: BIS.

Cloerkes, Günther. 2007. *Soziologie der Behinderten: Eine Einführung*, 3. Aufl. Heidelberg: Winter.

Detjen, Joachim. 2013. *Politische Bildung: Geschichte und Gegenwart in Deutschland*. Oldenbourg: Wissenschaftsverlag.

Duit, Reinders. 2009. Bibliography STCSE: Students' and Teachers' Conceptions and Science Education. http://archiv.ipn.uni-kiel.de/stcse/download_stcse.html. Zugegriffen: 6. November 2018.

Duit, Reinders, W. Jung, und H. Pfundt, Hrsg. 1981. *Alltagsvorstellungen und naturwissenschaftlicher Unterricht*. Köln: Aulis Verlag Deubner.

Engartner, Tim, und B. Krisanthan, Hrsg. 2017. *Wie viel ökonomische Bildung braucht politische Bildung?* Schwalbach/Ts.: Wochenschau.

Euen, Benjamin, A. Vaskova, A. Walzeburg, und W. Bos. 2015. Armutsgefährdete Schülerinnen und Schüler mit einem Förderbedarf im Förderschwerpunkt Lernen am Beispiel von PARS-F und KESS-7-F. In *Inklusion von Schülerinnen und Schülern mit sonderpädagogischem Förderbedarf in Schulleistungserhebungen*, Hrsg. P. Kuhl, 101–128. Wiesbaden: Springer VS.

Fischer, Sebastian. 2013. *Rechtsextremismus – Was denken Schüler darüber? Schülervorstellungen als Grundlage einer nachhaltigen Bildung*. Schwalbach/Ts.: Wochenschau.

Gaupp, Nora, und B. Geier. 2010. *Stuttgarter Haupt- und Förderschüler/innen auf dem Weg von der Schule in die Berufsausbildung: Bericht zur dritten Folgeerhebung der Stuttgarter Schulabsolventenstudie*. Stuttgart: Deutsches Jugendinstitut e. V.

Ginnold, Antje. 2008. *Der Übergang Schule – Beruf von Jugendlichen mit Lernbehinderung: Einstieg, Ausstieg, Warteschleife*. Bad Heilbrunn: Klinkhardt.

Gold, Andreas. 2015. Lernschwierigkeiten. Wie man einen pädagogisch-psychologischen Dauerbrenner immer wieder aufs Neue befeuern kann. *Zeitschrift für Pädagogische Psychologie* 3–4: 123–132.

Gropengiesser, Harald. 2003. *Wie man Vorstellungen der Lerner verstehen kann: Lebenswelten, Denkwelten, Sprechwelten*. Oldenburg: Didaktisches Zentrum.

Hedtke, Reinhold. 2011. *Konzepte ökonomischer Bildung*. Schwalbach/Ts.: Wochenschau.

Heimlich, Ulrich, C. Hillenbrand, und F. B. Wember. 2016. Förderschwerpunkt Lernen. In *Sonderpädagogische Förderschwerpunkte in NRW: Ein Blick aus der Wissenschaft in die Praxis*, Hrsg. Ministerium für Schule und Weiterbildung des Landes Nordrhein-Westfalen, 9–19. Düsseldorf.

Henkenborg, Peter. 2012. Unterrichtsleitbilder und Philosophien der politischen Bildung: Eine politikdidaktische Spurensuche. In *Unterrichtsleitbilder in der politischen Bildung*, Hrsg. I. Juchler, 47–58. Schwalbach/Ts.: Wochenschau.

Kirchner, Vera. 2016. *Wirtschaftsunterricht aus der Sicht von Lehrpersonen: Eine qualitative Studie zu fachdidaktischen teachers' beliefs in der ökonomischen Bildung.* Wiesbaden: Springer VS.

Koch, Katja. 2004a. Die soziale Lage der Familien von Förderschülern: Ergebnisse einer empirischen Studie. Teil I: sozioökonomische Bedingungen. *Sonderpädagogische Förderung* 2: 181–200.

Koch, Katja. 2004b. Die soziale Lage der Familien von Förderschülern: Ergebnisse einer empirischen Studie. Teil II: Sozialisationsbedingungen in Familien von Förderschülern. *Sonderpädagogische Förderung* 4: 411–428.

Kölzer, Carolin. 2014. *„Hauptsache ein Job später": Arbeitsweltliche Vorstellungen und Bewältigungsstrategien von Jugendlichen mit Hauptschulhintergrund.* Bielefeld: Transcript.

Kricks, Kristina, E. Mittelstädt, und A. Liening. 2013. Schwellenkonzepte und Phänomenografie: Explorative Studie und Messung von Unterschieden im ökonomischen Verstehen. *Zeitschrift für ökonomische Bildung* 2: 17–41.

Kruber, Klaus-Peter. 1997. Stoffstrukturen und didaktische Kategorien zur Gegenstandsbestimmung ökonomischer Bildung. In *Konzeptionelle Ansätze ökonomischer Bildung,* Hrsg. K.-P. Kruber, 55–74. Bergisch Gladbach: Hobein.

KVFF (Konferenz der Vorsitzenden der Fachdidaktischen Fachgesellschaften), Hrsg. 1998. *Fachdidaktik in Forschung und Lehre.* Kiel: IPN Leibniz-Institut.

Lange, Elmar, und K. R. Fries. 2006. Jugend und Geld 2005: Eine empirische Untersuchung über den Umgang von 10–17-jährigen Kindern und Jugendlichen mit Geld. http://www.schuldnerberatung-sh.de/fileadmin/download/praevention/lange_schufa-studie_jugend_und_geld_2005.pdf. Zugegriffen: 6. November 2018.

Lauth, Gerhard W., E. Hammes-Schmitz, und M. Lebens. 2014. Eine empirische Bedingungsanalyse von Lernstörungen. *Empirische Sonderpädagogik* 4: 350–364.

Lutter, Andreas. 2007. Schülervorstellungen. In *Forschung und Bildungsbedingungen*, Hrsg. V. Reinhardt, 74–80. Baltmannsweiler: Schneider Hohengehren.

Lutter, Andreas. 2011. *Integration im Bürgerbewusstsein von SchülerInnen.* Wiesbaden: VS.

Moser Opitz, Elisabeth, und M. Schmassmann. 2016. Grundoperationen. In *Didaktik des Unterrichts im Förderschwerpunkt Lernen: Ein Handbuch für Studium und Praxis*, 3. Aufl., Hrsg. U. Heimlich und F. B. Wember, 266–279. Stuttgart: Kohlhammer.

Niehaus, Mathilde, und T. Kaul. 2012. Zugangswege junger Menschen mit Behinderung in Ausbildung und Beruf. Bd. 14 der Reihe Berufsbildungsforschung. https://www.bmbf.de/pub/Berufsbildungsforschung_Band_14.pdf. Zugegriffen: 6. November 2018.

Pohl, Kerstin. 2015. Politisch Handeln: Ziel und Inhalt der politischen Bildung? http://www.bpb.de/gesellschaft/kultur/politische-bildung/193189/politisch-handeln?p=all. Zugegriffen: 6. November 2018.

Sander, Wolfgang. 1989. *Zur Geschichte und Theorie der politischen Bildung: Allgemeinbildung und fächerübergreifendes Lernen in der Schule.* Marburg: SP-Verlag.

Seeber, Susan. 2009. Ökonomisches Verständnis. In *BELLA: Berliner Erhebung arbeitsrelevanter Basiskompetenzen von Schülerinnen und Schülern mit Förderbedarf „Lernen"*, Hrsg. R. Lehmann und E. Hoffmann, 89–118. Münster/ New York/ München/ Berlin: Waxmann.

Siepmann, Gerda. 2007. Kritische Auseinandersetzung mit dem Phänomen der Lernbehinderung – orientiert an der Entwicklung im Land Brandenburg. In *Pädagogik für Kinder und Jugendliche in schwierigen Lern- und Lebenssituationen*, Hrsg. K. Salzberg-Ludwig, 303–322. Stuttgart: Kohlhammer.

Statistisches Bundesamt. 2016. *Statistisches Jahrbuch Deutschland und Internationales: 2016*. Wiesbaden: Statistisches Bundesamt.

Steinmann, Bodo. 1997. Das Konzept ‚Qualifizierung für Lebenssituationen' im Rahmen der ökonomischen Bildung. In *Konzeptionelle Ansätze ökonomischer Bildung*, Hrsg. K.-P. Kruber, 1–22. Bergisch Gladbach: Hobein.

Weber, Birgit. 2001. Stand ökonomischer Bildung und Zukunftsaufgaben. *sowi-onlinejournal* 2: 1–16.

Wrase, Michael. 2016. Auflösung der Förderschulen: Die UN-Behindertenkonvention verlangt die Inklusion von Kindern mit Behinderung an Regelschulen. *WZBrief Bildung* 33: 2–6.

Zimmermann, Julia, und T. Lex. 2013. Münchner Haupt- und Förderschüler/innen auf dem Weg von der Schule in die Berufsausbildung: Bericht zur fünften Erhebung der Münchner Schulabsolventenstudie. https://www.dji.de/fileadmin/user_upload/dasdji/home/Schulabsolventenstudie_Web_2013.pdf. Zugegriffen: 6. November 2018.

Autorin

Bonfig, Anja, ist wissenschaftliche Mitarbeiterin an der Universität zu Köln. Sie promoviert zum Thema „Vorstellungen von Schüler*innen über Phänomene sozialwissenschaftlicher finanzieller Allgemeinbildung "(Arbeitstitel). Ihre Arbeitsschwerpunkte sind z.Z. die finanzielle Allgemeinbildung, die sozialwissenschaftliche Bildung im inklusiven Unterricht sowie die qualitative Erforschung von Schüler*innen Vorstellungen.

E-Mail: Bonfig.Anja@uni-koeln.de

Aktivierung und Rekonstruktion der Vorstellungen von Schüler*innen mit und ohne sonderpädagogischem Förderbedarf zu Aspekten von Recht und Gesetz

Potenziale für inklusive Lernsettings in der politischen Bildung

Dörte Kanschik

Zusammenfassung

Im Beitrag wird der Frage nachgegangen, wie Zugänge zur Auseinandersetzung mit politischen Phänomenen (am Beispiel von Recht und Gesetz) in inklusiven Lernsettings geschaffen werden können. Dazu werden theoretische Überlegungen aus einem Dissertationsprojekt vorgestellt, in dem mit Hilfe bildunterstützter, sequenziert einsetzbarer Fallvignetten Vorstellungen zu Aspekten von Recht und Gesetz von Schüler*innen mit und ohne sonderpädagogischen Förderbedarf aktiviert und u. a. mittels phänomenographischer Analyse rekonstruiert werden sollen. Die Ergebnisse erster Pilotierungen weisen auf fach- und inklusionsdidaktisch begründbare Potentiale dieser Erhebungsform hin.

Schlüsselbegriffe

Diagnose/ Diagnostik, Vorstellungen, Recht, Gesetz, Phänomenographie

© Springer Fachmedien Wiesbaden GmbH, ein Teil von Springer Nature 2019
T. Hölzel und D. Jahr (Hrsg.), *Konturen einer inklusiven politischen Bildung*,
https://doi.org/10.1007/978-3-658-25716-3_6

1   Einleitung

Nach wie vor besteht ein Mangel an fachdidaktischen Konzeptionen und fachdidaktischer Forschung politischer Bildung für Schüler*innen mit sonderpädagogischem Förderbedarf bzw. auch grundsätzlicher für bildungsbenachteiligte Gruppen, der bereits an anderer Stelle als „beidseitiger blinder Fleck der beteiligten Fachdidaktiken" konstatiert wurde (Gröger 2014, S. 79; siehe auch Bonfig und Westerkamp 2017). Insbesondere Menschen mit Lernschwierigkeiten wurden bislang von der politischen Bildung kaum in den Blick genommen. Im Kontext inklusiver politischer Bildung wird die Diskussion um politische Bildung auch für diese Personengruppe neu aufgenommen (vgl. Dönges et al. 2015). Dabei wird sowohl die Ausgrenzungen aus dem politischen System problematisiert als auch die Notwendigkeit politischer Partizipation betont. Im Zuge von inklusiver Schul- und Unterrichtsentwicklung ist auch die Politikdidaktik gefordert entsprechende fachspezifische Konzeptionen und Forschungen vorzulegen. Nach Dönges et al. (Dönges et al. 2015, S. 10) sind die diesbezüglichen zentralen Fragen, wie politische Bildungs- und Partizipationsprozesse inklusiv geplant und gestaltet werden können und wie ein Empowerment eine gleichberechtigte Teilhabe von Menschen, die aus unterschiedlichen Gründen ausgegrenzt sind, ermöglichen kann.

Das im Folgenden skizzierte Dissertationsprojekt versucht insbesondere Ansätze für die Gestaltung inklusiver politischer Bildungsprozesse empirisch fundiert zu begründen. Dabei sind Eingrenzungen des Inklusionsverständnisses und Fokussierungen notwendige Bedingungen für eine inklusive Bildungsforschung (vgl. Grosche 2015, S. 32). Der vorliegende Beitrag fokussiert aus dem Forschungsprojekt generierte Impulse für die Weiterentwicklung inklusiver politischer und sozialwissenschaftlicher Bildung. Diese beziehen sich sowohl auf die Begründung inklusionsorientierter Bildungsforschung als auch auf die (fachdidaktische) Legitimation für inklusive Vorstellungsdiagnostik.

Es wird zunächst der Blick auf Schüler*innen mit sonderpädagogischem Förderbedarf im Schwerpunkt Lernen gelegt und dieser in seiner grundsätzlichen Berechtigung und im Kontext von Zielgruppenorientierung als Widerspruch oder Voraussetzung von Inklusion (vgl. Dönges und Köhler 2015) diskutiert. Aus dieser Diskussion leitet sich das für das Forschungsprojekt grundlegende Inklusionsverständnis ab (Kapitel 2).

Im Fokus des hier skizzierten Dissertationsprojektes stehen Vorstellungen zu Facetten von Recht und Gesetz von Schüler*innen mit und ohne sonderpädagogischem Förderbedarf. Zentrale forschungstheoretische Zugänge und die Konzeption des Designs (Kapitel 3) geben Einblicke in den Forschungsprozess. Im Anschluss werden durch erste Eindrücke aus der Pilotierung Ideen zur Weiterentwicklung einer inklusiven Politikdidaktik generiert, wie z. B. die Gestaltung von Lernprozessen auf Basis des Universal Designs for Learning (UDL) (Kapitel 4). Des Weiteren werden Möglichkeiten der weitergehenden Nutzung zentraler Elemente des Forschungsprojektes am Beispiel eines Lehrprojekts im Rahmen der Qualitätsoffensive Lehrerbildung zur Thematisierung von Diversitätsaspekten im sozialwissenschaftlichen Sachunterricht vorgestellt (Kapitel 5).

2 Schüler*innen mit sonderpädagogischem Förderbedarf im Kontext inklusiver politischer Bildung

Den Fokus auf sonderpädagogische Förderung bzw. sonderpädagogischen Förderbedarf (im Schwerpunkt Lernen) zu legen, ist angesichts dieser „unzureichend definierte[n] Kategorie" (Grosche 2015, S. 28) und der wenig objektiven Diagnostik (vgl. u. a. Bos et al. 2010) problematisch. Im Kontext der Inklusionsdebatte stehen Strukturen der Organisation, Förderung, Aufgaben, Zweck- und Zielbestimmung des Förderbedarfs im Schwerpunkt Lernen zur Diskussion. Aufgrund der diskriminierenden Wirkung oder ihrer Alltäglichkeit wird die Abschaffung eigener Organisationsformen im Förderschwerpunkt Lernen von verschiedenen Stellen gefordert (vgl. u. a. Wocken 2011; Rauh et al. 2012). Mit Rauh et al. (Rauh et al. 2012) muss daher auch für dieses Forschungsprojekt die Frage geklärt werden, für welches Ziel und zu welchem Zweck man noch einen Förderschwerpunkt Lernen braucht.

Der Terminus Förderschwerpunkt Lernen wurde durch die „Empfehlung zum Förderschwerpunkt Lernen" der Kultusministerkonferenz (KMK 1999) wie folgt eingeführt: „Bei Schülerinnen und Schülern mit Beeinträchtigung des Lernens ist die Beziehung zwischen Individuum und Umwelt dauerhaft bzw. zeitweilig so erschwert, dass sie die Ziele und Inhalte der Lehrpläne der allgemeinen Schule nicht oder nur ansatzweise erreichen können. Diesen Kindern und Jugendlichen und ihren Eltern muss Hilfe durch Angebote im Förderschwerpunkt Lernen zuteilwerden" (KMK 1999, S. 2). Der hierdurch eingeleitete Perspektivwechsel zeigt sich darin, dass statt individueller Defizite nun förderdiagnostische Fragen im Vordergrund stehen. Auch werden allgemeine Schulen bezogen auf die individuelle Förderung von Schüler*innen stärker in die Pflicht genommen und die Zuweisung des sonderpädagogischen Förderbedarfs zieht nicht zwangsläufig die Überweisung an eine Förderschule nach sich (vgl. Heimlich 2016, S. 27). Nach Heimlich (Heimlich 2016) werde allerdings häufig übersehen, dass die KMK-Empfehlungen keineswegs Verordnungs- oder Gesetzescharakter hätten und stattdessen auf einem Minimalkonsens der Kultusministerien mit unterschiedlichen bildungspolitischen Leitzielen beruhen. Die begriffliche Umschreibung des Förderschwerpunkts Lernen sei daher aus erziehungswissenschaftlicher Sicht unbefriedigend geblieben.

Die Frage, ob der Anspruch auf inklusive Bildung eine pauschale Abschaffung des Förderschulsystems zur Folge haben muss, ist umstritten (Heimlich 2016). Rauh et al. (2012, S. 15) konstatieren für die Entwicklung des Förderschwerpunkt Lernens im Ganzen (also unter Berücksichtigung verschiedener Begrifflichkeiten, die sowohl als Ausdruck einer fachlichen Dynamik als auch eines beginnenden Transformationsprozesses begriffen werden können), eine „doppelte Bewegung": So gäbe es sowohl eine Tendenz zur Verflüchtigung als auch zu einer starken Ausweitung. Im Zuge der Veränderungen des Schulwesens in Richtung eines inklusiven Bildungssystems sind bspw. einige Bundesländer dazu übergegangen keine Klassen mit dem Förderschwerpunkt Lernen mehr zu bilden oder den Förderschwerpunkt Lernen in der Schuleingangsphase nicht mehr zu diagnostizieren (Rauh et al. 2012). Aktuelle Zahlen zur sonderpädagogischen Förderung an Schulen zeigen dagegen, dass der Anteil der Schüler*innen mit sonderpädagogischer Förderung an allgemeinen Schulen und Förderschulen von 2005 bis 2014 von 5,7 % auf 7 % (das entspricht 508.400 Schüler*innen) aller Schüler*innen im Alter der Vollzeitschulpflicht gestiegen ist (vgl. KMK 2016, S. XIV). Dem sonderpädagogischen Förderschwerpunkt Lernen als mit Abstand größtem Förderschwerpunkt werden 37,7 % aller sonderpädagogisch geförderten Schüler*innen zugewiesen. Von diesen Schüler*innen besuchen 39,51 % allgemeine Schulen (vgl. KMK 2016, S. XIX). Darüber hinaus seien nach Rauh et al. (vgl. 2012, S. 15) trotz der traditionell starken Ausrichtung des Begriffs am schulischen Lernen auch im vorschulischen und nachschulischen Bereich Förderbedarfe im Lernen in erheblicher Häufigkeit anzunehmen.

Wie bereits angedeutet sind in der organisatorischen Dimension der Bestimmung und Begründung des Förderschwerpunkts Lernen Selbstverständlichkeiten zu überdenken. In der begrifflich-inhaltlichen Dimension sind fachliche Selbstverständnisse des sonderpädagogischem Förderschwerpunkts Lernen, insbesondere im Kontext inklusiver Konzepte, zu hinterfragen (vgl. Rauh et al. 2012, S. 16). In neueren Diskussionen werden daher Termini wie „Lernschwierigkeiten" (Heimlich 2016, S. 26f.) oder „Lernbeeinträchtigungen" (Werning und Lütje-Klose 2016, S. 24) bevorzugt.[1]

Ob für den Förderschwerpunkt Lernen eine fachliche Krise vorliegt und wie eine Wende oder Neuausrichtung aussehen kann (vgl. Rauh et al. 2012, S. 18f.), kann

---

1   Für eine umfassende Darstellung der Kontroversen um die Begrifflichkeit und der Entwicklung einer entsprechenden Pädagogik sei beispielhaft auf die Ausführungen von Werning und Lütje-Klose (2016) und Heimlich (2016) verwiesen.

an dieser Stelle nicht vertieft werden. Ausgehend von der eingangs aufgeworfenen Frage werden für das hier skizzierte Forschungsprojekt folgende Konsequenzen auf inhaltlich-didaktischer wie organisatorischer Ebene gezogen: Der sonderpädagogische Förderschwerpunkt Lernen bzw. die entsprechende sonderpädagogische Auseinandersetzung mit diesem Phänomen wird auf *inhaltlich-didaktischer Ebene* benötigt, um durch die Vernetzung und Schnittmenge der Bildungsanliegen beider Disziplinen Potenziale und Zugänge politischer Bildung *auch* für eine bisher wenig beachtete Gruppe aufzuzeigen und zu begründen (siehe Kapitel 3). Dabei geht es nicht darum eine spezifische, klar definierte Zielgruppe zu adressieren, sondern im Sinne von Dönges und Köhler (vgl. 2015) vor allem darum auf didaktischer Ebene potenzielle Barrieren zu identifizieren sowie abzubauen. Zu diesem Zweck werden Erkenntnisse aus sonderpädagogischer und inklusionsorientierter Didaktik für fachdidaktische Konzeptionen und Forschungen genutzt (siehe Kapitel 4).

Auf *organisatorischer Ebene* werden für das Sample der empirischen Erhebung vorrangig Schüler*innen mit einem zugewiesenen sonderpädagogischen Förderbedarf im Schwerpunkt Lernen an Förderschulen und Regelschulen, aber auch Schüler*innen ohne sonderpädagogischen Förderbedarf ausgewählt (siehe Kapitel 3). Mit der Auswahl des Samples wird also der derzeitigen schulischen (und bildungspolitischen) Realität Rechnung getragen. Die Forderung nach einem Verzicht auf Differenzkategorien (vgl. Besand und Jugel 2015, S. 106) ist hinsichtlich der stigmatisierenden und Differenz konstituierenden Folgen (siehe Kapitel 2) nachvollziehbar. Solange diese jedoch (bildungspolitisch) bestehen und vielfältig wirken, hat ihre Beforschung die Chance zu ihrer Auflösung beizutragen. In diesem Sinne ist Zurstrassen (2015) zuzustimmen, dass „die vorhandenen, didaktischen, unterrichtsmethodischen und pädagogischen Konzepte für die Arbeit mit heterogenen Lerngruppen [...] unausgereift sind" (Zurstrassen 2015, S. 111). Im deutschen Schulsystem gelinge es vielfach nicht nur nicht durch Förderung die nachteiligen Lernausgangslagen zu kompensieren, sondern ungleiche Lernausgangslagen würden noch erweitert und verfestigt, auch in der politischen Bildung (Zurstrassen 2015).

Das dem Dissertationsprojekt zugrundeliegende Inklusionsverständnis ist damit nicht auf eine Zwei-Gruppen-Theorie verkürzt, sondern ist – den Ausführungen Grosches (vgl. 2015, S. 31) folgend – ein temporäres, reduziertes und singuläres. Es wird also nicht der Anspruch erhoben, Inklusion als Ganzes zu erforschen,[2]

---

2 In seinem Beitrag legt Grosche (2015) die Schwierigkeiten Inklusion zu beforschen dezidiert dar und weist darauf hin, dass es bislang keine trennscharfe, widerspruchsfreie und logisch konsistente Definition gibt (Grosche 2015, S. 20). Mit Hilfe verschiedenster Definitionen beschreibt er den Rahmen, in dem sich das Verständnis von schulischer Inklusion bewegen kann. Als Ergebnis einer induktiven und zusammenfassenden quali-

sondern lediglich einen Teilaspekt davon, indem Zugänge zu rechtlich-politischen Phänomenen entwickelt und in ihrer Wirkung auf verschiedene Schüler*innen überprüft werden.

3 Skizzierung des Dissertationsprojektes zur Rekonstruktion von Schüler*innenvorstellungen

Das zugrundeliegende Dissertationsprojekt zielt darauf ab Vorstellungen zu Aspekten von Recht und Gesetz von Schüler*innen mit und ohne sonderpädagogischen Förderbedarf zu aktivieren und u. a. mittels phänomenographischer Analyse zu rekonstruieren. Der Fokus auf Recht und rechtliches Lernen begründet sich in der Schnittmenge sonderpädagogischer und politikdidaktischer Bildungsanliegen. So weisen Einschätzungen von Lehrer*innen an Förderschulen darauf hin, dass vor allem im Sinne der Grundintention der Lebenshilfe und des sozialen Lernens Aspekte von Recht (bspw. Jugendschutz, Legalität) wichtige Themen sind (vgl. Gröger 2014, S. 77). Diese Fokussierung findet sich auch in didaktischen Konzepten zur Alltagsvorbereitung in der Oberstufe im Förderschwerpunkt Lernen. Es wird darauf verwiesen, dass u. a. die Grenzen der Legalität und die Folgen, die Überschreitungen nach sich ziehen können, ebenso wie Grundkenntnisse bezüglich Einrichtungen des Rechtssystems, ihrer Funktionen und Arbeitsweisen (Polizei, Gerichte, Rechts- und Staatsanwaltschaft, Jugendgerichtshilfe) zu zentralen Alltagsbereichen gehören, anhand derer die Schüler*innen notwendige Schlüsselkompetenzen erwerben sollen (vgl. Schroeder 2016, S. 310f.). Eine „aktive Rolle als Bürger mit Rechten wahrzunehmen" (Theunissen und Plaute 2002, S. 26) ist außerdem eine wesentliche und explizit politische Komponente des Empowerments von Menschen mit Lernschwierigkeiten.

Die Verbindung von Recht und Politik sowie die Bedeutung in demokratischen Systemen akzentuiert Stein (2005) folgendermaßen: „Ohne Recht keine Ordnung, ohne Rechtsordnung keine Freiheit und keine Garantie der menschlichen Würde. Das ist die Ratio des demokratischen Verfassungsstaates, eines Staatstypus, der in einzigartiger Weise die politische Macht an das Recht bindet" (Stein 2005, S. 6). Diese Verbindung zeigt sich in vier zentralen Rechtsfunktionen: der Gerechtigkeitsfunktion, der Ordnungsfunktion, der Herrschaftsfunktion sowie der Herrschaftskont-

---

tativen Inhaltsanalyse formulieren Krämer et al. (vgl. 2016) 108 Indikatoren schulischer Inklusion, die in 15 Dimensionen gruppiert werden.

rollfunktion. Diese können – jenseits von Rechtskunde – Gegenstand rechtlichen Lernens im Politikunterricht sein (vgl. Wesel 2006, S. 61; Goll 2007, S. 85ff.). Entsprechend dieser knapp skizzierten Begründungszusammenhänge liegt dem Forschungsprojekt die Annahme zugrunde, dass Fragen und Problemstellungen rund um das Thema Recht gute Möglichkeiten bieten Aspekte der Lebenshilfe mit explizit politischen Fragestellungen zu verknüpfen und dass Schüler*innen diesen Fragen und Problemstellungen in ihrer Alltagswelt begegnen, somit potenziell über Vorerfahrungen und Vorwissen (ggf. auch durch den Unterricht) verfügen. Dieses Vorwissen bzw. diese Vorstellungen werden im Rahmen leitfadengestützter, fokussierter Einzelinterviews (vgl. Merton und Kendall 1946, zitiert nach Misoch 2015, 83ff.) aktiviert und mittels (strukturierender) qualitativer Inhaltsanalyse sowie phänomenographischer Analyse (vgl. Murmann 2013) rekonstruiert.

Konkret soll das Erhebungsdesign einen niedrigschwelligen Zugang zu rechtlich-politischen Phänomenen eröffnen. Dieser wird durch bildunterstützte, sequenziert einsetzbare Fallvignetten ermöglicht. Niedrigschwellig sind die Fallvignetten insofern, als dass bei deren Konzipierung zentrale didaktische Prinzipien, wie z. B. Erfahrungsorientierung, Problemorientierung und Fallprinzip (vgl. Goll 2007, S. 90), berücksichtigt werden. Des Weiteren wird eine textentlastete und ästhetische Gestaltung gewählt sowie durch die Aufteilung in Einzelbilder eine Möglichkeit zum differenzierten, dem Interviewverlauf entsprechenden Einsatz geschaffen (siehe beispielhaft Abbildung 1 und 2).

Studien, die sich mit Vorstellungen von Schüler*innen zu Facetten von Recht auseinandersetzen, gibt es bisher nur sehr wenige und in sehr unterschiedlichen Kontexten und Disziplinen (vgl. bspw. Weyers 2012), sodass bei der Konzipierung der Fallvignetten auf kein spezifisches (im Sinne des Forschungsinteresses) fachdidaktisches Fundament zurückgegriffen werden kann. Über allgemeine Erwägungen zu oben genannten Inhalten hinaus gibt es über die Bundesländer hinweg kein abgesichertes Curriculum und es sind auch keine konsensuellen Kompetenzmodelle vorhanden, auf die man sich bei der konkreten Umsetzung stützen könnte. Eine inhaltliche wie konzeptionelle fachdidaktische Begründung der Fallvignetten ist dennoch möglich: In die Konzeption der drei Fallvignetten sind sowohl fachwissenschaftliche Befunde zu Funktionen von Recht und Gesetz (vgl. u. a. Wesel 2006) als auch fachdidaktische Erkenntnisse zum Fallprinzip und zum rechtlichen Lernen (vgl. Goll 2007) eingeflossen. Die dargebotenen rechtlich-politischen Phänomene repräsentieren entsprechend verschiedene Funktionen von Recht und Gesetz und sind in unterschiedlichem Maße lebensweltnah.

Das grundlegende Forschungsinteresse richtet sich auf die Möglichkeiten mit Hilfe der Fallvignetten differenziert Schüler*innenvorstellungen zu ausgewählten Facetten von Recht und Gesetz aktivieren zu können. Schüler*innenvorstellungen werden dabei mit Murmann (2013) verstanden als „jegliche Art von innerem Bild zu einem Lerninhalt oder zu Aspekten eines Lerninhaltes […], wenngleich nicht so allgemein, dass affektive Formen von Lernausgangslagen aufseiten der Schülerinnen und Schüler wie Haltungen, Einstellungen, Interessen oder Motivation eingeschlossen [werden]" (Murmann 2013, S. 2). Aus diesem Verständnis folgt eine Reduzierung moralischer Anteile in den Fällen bzw. in den Fragen zu den Fällen, da es nicht, wie bspw. bei Weyers (2012), um die Verbindung von rechtlichem Denken und moralischer Urteilsfähigkeit der Schüler*innen gehen soll, sondern stärker Wahrnehmungsstrukturen und das diesem zugrundeliegende konzeptuelle Wissen (vgl. Richter 2010, S. 59) fokussiert werden. Entsprechend des phänomenographischen Erkenntnisinteresses sollen so didaktisch relevante Differenzen zwischen Erlebnisweisen (vgl. Murmann 2008, S. 189) in Bezug auf die konkreten durch die Fallvignetten induzierten Grundreize rekonstruiert werden.

Phänomenographie als originär didaktischer Forschungsansatz zur Erfassung von Lernendenperspektiven ist in Deutschland noch nicht breit rezipiert (vgl. Murmann 2008, S. 187). Sowohl in der Sachunterrichtsdidaktik als auch in der ökonomischen Bildung finden phänomenographische Forschungsansätze jedoch bereits Verwendung (vgl. u. a. Pech et al. 2012; Birke und Seeber 2011). Der Phänomenographie geht es um die Struktur von Phänomen- und Situationsverständnissen bzw. von Begriffen. Dabei wird im Sinne der Phänomenologie Edmund Husserls davon ausgegangen, dass sich Wahrnehmungen als Struktur-Hintergrundverhältnis nachvollziehen und strukturell analysieren lassen (vgl. Murmann 2008, S. 190). Nach Figur-Hintergrund-Wahrnehmungen lässt sich sowohl bei Schüler*innenperspektiven als auch bei Fachverständnissen fragen. Durch die Gegenstandsbeschreibung aus einer Perspektive zweiter Ordnung (Wie sieht das Phänomen für die Lernenden aus? Welche Aspekte nehmen Lernende an einem Phänomen überhaupt war und mit welchen Bedeutungen werden diese belegt?) können typische, inhaltsspezifische (nicht kategorische) kognitive Herausforderungen und fach- wie sachdidaktische Konsequenzen herausgearbeitet werden (vgl. Murmann 2008, S. 197). In Sätzen von Beschreibungskategorien, die als Ergebnisse aus phänomenographischen Analysen hervorgehen, spiegeln sich alle empirisch festgestellten Erlebnisweisen wider. Diese Kategoriensätze werden hinsichtlich qualitativer Unterschiede konturiert und hierarchisiert. Ihre logische Beziehung zueinander und zum Gegenstand wird systematisch analysiert (vgl. Murmann 2008, S. 189).

Durch die Rekonstruktion der Vorstellungen von Schüler*innen mit und ohne sonderpädagogischem Förderbedarf am Ende ihrer Pflichtschulzeit (Klassenstufe 9 und 10) soll dem Anspruch, Potenziale für inklusive Lernprozesse abzuleiten, gerecht werden, indem die sich in der Auseinandersetzung mit den dargebotenen Fallvignetten zeigenden didaktischen Herausforderungen fokussiert werden. Dabei wird grundsätzlich nicht davon ausgegangen, dass Schüler*innen aufgrund eines ihnen zugeschriebenen sonderpädagogischen Förderbedarfs politische Phänomene anders wahrnehmen als Schüler*innen ohne Förderbedarf.

Die durch die empirische Untersuchung gewonnenen Erkenntnisse sollen an die theoretischen Überlegungen zu einer inklusiven Politikdidaktik zurückgebunden werden, um so erste konzeptionelle Ansätze für einen inklusiven Politikunterricht zum Themenfeld Recht und Gesetz begründen zu können. Die konzipierten Fallvignetten können dabei als Instrumente zur Diagnostik von Vorwissen und Vorerfahrungen sowie als Medien zur Unterrichtsgestaltung Verwendung finden. (Abb. 1 und Abb. 2)

Abb. 1
Fall 1 ‚Alkoholkauf'
(Bild 1 von 5)

Abb. 2
Fall 2 ‚Mutmaßlicher
Diebstahl' (Bild 1 von 4)

4   Impulse für eine inklusive Politikdidaktik

Im Folgenden werden ausgewählte erste Eindrücke aus der Pilotierung der Fallvignetten in Beziehung zu inklusionsdidaktischen Implikationen des Designs gesetzt. Daraus ergeben sich Impulse für die Weiterentwicklung einer inklusiven Politikdidaktik. In dem sich anschließenden Ausblick werden Möglichkeiten aufgezeigt, wie Erkenntnisse aus dem Forschungsprojekt für andere Kontexte nutzbar gemacht werden können.

Erste Erprobungen der Fallvignetten zeigen, dass deren ästhetische, visuelle Gestaltung einen niedrigschwelligen Zugang ermöglicht. Hemmungen – vor allem zu Beginn des Interviews –können so überwunden werden, da auf der Ebene der Bildbeschreibung zunächst jede*r etwas beitragen kann. Dieser Zugang ist insbesondere für Schüler*innen mit einem schwächeren Selbstkonzept der Fachbegabung, zu denen mutmaßlich häufiger Schüler*innen mit Förderbedarf gehören, relevant (siehe dazu Weißeno und Eck 2013, S. 123f.; Bittlingmayer et al. 2012, S. 133f.). Es zeigt sich, dass die Fallvignetten als Bezugspunkte und Anker fungieren, die Sicherheit geben und so Nachdenkprozesse generieren bzw. dazu führen, dass sich Schüler*innen auf das Nachdenken über die in den Fällen dargebotenen Phänomene einlassen.

Dass ästhetische Zugangsweisen für eine inklusive Lerngruppe zur Erschließung von Phänomenen und für das kognitiv differenzierte Verständnis von Lerninhalten besonders gut geeignet sind, zeigen Studien aus der inklusiven Sachunterrichtsdidaktik (vgl. Seitz 2005; Schomaker 2008, zitiert nach Kucharz 2015, S. 225). Anwendungsbeispiele im Kontext politischer Bildung finden sich u. a. bei Schelle und Meister (vgl. 2007). Sowohl in der Sachunterrichts- als auch in der Politikdidaktik werden Möglichkeiten sinnlicher Bildungsprozesse noch vergleichsweise wenig diskutiert (Schelle und Meister 2007). Entsprechende Elemente finden sich jedoch in verschiedenen Konzeptionen zur Planung inklusiven Unterrichts wieder, wie etwa in inklusionsdidaktischen Netzen (vgl. Kahlert 2015, S. 185ff.).

Eine weitere noch unsystematische Beobachtung aus der Erprobung der Fallvignetten ist die hohe Anforderung, die abstrakte (Fach)begriffe für Schüler*innen darstellen. Dabei bedeutet das Nichterklären eines Begriffs keineswegs, dass kein konzeptuelles Wissen vorhanden ist bzw. spezifische Phänomenfacetten nicht mit (fachlich) sinntragenden Bedeutungen belegt werden können. Es bietet sich daher an den Lernenden verschiedene Wege zur Auseinandersetzung mit Begriffen anzubieten. Im Forschungsprojekt wird dies durch standardisierte Nachfragephasen sowie durch flexible Wiederholungen bspw. spezifischer Aussagen in verschiedenen Kontexten (zwischen aber auch innerhalb der einzelnen Fälle) versucht.

Flexibilität ist auch der Leitgedanke des Universal Design for Learning (UDL) (vgl. Schlüter et al. 2016, S. 273). Beim UDL handelt es sich um ein fächerübergreifendes Konzept zur Curriculums- und Unterrichtsgestaltung. Seinen Ursprung hat es in der Universal-Design-Bewegung der 70er-Jahre, die zunächst in der amerikanischen Architektur begann. Das UDL zielt darauf ab durch das Umgestalten von Methoden und Medien Barrieren für erfolgreiches Lernen für alle Schüler*innen zu reduzieren (Fisseler und Markmann 2012, S. 5, zitiert nach Schlüter et al. 2016, S. 273). Mit Hilfe der drei Prinzipien (A) biete multiple Präsentationen von Informationen, (B) biete multiple Optionen zur Verarbeitung von Informationen und zur Darstellung von Lernendenergebnissen und (C) biete multiple Hilfe zur Förderung von Lernengagement und Lernmotivation, die in weitere Richtlinien und Checkpoints ausdifferenziert werden,[3] können vielfältige Optionen im Unterricht generiert werden. Diese bedürfen jedoch jeweils einer fachdidaktischen Legitimation. Die Lernenden sollen selber entscheiden, welche Zugänge zu Lerninhalten sie bevorzugen und mit welchen Lernmaterialien sie umgehen möchten. Damit ist die Hoffnung einer gesteigerten Lernmotivation verbunden (vgl. Schlüter et al. 2016, S. 274).

5 Ausblick: Potenziale für differenzierte Vorstellungsdiagnostik in der sozialwissenschaftlichen Bildung

Wie gezeigt wird, lassen sich verschiedene Ansätze inklusiver (Sachunterrichts) didaktik für die politische Bildung nutzbar machen. Adaptionen sind vielfältig möglich und können an dieser Stelle nur in kleinen Ausschnitten gezeigt werden. Auch andersherum werden Befunde aus dem skizzierten Dissertationsprojekt für die Sachunterrichtsdidaktik nutzbar gemacht. Das Dissertationsprojekt sowie ein damit vernetztes Lehrprojekt mit dem Titel „Diversitätsaspekte zum Unterrichtsthema machen! – Potenziale der Fachdidaktik Sachunterricht" sind Teile des multidisziplinären Projektes DoProfil (Dortmunder Profil für inklusionsorientierte Lehrer/-innenbildung), das durch die Mittel der ‚Qualitätsoffensive Lehrerbildung' des Bundesministeriums für Bildung und Forschung gefördert wird. In dem Lehrprojekt werden, im Rahmen verschiedener Seminare zu ausgewählten Diversitätsaspekten (z. B. Gender/Geschlecht, Armut, Behinderung) mit Studierenden in gleicher und ähnlicher Form Impulse zur differenzierten Vorstellungsdiagnostik entwickelt. Diese sollen einen Beitrag dazu leisten Diversität zum Unterrichtsthema zu ma-

---

3 Eine ausführliche Darstellung zum UDL sowie eine Übersetzung der UDL-Tabelle nach Hall et al. (2012) finden sich bei Schlüter et al. (2016).

chen, „ohne eine Bühne zur Schilderung von Stereotypen bereitzustellen" (Offen 2014, S. 6). Die empirischen Befunde aus dem Forschungsprojekt, insbesondere zur Phänomenographie als Forschungsansatz, werden dabei in die Lehre eingebunden.

Literaturverzeichnis

Besand, Anja, und D. Jugel. 2015. Zielgruppenspezifische politische Bildung jenseits tradierter Differenzlinien. In *Didaktik der inklusiven politischen Bildung*, Hrsg. C. Dönges, W. Hilpert und B. Zurstrassen, 99–109. Bonn: Bundeszentrale für politische Bildung.

Birke, Franziska, und G. Seeber. 2011. Heterogene Schülerkonzepte für ökonomische Phänomene: ihre Erfassung und Konsequenzen für den Unterricht. *Journal of Social Science Education*. doi: https://doi.org/10.4119/jsse-565.

Bittlingmayer, Uwe, J. Gerdes, und D. Sahrai. 2012. Politische Bildung unter erschwerten Bedingungen in Förderschulen. Einige Anmerkungen aus der Perspektive des VorBild-Projektes. In *Unter erschwerten Bedingungen. Politische Bildung mit bildungsfernen Zielgruppen*, Hrsg. B. Widmaier und F. Nonnenmacher, 130–148. Schwalbach/Ts.: Wochenschau.

Bonfig, Anja, und A. Westerkamp. 2017. Förderschülerinnen und Förderschüler – eine vernachlässigte Gruppe gesellschaftswissenschaftlicher Didaktik? *Zeitschrift für Didaktik der Gesellschaftswissenschaften* 1: 147–151.

Bos, Wilfried, S. Müller, und T. C. Stubbe. 2010. Abgehängte Bildungsinstitutionen: Hauptschulen und Förderschulen. In *Bildungsverlierer. Neue Ungleichheiten*, Hrsg. G. Quenzel und K. Hurrelmann, 375–397. Wiesbaden: Springer VS.

Dönges, Christoph, und J. M. Köhler 2015. Zielgruppenorientierung oder Inklusion in der politischen Bildung – Dilemma oder Scheingegensatz? In *Didaktik der inklusiven politischen Bildung*, Hrsg. C. Dönges, W. Hilpert und B. Zurstrassen, 87–98. Bonn: Bundeszentrale für politische Bildung.

Dönges, Christoph, W. Hilpert, und B. Zurstrassen. 2015. Einleitung. Didaktik der inklusiven politischen Bildung. In *Didaktik der inklusiven politischen Bildung*, Hrsg. C. Dönges, W. Hilpert und B. Zurstrassen, 9–16. Bonn: Bundeszentrale für politische Bildung.

Goll, Thomas. 2007. Rechtliches Lernen. In *Inhaltsfelder politischer Bildung*, Hrsg. V. Reinhardt und D. Lange, 83–93. Baltmannsweiler: Schneider.

Gröger, Dörte. 2014. Der blinde Fleck der Fachdidaktik!? – Politische Bildung für Schüler_innen mit sonderpädagogischem Förderbedarf im Schwerpunkt ‚Lernen'. In *Kompetenzorientierung in der politischen Bildung. Überdenken – Weiterdenken*, Hrsg. R. Behrens, 71–81. Schwalbach/Ts.: Wochenschau.

Grosche, Michael. 2015. Was ist Inklusion? Ein Diskussions- und Positionsartikel zur Definition von Inklusion aus Sicht der empirischen Bildungsforschung. In *Inklusion von Schülerinnen und Schülern mit sonderpädagogischem Förderbedarf in Schulleistungserhebungen*, Hrsg. P. Kuhl, P. Stanat, B. Lütje-Klose, C. Gresch, H. A. Pant und M. Prenzel, 17–39. Wiesbaden: Springer VS.

Heimlich, Ulrich. 2016. *Pädagogik bei Lernschwierigkeiten*. 2. Aufl., Bad Heilbrunn: Klinkhardt.

Kahlert, Joachim. 2015. Inklusionsdidaktische Netze in der politischen Bildung. Konzeptioneller Hintergrund und Anwendungsmöglichkeiten. In *Didaktik der inklusiven politischen Bildung*, Hrsg. C. Dönges, W. Hilpert und B. Zurstrassen, 182–185. Bonn: Bundeszentrale für politische Bildung.

Krämer, Philipp, B. Prizibilla, und M. Grosche. 2016. Woran erkennt man schulische Inklusion? Indikatoren zur operationalen Definition von schulischer Inklusion. *Heilpädagogische Forschung* 2: 83–95.

Kucharz, Diemut. 2015. Inklusiver Sachunterricht. In *Inklusive Bildung in Kita und Grundschule*, Hrsg. C. Huf und I. Schnell, 221–236. Stuttgart: Kohlhammer.

Misoch, Sabina. 2015. *Qualitative Interviews*. Berlin/ München/ Boston: De Gruyter

Murmann, Lydia. 2008. Phänomenographie und Didaktik. *Zeitschrift für Erziehungswissenschaft Sonderheft* 9: 187–199.

Murmann, Lydia. 2013. Dreierlei Kategorienbildung zu Schülervorstellungen im Sachunterricht? Text, Theorie und Variation – Ein Versuch, methodische Parallelen und Herausforderungen bei der Erschließung von Schülervorstellungen aus Interviewdaten zu erfassen. http://www.widerstreit-sachunterricht.de/ebeneI/superworte/forschung/kategorie.pdf. Zugegriffen: 17. Dezember 2018.

Offen, S. 2014. Heterogenität, Inklusion und Sachunterricht: Beiträge der Hochschulbildung? http://www.widerstreit-sachunterricht.de/ebeneI/superworte/inklusion/offen.pdf. Zugegriffen: 17. Dezember 2018.

Pech, Detlef, C. Schomaker, I. Lüschen, und N. Kiewitt. 2012. Phänomenographische Untersuchungen für den Sachunterricht. In *Bedingungen des Lehrens und Lernens in der Grundschule. Bilanzen und Perspektiven*, Hrsg. F. Hellmich, F. Hoya und S. Förster, 221–228. Wiesbaden: Springer VS.

Rauh, Bernhard, D. Laubenstein, und H.-L. Auer. 2012. Für welches Ziel und zu welchem Zweck braucht man heute noch einen Förderschwerpunkt Lernen? In *Förderschwerpunkt Lernen – wohin?*, Hrsg. B. Rauh, D. Laubenstein, L. Anken und H.-L. Auer, 13–32. Oberhausen: Athena.

Richter, Dagmar. 2010. Basis- und Fachkonzepte der Politik. Ein konsenuell erarbeitetes Kompetenzmodell. In *Wochenschau Sonderausgabe* 61: 58–69.

Schelle, Carla, und N. Meister 2007. Ästhetische Zugänge – Politische Bildung mit Grundschülern und Grundschülerinnen. In *Politische Bildung von Anfang an. Demokratie-Lernen in der Grundschule*, Hrsg. D. Richter, 305–320. Bonn: Bundeszentrale für politische Bildung.

Schlüter, Ann-Kathrin, I. Melle, und F. B. Wember. 2016. Unterrichtsgestaltung in Klassen des gemeinsamen Lernens. Universal Design for Learning. *Sonderpädagogische Förderung heute* 3: 270–285.

Schroeder, Joachim. 2016. Alltagsvorbereitung. In *Didaktik des Unterrichts im Förderschwerpunkt Lernen*. 2. Aufl., Hrsg. U. Heimlich und F. B. Wember, 307–317. Stuttgart: Kohlhammer.

KMK (Sekretariat der Ständigen Konferenz der Kultusminister der Länder in der Bundesrepublik Deutschland). 1999. Empfehlungen zum Förderschwerpunkt Lernen. http://www.kmk.org/fileadmin/pdf/PresseUndAktuelles/2000/sopale.pdf. Zugegriffen: 17. Dezember 2018.

KMK (Sekretariat der Ständigen Konferenz der Kultusminister der Länder in der Bundesrepublik Deutschland). 2016. Sonderpädagogische Förderung an Schulen 2005 bis 2014. https://www.kmk.org/fileadmin/Dateien/pdf/Statistik/Dokumentationen/Dok_210_SoPae_2014.pdf. Zugegriffen: 17. Dezember 2018.

Stein, Tine. 2005. Über die rechtlichen Grundlagen der Politik im demokratischen Verfassungsstaat. In: *Recht und Politik*, Hrsg. G. Breit, 6–23. Schwalbach/Ts.: Wochenschau.

Theunissen, Georg, und W. Plaut. 2002. *Empowerment und Heilpädagogik*. Freiburg im Breisgau: Lambertus.

Weißeno, Georg, und V. Eck. 2013. *Wissen, Selbstkonzept und Fachinteresse. Ergebnisse einer Interventionsstudie zur Politikkompetenz*. Münster/ New York: Waxmann.

Werning, Rolf, und B. Lütje-Klose. 2016. *Einführung in die Pädagogik bei Lernbeeinträchtigung*, 4. Aufl. München/ Basel: Reinhardt UTB.

Wesel, Uwe. 2006. *Geschichte des Rechts. Von den Frühformen bis zur Gegenwart*, 3. Aufl. München: Beck.

Weyers, Stefan. 2012. Wie verstehen Kinder und Jugendliche das Recht? Sechs Phasen der Entwicklung rechtlichen Denkens. *Journal für Psychologie* 2: 1–31.

Wocken, Hans. 2011. Rettet die Sonderschulen? – Rettet die Menschenrechte! Ein Appell zu einem differenzierten Diskurs über Dekategorisierung. *Zeitschrift für Inklusion Online* 4. https://www.inklusion-online.net/index.php/inklusion-online/article/view/81/81. Zugegriffen: 17. Dezember 2018.

Zurstrassen, Bettina. 2015. Zielgruppenorientierung. Anstöße zum Weiterdenken – eine Replik. In *Didaktik der inklusiven politischen Bildung*, Hrsg. C. Dönges, W. Hilpert und B. Zurstrassen, 110–114, Bonn: Bundeszentrale für politische Bildung.

Autorin

Kanschik, Dörte (MA), geb. Gröger, ist wissenschaftliche Mitarbeiterin an der Technischen Universität Dortmund. Sie promoviert zurzeit zum Thema „Rekonstruktion von Schüler*innenvorstellungen in der Auseinandersetzung mit bildunterstützten Fallvignetten zu Aspekten von Recht und Gesetz (Arbeitstitel)". Ihre Arbeitsschwerpunkte sind inklusive Politikdidaktik; politische Bildung für Schüler*innen mit sonderpädagogischem Förderbedarf; inklusive Sachunterrichtsdidaktik; Diversität im gesellschaftswissenschaftlichen Sachunterricht.

E-Mail: doerte.kanschik@tu-dortmund.de

(Sozio-)ökonomische Bildung im inklusiven Kontext

Schüler*innen mit sonderpädagogischem Förderbedarf als vernachlässigte Gruppe der fachdidaktischen Forschung

Arne Westerkamp

Zusammenfassung

Den Beitrag der ökonomischen Bildung zur Bewältigung von Lebenssituationen und der Befähigung von Schüler*innen zu mündigen Wirtschaftsbürger*innen steht außer Frage. Zahlreiche Studien und Beiträge beschäftigen sich mit dem bereits vorhandenen Wissen und den Präkonzepten von Schüler*innen bzw. attestieren ihnen fehlendes Wissen oder mangelnde Kompetenzen über ökonomische Inhalten, wirtschaftliche Phänomene und Bildungsthematiken. Doch bleibt eine Schüler*innengruppe bei diesen Betrachtungen und Forschungen gänzlich unberücksichtigt: Kinder und Jugendliche mit sonderpädagogischem Förderbedarf. Hinsichtlich eines inklusiven Bildungssystems und den daraus folgenden didaktischen Ansprüchen und Herausforderungen für die Gestaltung und Planung von Unterrichtseinheiten, müssen sich die sozialwissenschaftlichen Fachdidaktiken Schüler*innen mit sonderpädagogischem Förderbedarf annehmen. Der Beitrag zeigt auf, warum die fachdidaktische Forschung sich dem Desiderat um Förderschüler*innen zuwenden muss und erklärt inwieweit die ökonomische Bildung bereits geeignete Ansätze für Kinder und Jugendliche mit sonderpädagogischem Förderbedarf aufweist. Relevante Bildungsinhalte für sozialwissenschaftliche Bildung werden anhand einer Lehrplanübersicht für die Förder- bzw. Sonderschule aufgezeigt und der Stellenwert der (sozio-)ökonomischen Bildung als Teil der Sozialwissenschaften beleuchtet.

Schlüsselbegriffe

Inklusion, (sozio-)ökonomische Bildung, Schüler*innen mit sonderpädagogischem Förderbedarf, Fachdidaktik Sozialwissenschaften

© Springer Fachmedien Wiesbaden GmbH, ein Teil von Springer Nature 2019   97
T. Hölzel und D. Jahr (Hrsg.), *Konturen einer inklusiven politischen Bildung*,
https://doi.org/10.1007/978-3-658-25716-3_7

1   Mehr ökonomische Bildung für alle?

Immer wieder wird der Ruf nach einer besseren ökonomischen Bildung im deutschen Schulsystem laut. So schrieb Philip Plickert (2016) in der *Frankfurter Allgemeine Zeitung* die Deutschen seien ein „Volk von Ökonomie-Analphabeten". Christoph Lütge (2015) erklärt in der Zeitschrift *die Zeit*, dass Schüler*innen deutlich mehr ökonomische Grundbildung in den Schulen erhalten müssten und Sigmar Gabriel fordert eine feste Verankerung ökonomischer Inhalte in den Lehrplänen deutscher Schulen (Greiner 2015).

Weiterhin zeigen auch aktuelle Bildungsstudien, dass Kinder und Jugendliche mangelhaftes Wissen und fehlende Kompetenzen im wirtschaftlichen Bereich aufweisen. So attestiert die Jugendstudie des Bankenverbands zwar ein steigendes Interesse an wirtschaftlichen Phänomenen und Grundprinzipen der Ökonomie, zeigt aber gleichzeitig, dass vier von zehn Jugendlichen gravierende Wissenslücken im Bereich der Wirtschaft haben (vgl. Bankenverband 2015). Dieses Ergebnis lässt sich durchaus kritisch betrachten, da durch das Studiendesign hauptsächlich Einstellungen der Kinder und Jugendlichen zu Themen wie soziale Marktwirtschaft, Unternehmergewinn oder Wettbewerb abgefragt wurde. Die Commerzbankstudie (vgl. Commerzbank 2003) fragt die jugendlichen Teilnehmer*innen ebenfalls nach der aktuellen Inflationsrate, dem Sitz der europäischen Zentralbank, der Beitragsbemessungsgrenze zur Sozialversicherung und dem Aktienindex. Inwieweit damit das tatsächliche Wirtschaftsverständnis erschlossen wird oder die zugrundeliegenden Konzepte der Kinder und Jugendlichen berücksichtigt werden, bleibt bei diesen Studien zu diskutieren. Insofern sind mangelnde Kompetenzen der Schüler*innen als Ergebnis dieser Studien durchaus kritisch zu betrachten. Es lassen sich keine allgemeingültigen Aussagen darüber treffen, inwieweit angebliche Wissenslücken Einfluss auf das Handeln und die Fähigkeit ökonomische Entscheidungen zu fällen haben oder ob mehr ökonomisches Wissen zwangsläufig auch zu sicheren und ‚besseren' Verhaltensmustern als Verbraucher*innen führt.

Dass die Diskussion um eine angemessene Verankerung ökonomischer Bildung im deutschen Schulsystem jedoch nicht nur medial von verschiedenen Interessensverbänden aufgearbeitet wird, sondern auch von Fachdidaktiker*innen geführt wird, zeigt die Aktualität und Brisanz dieser Thematik (siehe hierzu u. a. Möller und Hedtke 2011). Einigkeit besteht weitestgehend darin, dass eine angemessene ökonomische Bildung helfen kann, Probleme im Verbraucher*innenalltag zu bewältigen, finanzielle Entscheidungen zu treffen und Lebenssituationen mündig und nachhaltig zu gestalten (u. a. May 2011; Weber 2015).

Neben der zweifelhaften und kritisch zu betrachtenden Fokussierung der Studienergebnisse auf Unwissen und mangelnde Konzepte, fällt weiterhin auf, dass eine

Schüler*innengruppe in den Studiendesigns und ebenso in der fachdidaktischen Forschung kaum berücksichtigt wird: Schüler*innen mit sonderpädagogischem Förderbedarf. Dies ist dahingehend überraschend, da der Anteil der Schüler*innen mit sonderpädagogischem Förderbedarf stetig größer wird und die Förderquote für das Schuljahr 2013/2014 auf 6,8 Prozent (im Vorjahr 6,6 Prozent) gestiegen ist (Klemm 2015, S. 30).

Dies allein sollte als grundsätzliches Argument bereits ausreichen, damit sich die fachdidaktische Forschung im Feld der politischen und (sozio-)ökonomischen Bildung um Schüler*innen mit sonderpädagogischem Förderbedarf bemüht. Jedoch lassen sich für den Bereich der sozialwissenschaftlichen Didaktiken kaum Studien finden, die dieses Schüler*innenklientel oder die sonderpädagogischen Lehrkräfte in diesem Fachbereich fokussieren. Bittlingmayer (2012) erklärt, dass trotz wachsender Aufmerksamkeit in Bezug auf Schüler*innen mit sonderpädagogischem Förderbedarf im Bereich der Sozialwissenschaften „die empirische Datenlage über die Förderschulklientel vergleichsweise mangelhaft" (Bittlingmayer 2012, S. 132) ist.

Dieser Beitrag zeigt im Folgenden die Grundzüge einer (sozio-)ökonomischen Bildung und deren Zielsetzungen auf und erklärt, inwieweit Schüler*innen mit sonderpädagogischem Förderbedarf als vernachlässigte Lerngruppe, besonders in Bezug auf inklusive Bildung, berücksichtigt werden müssen. Bereits vorhandene Ansätze, hauptsächlich aus der politischen Bildung, werden aufgezeigt und die curriculare Verankerung ökonomischer Bildung im deutschen Förderschulwesen beschrieben.

2 (Sozio-)ökonomische Bildung und ihre Zielsetzung

Als Zugang zu sozialwissenschaftlichen Themen über Wirtschaft und Wirtschaften, versteht sich (sozio-)ökonomische Bildung als subjektorientierte Bildung, die sich „zu allererst den lernenden Personen verpflichtet" (Hedtke 2014, S. 83). Darüber hinaus stellt sie an sich selbst den Anspruch, die pluralistischen Bewegungen innerhalb der Gesellschaft aufzugreifen und diese in den aktuellen Bildungsdiskurs einzufügen. Sie kann als „distanziert reflektierende, kritisch hinterfragende und alternative Ansätze bedenkende Auseinandersetzung mit der Wirtschaftswelt" (Hedtke 2014, S. 86) verstanden werden und soll so angemessene Zugänge für Schüler*innen gewährleisten. Fischer und Zurstrassen (2014) erklären, dass durch diese Herangehensweise „ökonomische Situationen als gesellschaftlich und individuell interpretationsbedürftig und sinnhaftig bzw. sinnhaltig" (Fischer und Zurstrassen 2014, S. 9) zu betrachten seien. Jedoch muss bewusst gemacht werden, dass neben einer realistischen, pluralistischen und subjektorientierten Ausrichtung der (sozio-) ökonomischen Bildung zunächst die Frage geklärt werden muss, was die Lernenden tatsächlich benötigen, um „sich in der komplexen ökonomischen Lebenswelt zu orientieren, sie zu verstehen, in ihr angemessene Entscheidungen zu treffen und Gestaltungsspielräume zu nutzen" (Weber 2014, S. 137).

Als Form der pragmatischen Bildung will die (sozio-)ökonomische Bildung lediglich Kontingente und Ressourcen (wie beispielsweise Zeit) nutzbar machen, die ihr auch tatsächlich zur Verfügung stehen und wird somit praxistauglich (Hedtke 2014, S. 84). Für Schüler*innen bedeutet dies, dass ihnen Handlungsspielräume aufgezeigt werden, in denen sie Mitbestimmungs- und Verantwortungsmöglichkeiten erproben und erfahren können und somit ihre eigenen Lebensstile in unterrichtliche Arrangements Einzug erhalten. Zusätzlich werden Gefährdungen, potentielle Behinderungen und Schwierigkeiten individuell und gesellschaftlich aufgezeigt, durch die die Lernenden angemessene Entscheidungen treffen können. Lernvoraussetzungen, Lebenssituationen, Einstellungen, Erfahrungen und Vorstellungen der Schüler*innen müssen dahingehend berücksichtigt werden, damit eine (sozio-) ökonomische Bildung angebahnt werden kann.

Doch welche inhaltlichen Schwerpunkte lassen sich hierbei heranziehen? Weber (2008) nennt durch eine curriculare Verortung der allgemeinbildenden Schulen fünf zentrale Inhaltsfelder, die sich spezifischen Bildungsfeldern zuordnen und durch zahlreiche weitere Differenzierungsmöglichkeiten ergänzen lassen:

- Konsum und Haushalt
- Arbeit und Beruf
- Unternehmen und Produktion
- Wirtschaftsordnung und Wirtschaftspolitik
- Internationale Wirtschaftsbeziehungen

Ferner sind Inhalte wie Globalisierung und Bildung für nachhaltige Entwicklung mit Themen aus Bereichen wie Ökologie, Recht, Politik oder der Gesellschaft verknüpft.

Es soll hier nicht darum gehen, inhaltliche Schwerpunkte für die unterrichtliche Gestaltung zu finden, sondern die grundlegenden Ziele, einer geeigneten ökonomischen Bildung aufzuzeigen.[1] Hierbei lassen sich durch die erwähnten inhaltlichen Schwerpunkte Rollen ableiten, die Schüler*innen einnehmen oder zukünftig einnehmen bzw. die sie mit Institutionen in Verbindung setzen. Als Konsument*in-

---

1   Für die unterrichtliche Themenfindung lassen sich neben der curricularen Verortung auch fachdidaktische Herangehensweisen anführen. So z. B. der *lebenssituationsorientierte Ansatz* nach Steinmann (1997) oder der *kategoriale Ansatz* nach Kruber (1997).

nen müssen Entscheidungen hinsichtlich der eigenen Konsumgewohnheiten und finanziellen Mittel getroffen werden. Als Erwerbstätige oder Berufswähler*innen müssen die Schüler*innen herausfinden, welcher Tätigkeit sie nachgehen wollen oder können und als Wirtschaftsbürger*innen sind sie mündige Partizipient*innen des ökonomischen Systems. Die deutsche Gesellschaft für ökonomische Bildung (DeGöB 2004) definiert ökonomische Bildung als „das individuelle Vermögen, sich in ökonomisch geprägten Lebenssituationen und Entwicklungen einer sich immer schneller verändernden Wirtschaftswelt zu orientieren, zu urteilen, zu entscheiden, zu handeln und mitzugestalten" (DeGöB 2004, S. 4). Als Teil einer umfassenden Allgemeinbildung geht es also um eine Orientierung in der Wirtschaft, der Gesellschaft, dem Staat und nicht zuletzt um die Möglichkeit des Individuums „zum eigenen Wohl, wie auch zum Wohle aller ökonomisch urteilen, argumentieren, entscheiden und handeln" (DeGöB 2004, S. 5) zu können. Insofern fokussiert das Leitziel der ökonomischen Bildung auf die Mündigkeit der Wirtschaftsbürger*innen.

3   Schüler*innen mit sonderpädagogischem Förderbedarf als Zielgruppe

Die beschriebenen Inhalte und Ansprüche einer (sozio-)ökonomischen Bildung bereiten Schüler*innen auf ihre gegenwärtigen und zukünftigen Lebenssituationen vor und ermöglichen eine individuelle Auseinandersetzung mit Problemen und verschiedenen Optionen. Da auch Schüler*innen mit sonderpädagogischem Förderbedarf diesen Entscheidungen gegenüberstehen und als Erwerbstätige, Konsument*innen und Wirtschaftsbürger*innen verschiedene Herausforderungen meistern müssen, stellt sich die Frage, warum die fachdidaktische Forschung der ökonomischen Bildung diese Schüler*innengruppe bislang nicht weiter fokussiert. Bittlingmayer et al. (2012) erklärt, dass die häufige Stigmatisierung der Schüler*innen mit sonderpädagogischem Förderbedarf zu einem Ausschluss führe, da diese Klientel vermeintlich „kognitiv so eingeschränkt ist, dass sich die mühevolle Arbeit politischer Bildung von vornherein kaum lohne" (Bittlingmayer et al. 2012, S. 131). Dieses Klischee diene als Legitimitätsgrundlage, um Schüler*innen eine angemessene sozialwissenschaftliche Bildung zu verwehren.

An dieser Stelle muss es darum gehen, dass adäquate Möglichkeiten erprobt und erforscht werden, durch die Schüler*innen mit sonderpädagogischem Förderbedarf gefördert werden können. Sie gelten qua definitionem „als außerhalb des gesellschaftlich Normalem" (Bittlingmayer et al. 2012, S. 131) und ihre speziellen Lebenssituationen müssen Beachtung finden. Koch (2004) erklärt, dass Schüler*innen mit dem Förderschwerpunkt Lernen in hohem Maße aus prekären Lebenssituationen kommen und ihre Situation nach wie vor als benachteiligend zu bezeichnen ist. Insofern müssen (sozio-)ökonomische Hintergründe in die Unterrichtsgestaltung mit einbezogen werden, damit „eine selbstständige Einsichtgewinnung" (Klein 2016, S. 21) ermöglicht werden kann. Baulig (2005) kritisiert den Mangel an Konzeptualisierung für die politische Bildung im deutschen Förderschulsystem und erklärt, dass es bislang nicht gelungen ist, „dem Fach eine eigenständige Profilbildung zu geben, die sich an der Lebens- und Erlebnissituation von Sonderschülern orientiert" (Baulig 2005, S. 243). Weiterhin beklagt er die fehlenden Lehrpläne, Schulbücher und Konzeptionen für eine angemessene politische Bildung von Schüler*innen mit sonderpädagogischen Förderbedarf. Es muss an dieser Stelle jedoch auch auf vereinzelte Projekte hingewiesen werden, die die politische Bildung im Förderschulsystem fokussieren. So hat das VorBild-Projekt (Angebot zur Vermittlung politischer Kompetenzen an Förderschulen) gezeigt, dass Schüler*innen mit sonderpädagogischem Förderbedarf durchaus in der Lage sind, Inhalte und Dimensionen politischer Bildung nachvollziehen zu können. Es wird jedoch beklagt, dass die Vermittlung politischer Kompetenzen rein auf das Engagement der Lehrkraft zurückzuführen ist und „ein systematischer Ansatz [fehle], der in der Regel besonders benachteiligten Förderschüler*innen über Möglichkeiten und Grenzen politischer Partizipation und ihre Grundrechte" (BpB 2013) aufklärt.

Loerwald (2007) erklärt für die ökonomische Bildung, dass diese helfen kann, Auswege aus den prekären Lebenslagen zu zeigen und weiterhin notwendig ist, „um Bildungsfernen ein selbstbestimmtes Leben in sozialer Verantwortung ermöglichen zu können" (Loerwald 2007, S. 29). Hierfür erfordert es von jeder Einzelnen/ jedem Einzelnen ökonomische Handlungskompetenzen, die nicht auf eine reine Lebenssituationsorientierung beschränkt werden darf. Viel zu schnell wird ökonomische Bildung sonst auf eine *Lebenshilfe* reduziert, sollte aber vielmehr die „Chancen und Herausforderungen des Wirtschaftslebens verständlich und die strukturellen Gesetzmäßigkeiten nachvollziehbar machen" (Loerwald 2007, S. 30).

4   Curriculare Vorgaben der Sozialwissenschaften für den Förderschwerpunkt Lernen

Wie gezeigt wird die mangelnde sozialwissenschaftliche Bildung im Förder- und Sonderschulsystem häufig kritisiert. Um einen Eindruck zu vermitteln, wie die curriculare Verankerung für sozialwissenschaftliche Fächer im Förderschulsystem aussieht, ist es unabdingbar sich die Lehrpläne der verschiedenen Bundesländer anzuschauen. Eine Verallgemeinerung des deutschen Förderschulsystems ist durch die Kulturhoheit der Länder im Bildungswesen nicht möglich. Dies zeigt sich schon durch die unterschiedliche Benennung der Schulen für Schüler*innen mit sonderpädagogischen Förderbedarf, die je nach Bundesland „Förderschulen, Förderzentren, Schulen mit sonderpädagogischem Förderschwerpunkt, Sonderpädagogische Bildungs- und Beratungszentren, Schulen für Behinderte oder Sonderschule" (KMK 2014, S. 26) genannt werden. Damit einher gehen unterschiedliche fachliche und curriculare Verortungen

Exemplarisch sollen an dieser Stelle die Lehrpläne für Schüler*innen mit dem Förderschwerpunkt Lernen, als größte Lerngruppe der Schüler*innen mit sonderpädagogischem Förderbedarf aufgezeigt werden.

Tab. 1 Lehrpläne sozialwissenschaftlicher Fächer im Förderschwerpunkt Lernen, eigene Darstellung

Bundesland	Lehrpläne der Grund- bzw. Primarstufe	Relevante Lehrpläne der Sekundarstufe I
Baden-Württemberg	Bildungsplan (2008) Förderschule	
Bayern	• Rahmenlehrplan für den Förderschwerpunkt Lernen (2012)	
Berlin/Brandenburg	• Rahmenlehrplan für Schülerinnen und Schüler mit dem sonderpädagogischen Förderschwerpunkt Lernen (Berlin, 2005) • Rahmenlehrplan für den Bildungsgang zum Erwerb des Abschlusses der Allgemeinen Förderschule (Brandenburg, 2005)	
Bremen	• Sonderpädagogische Förderung – Rahmenlehrplan für die Primarstufe, die Sekundarstufe I und II (2002)	
Hamburg	*Keine eigenen Lehrpläne*	
Hessen	• Schule für Lernhilfe – Lehrplan Sachunterricht (2009)	• Schule für Lernhilfe – Lehrplan Gesellschaftslehre (2009) • Schule für Lernhilfe – Lehrplan Arbeitslehre (2009)
Mecklenburg-Vorpommern	• Rahmenplan der allgemeinen Förderschule „Band I und II"	
Niedersachsen	• Förderschwerpunkt Lernen – Sachunterricht (2008)	• Förderschule Lernen – Fachbereich Arbeit/ Wirtschaft – Technik (2008)
Nordrhein-Westfalen	*Keine eigenen Lehrpläne*	
Rheinland-Pfalz	• Schule für Lernbehinderte (Sonderschule) Lehrplan Sachunterricht (1997)	• Schule für Lernbehinderte (Sonderschule) – Arbeitslehre (1997) • Schule für Lernbehinderte (Sonderschule) – Geschichte Sozialkunde (1997)

Bundesland	Lehrpläne der Grund- bzw. Primarstufe	Relevante Lehrpläne der Sekundarstufe I
Saarland	*Keine eignen Lehrpläne*	• Förderschule Lernen – Arbeitslehre (Technik, Beruf, Haushalt, Wirtschaft) 2007
Sachsen	• Lehrplan Schule zur Lernförderung Deutsch-Heimat-kunde Sachunterricht (2005/2010)	• Lehrplan Schule zur Lernförderung – Arbeitslehre (2005/2010) • Lehrplan Schule zur Lernförderung – Gemeinschaftskunde/Rechtserziehung (2005/2010)
Sachsen-Anhalt	• Fachlehrplan Grund-schule – Sachunter-richt (2007)	• Es gelten die Lehrpläne der Sekundar-schule ◦ Kurslehrplan – Planen, Bauen, Gestalten (2015) ◦ Kurslehrplan – Rechtskunde (2015) ◦ Fachlehrplan – Hauswirtschaft (2012) ◦ Fachlehrplan – Sozialkunde (2012) ◦ Fachlehrplan – Technik (2012) ◦ Fachlehrplan – Wirtschaft (2012)
Schleswig-Holstein	• Sonderpädagogische Förderung (2002)	
Thüringen	• Lehrplan für die Grundschule und für die Förderschule mit dem Bildungsgang Grundschule – Heimat- und Sach-kunde (2015)	• Thüringer Lehrplan für den Bildungs-gang zur Lernförderung (Erprobungs-fassung) –Lebenspraktischer Lernbereich Klassenstufen 5/6 (2001) • Thüringer Lehrplan für den Bildungs-gang zur Lernförderung (Erprobungs-fassung) –Berufswahlvorbereitender und lebenspraktischer Lernbereich Klassen-stufen 7/8/9 (2001)

Es fällt auf, dass einige Bundesländer (Baden-Württemberg, Bayer, Berlin, Brandenburg, Bremen, Mecklenburg-Vorpommern, Schleswig-Holstein) lediglich Handreichungen anbieten, die allgemeingültige Rahmenlehrpläne für den Förderschwerpunkt Lernen beinhalten. Des Weiteren geben zahlreiche Bundesländer (Hessen, Niedersachsen, Saarland, Sachsen-Sachsenanhalt, Thüringen) Lehrpläne für Fächer der Primarstufe (meist Sachunterricht) und der Sekundarstufe I (meist Arbeitslehre) vor. Nordrhein-Westfalen und Hamburg haben keine eigenständigen Referenzlehrpläne. Hier sollen die Lehrpläne der Grund-, Haupt- oder Stadtteilschulen herangezogen werden. Für eine genauere Betrachtung müssten die inhaltlichen Ausrichtungen der einzelnen Lehrpläne analysiert werden. Lehrpläne für sozialwissenschaftliche Fächer gibt es für Schüler*innen mit sonderpädagogischem

Förderbedarf in den meisten Bundeändern nicht. Dies kann unter inklusiven Gesichtspunkten durchaus positiv betrachtet werden, da keine gesonderten Lehrpläne notwendig erscheinen. Insofern wird diese Schüler*innengruppe nach den gleichen Richtlinien und Maßstäben, wie die Schüler*innen ohne sonderpädagogischen Förderbedarf unterrichtet und gewertet. Da erste Schüler*innengruppe jedoch zieldifferent unterrichtet werden und durch ihren Bildungsgang meist ein anderer Bildungsabschluss angestrebt wird, lässt das Fehlen der eigenen Lehrpläne eher auf eine Nichtberücksichtigung schließen.

5 Was bedeutet inklusive (sozio-)ökonomischen Bildung im Zusammenhang zur fachdidaktischen Theorie?

Der Gedanke liegt nahe, dass eine inklusive Bildung dem Grundgedanken einer *breiten* sozialwissenschaftlichen Bildung folgen soll. Durch andere Fachrichtungen (Gesellschaftslehre, Sozialkunde, Wirtschaft, Politik etc.) wird garantiert, dass Inhalte besprochen und thematisiert werden, die an speziellen Fördereinrichtungen eher auf das Ermessen der Lehrkräfte zurückzuführen sind. Dem Bildungsziel einer (sozio-)ökonomischen Bildung ähnlich, soll auch durch eine inklusive politische Bildung „jedem Menschen in allen gesellschaftlichen Lebensbereichen auf Grundlage seiner individuellen Bedarfe Zugang, Teilhabe und Selbstbestimmung" (Besand und Jugel 2015, S. 45) ermöglicht werden.

Dies bedeutet nicht, dass durch eine inklusive Beschulung garantiert werden kann, dass eine breite sozialwissenschaftliche Bildung für alle Schüler*innen ermöglicht wird. Es geht vielmehr darum, dass eine fachdidaktische Forschung sich Schüler*innen mit sonderpädagogischem Förderbedarf annimmt. Hierzu gehören beispielsweise eine erweiterte Vorstellungsforschung zu sozialwissenschaftlichen Phänomen (siehe die Beiträge von Anja Bonfig und Dörte Kanschik in diesem Band) sowie die Fokussierung auf sozialwissenschaftlichen Unterricht im Bereich der sonderpädagogischen Ausrichtung. Die Tätigkeiten und Vorstellungen von sonderpädagogischen Lehrkräften, die in inklusiven und förderschulischen Institutionen tätig sind, müssen in zukünftiger fachdidaktischer Forschung fokussiert werden. Nur so wird überprüft, inwieweit fachdidaktische Ansätze für den inklusiven Unterricht geeignet sind und wo eine Spezifizierung von Inhalten, Methoden und Modellen notwendig ist. Es kann sicherlich nicht darum gehen, zu versuchen für einzelne Fachrichtungen, Förderschwerpunkt oder Schüler*innengruppen ‚Spezialdidaktiken' zu entwerfen. Vielmehr müssen Zugangsschwierigkeiten aufgedeckt und Bildungsangebote geschaffen werden, die diese Hindernisse abbauen.

Literaturverzeichnis

Bankenverband. 2015. Jugendstudie 2015. Wirtschaftsverständnis, Finanzkultur, Digitalisierung. https://bankenverband.de/media/files/2015_11_20_BdB_Jugendstudie_2015_Ergebnisbericht_Langfassung-final.pdf. Zugegriffen: 6. November 2018.

Baulig, Volker. 2005. Politikunterricht an Sonderschulen. In *Handbuch politischer Bildung*, Hrsg. W. Sander, 241–253. Schwalbach/Ts.: Wochenschau.

Besand, Anja und D. Jugel. 2015. Inklusion und politische Bildung – gemeinsam denken! In *Didaktik der inklusiven politischen Bildung*, Hrsg. C. Dönges, W. Hilpert und B. Zurtrassen, 45–59. Bonn: Bundeszentrale für politische Bildung.

Bittlingmayer, Uwe H., J. Gerdes, und D. Sahrai. 2012. Politische Bildung unter erschwerten Bedingungen in Förderschulen. Einige Anmerkungen aus der Perspektive des VorBild-Projekts. In *Unter erschwerten Bedingungen. Politische Bildung mit bildungsfernen Zielgruppen*, Hrsg. B. Widmaier und F. Nonnenmacher, 130–148. Schwalbach/Ts.: Wochenschau.

BpB (Bundeszentrale für politische Bildung). 2013. Hintergrund: Zur Notwendigkeit des „VorBild"-Projektes. http://www.bpb.de/lernen/projekte/vorbild/164819/hintergrund. Zugegriffen: 6. November 2018.

Commerzbank. 2003. *Kanon der finanziellen Allgemeinbildung*. Frankfurt a. M.

DeGöB (Deutsche Gesellschaft für Ökonomische Bildung). 2004. Kompetenzen der ökonomischen Bildung für allgemeinbildende Schulen und Bildungsstandards für den mittleren Schulabschluss. http://degoeb.de/uploads/degoeb/04_DEGOEB_Sekundarstufe-I.pdf. Zugegriffen: 6. November 2018.

Fischer, Andreas und B. Zurstrassen. 2014. Annäherung an eine sozioökonomische Bildung. In *Sozioökonomische Bildung*, Hrsg. A. Fischer und B. Zurstrassen, 7–31. Bonn: Bundeszentrale für politische Bildung.

Hedtke, Reinhold. 2014. Was ist sozio-ökonomische Bildung? In *Sozioökonomische Bildung*, Hrsg. A. Fischer und B. Zurstrassen, 81–128. Bonn: Bundeszentrale für politische Bildung.

Klein, Gerhard. 2016. Zur Geschichte der Didaktik im Förderschwerpunkt „Lernen". In *Didaktik des Unterrichts im Förderschwerpunkt Lernen*, Hrsg. U. Heimlich und F. B. Wember, 11–26. Stuttgart: Kohlhammer.

Klemm, Klaus. 2015. Inklusion in Deutschland. Daten und Fakten. https://www.bertelsmann-stiftung.de/fileadmin/files/BSt/Publikationen/GrauePublikationen/Studie_IB_Klemm-Studie_Inklusion_2015.pdf. Zugegriffen: 6. November 2018.

Koch, Katja. 2004. Die soziale Lage der Familien von Förderschülern. Ergebnisse einer empirischen Studie. Teil I: sozioökonomische Bedingungen. *Sonderpädagogische Förderung* 2: 181–200.

Kruber, Klaus-Peter. 1997. Stoffstrukturen und didaktische Kategorien zur Gegenstandsbestimmung ökonomischer Bildung. In *Konzeptionelle Ansätze ökonomischer Bildung*,
Hrsg. K.-P. Kruber, 55–74. Bergisch Gladbach: Hobein.

KMK (Kultusministerkonferenz). 2017. Das Bildungswesen in der Bundesrepublik Deutschland 2014/ 2015. Darstellung der Kompetenzen, Strukturen und bildungspolitischen
Entwicklungen für den Informationsaustausch in Europa. https://www.kmk.org/
fileadmin/Dateien/pdf/Eurydice/Bildungswesen-dt-pdfs/dossier_de_ebook.pdf. Zugegriffen: 6. November 2018.

Loerwald, Dirk. 2007. Ökonomische Bildung für bildungsferne Milieus. *APUZ Politische
Bildung* 32: 27–33.

Lütge, Christoph. 2015. Schulfach Wirtschaft: Schüler brauchen mehr ökonomisches Wissen.
https:// www.zeit.de/wirtschaft/2015-11/wirtschaft-schulfach-unterricht. Zugegriffen:
6. November 2018.

May, Herrmann. 2011. Ökonomische Bildung als Allgemeinbildung. *APUZ Ökonomische
Bildung* 12: 3–9.

Möller, Lucca, und R. Hedtke. 2011. Wem gehört die ökonomische Bildung? Notizen zur
Verflechtung von Wissenschaft, Wirtschaft und Politik. www.uni-bielefeld.de/soz/ag/
hedtke/pdf/Moeller_Hedtke_Netzwerkstudie-Oek-Bildung_2011-WP.pdf. Zugegriffen:
6. November 2018.

Plickert, Philip. 2016. Wissensdefizite. Ein Volk von Ökonomie-Analphabeten. http://
www.faz.net/aktuell/wirtschaft/die-deutschen-haben-eine-wissensluecke-bei-der-wirt-
schaft-14210013.html. Zugegriffen: 6. November 2018.

Steinmann, Bodo. 1997. Das Konzept ,Qualifizierung für Lebenssituationen' im Rahmen
der ökonomischen Bildung. In *Konzeptionelle Ansätze ökonomischer Bildung*, Hrsg.
K.-P. Kruber, 1–22. Bergisch Gladbach: Hobein.

Greiner, Lena. 2015. Wirtschaft für Schüler: Sigmar Gabriel fordert Ökonomie in Lehrplänen.
www.spiegel.de/lebenundlernen/schule/schulfach-wirtschaft-sigmar-gabriel-fordert-oe-
konomie-in-lehrplaenen-a-1017740.html. Zugegriffen: 6. November 2018.

Weber, Birgit. 2008. Forschungsfelder der Wirtschaftsdidaktik. In *Forschungsfelder der
Wirtschaftsdidaktik: Herausforderungen – Gegenstandsbereiche – Methoden*, Hrsg. G.
Seeber, 11–25. Schwalbach/Ts.: Wochenschau.

Weber, Birgit. 2014. Grundzüge einer Didaktik sozio-ökonomischer Allgemeinbildung.
In *Sozioökonomische Bildung*, Hrsg. A. Fischer und B. Zurstrassen, 128–154. Bonn:
Bundeszentrale für politische Bildung.

Weber, Birgit. 2015. *Ökonomische Grundbildung für Kinder*, 3. Aufl. Stuttgart-Vaihingen:
Deutscher Sparkassenverlag.

Autor

Westerkamp, Arne, ist Lehramtsanwärter an einer Förderschule in Köln. Er war
von 2015 bis 2018 wissenschaftlicher Mitarbeiter an der Universität zu Köln im
Bereich Sozialwissenschaften mit dem Schwerpunkt der ökonomischen Bildung
und arbeitete zusätzlich im Rahmen der Kölner Zukunftsstrategie Lehrer*innenbildung im Bereich des Social Lab. Seine Forschungsinteressen liegen im Bereich

inklusiver sozialwissenschaftlicher Bildung, Bildung für Nachhaltige Entwicklung und Didaktik der Sozialwissenschaften.

E-Mail: Arne_Westerkamp@gmx.de

III
Politische Bildungsforschung außerhalb von Schule: Inklusion in gesellschaftlichen Handlungsfeldern

Politische Bildung – Inklusion – Forschung
Partizipative Forschung als Ansatz inklusiver politikdidaktischer Wissenschaft

Tina Hölzel

Zusammenfassung

Um die Frage, wie politikdidaktische Forschung im Sinne von Inklusion aussehen soll, dreht sich dieser Beitrag. Ausgehend von einem weiten Inklusionsverständnis steht die inklusionsbezogene Forschung in der Verantwortung, die Perspektiven betroffener Menschen in den Forschungsprozess selbst mit einzuholen. Ein möglicher Ansatz, der dieser Anfrage an eine inklusive politikdidaktische Forschung nachkommt, ist der Forschungsstill „partizipative Forschung". Dieser wird in seiner Betonung sowohl der Beteiligung und des Empowerments als auch der Anwendungsorientierung in einer partnerschaftlichen Arbeit vorgestellt. Verdeutlicht wird partizipative Forschung genauer durch die Vorstellung der wissenschaftlichen Begleitung eines außerschulischen Bildungsprogramms (Lernort Stadion e. V.). Dabei wird veranschaulicht, wie in solchen Formaten Forschungsprozess und Beziehungsaufbau zwischen den Akteur*innen ineinander übergehen. Abschließend soll das Für und Wider partizipativer Ansätze für die (inklusive politische Bildungs-)Forschung im Fokus stehen.

Schlüsselbegriffe

Inklusion, politische Bildung, partizipative Forschung, Empowerment, außerschulische Bildung, Fußball

© Springer Fachmedien Wiesbaden GmbH, ein Teil von Springer Nature 2019
T. Hölzel und D. Jahr (Hrsg.), *Konturen einer inklusiven politischen Bildung*,
https://doi.org/10.1007/978-3-658-25716-3_8

1   Einleitung oder: Inklusive politische Bildung mit exklusiver Forschung entdecken?

Politische Bildung, Inklusion und Forschung – über jeden einzelnen Begriff könnten ganze Bücher gefüllt, Tagungen konzipiert und Theorien entwickelt werden. Doch in welchem Zusammenhang stehen diese drei aktuell so vielfach besprochenen Begriffe? Was meinen sie im Bezug aufeinander und welche Ansprüche entstehen, wenn diese drei Perspektiven aufeinanderstoßen? Diesen Überlegungen möchte der vorliegende Beitrag nachkommen. Dabei fällt gleich zu Beginn auf, dass die Auseinandersetzung mit Fragen der Inklusion, ihren Ansprüchen, Herausforderungen und Potenzialen nicht nur für viele gesellschaftliche sowie wissenschaftliche Bereiche erhebliches Konfliktpotenzial birgt, sondern dass sie auch speziell für das Feld der politischen Bildung viele offene Fragen und Leerstellen bereithält. Forderungen danach, dass die politische Bildung sowohl in Praxis als auch in ihrer Forschung mehr Aufmerksamkeit für Menschen entwickeln soll, die bisher kaum von politischer Bildung erreicht werden, treffen dabei auf Forderungen, dass sich auch die akademische politische Bildung selbst offener aufstellen muss und das gilt auch und gerade dann, wenn in der Politikdidaktik über ausschlusssensible Themen wie eine inklusive Bildung geforscht werden soll. Der vorliegende Beitrag will sich dieser Anforderung stellen und verfolgt dabei das Anliegen nicht nur in einem ersten Schritt zu fragen, wie Inklusion im Kontext der politischen Bildung verstanden werden kann, warum gerade die politische Bildung ein wichtiges Feld inklusiver Prozesse darstellt und welche Ansprüche sich aus dieser neuen Perspektive entwickeln, sondern geht noch weiter, indem er zur Diskussion stellt wie die inklusiven Herausforderungen in wissenschaftlichen Prozessen angegangen werden sollten. Fragen danach, ob eine Forschung zur inklusiven politischen Bildung mittels ausschlussreicher wissenschaftlicher Herangehensweisen gelingen kann, werden dabei ebenso kritisch diskutiert wie die Frage, ob und wie partizipative Forschung gedacht und konzipiert werden kann. Um eine solche Debatte führen zu können, bedarf es zunächst eines Blicks auf den Inklusionsbegriff sowie die Herausforderung des Zusammentreffens partizipativer Ansprüche an Forschung und verbreiteter nomothetischer wissenschaftlicher Qualitätskriterien. Aufbauend auf dieser Auseinandersetzung soll der Ansatz partizipativen Forschung sowohl in seiner theoretischen Konzeption wie auch einer praktischen Umsetzung vorgestellt werden. Abschließend wird zum kritischen Austausch darüber eingeladen, was partizipative Forschung für politikdidaktische Wissenschaft entdecken, öffnen und leisten kann sowie welche Grenzen bei diesem Ansatz sichtbar werden.

2 Wie kann Inklusion im Kontext politischer Bildung verstanden werden – ein Definitionsversuch

Um sich dem Kernanliegen dieses Beitrags zu widmen gilt es zunächst eine durchaus konflikthafte und deshalb unübersichtliche Diskussion zusammenzufassen: die Diskussion um ein Inklusionsverständnis. Denn obgleich die wissenschaftliche wie gesellschaftliche Debatte um Inklusion – auch im Bereich der Politikdidaktik – seit mehreren Jahren geführt wird, zeigt sich das Feld im Hinblick auf ein gemeinsames Inklusionsverständnis kontrovers. Um den facettenreichen Diskurs einzufangen, ist es hilfreich strukturierend vorzugehen. Das Zentrum für inklusive politische Bildung (ZipB) schlägt dazu eine fragengeleitete Matrix (siehe Abb. 1) vor, die mittels fünf Ebenen versucht die Debatte mehrperspektivisch einzufangen.

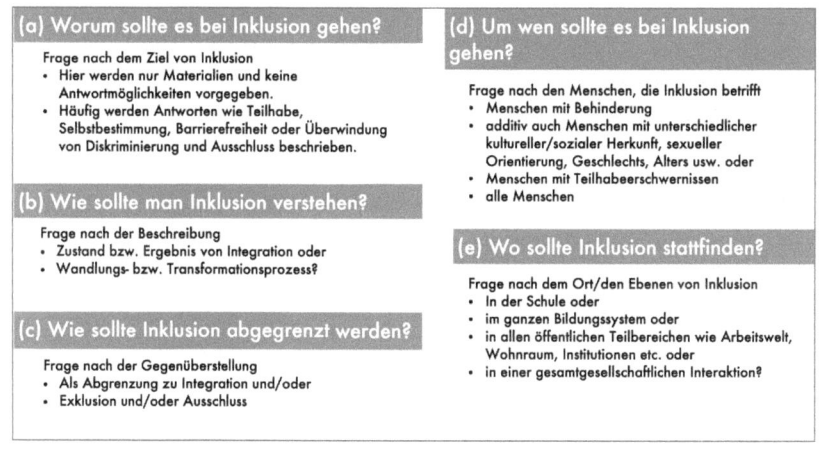

Abb. 1 Fragenmatrix zum Inklusionsverständnis (Besand, Hölzel und Jugel 2018, S. 20)

Eine ausführliche Diskussion um den Inklusionsbegriff kann an dieser Stelle nicht geleistet werden. Inklusion wird hier in einem weiten Sinne auf Makroebene als „ein gesamtgesellschaftlich interaktiver (e) Transformationsprozess [mit Meilensteinen] (b) verstanden, der darauf abzielt, diskriminierende soziale Konstruktionen (a/c) aufzulösen und für alle Menschen (d) Teilhabe (a) zu ermöglichen" (Besand, Hölzel und Jugel 2018). Dieses Verständnis bezieht nicht nur einen größeren Personenkreis in Betracht, wenn es darum geht, wen Inklusion meint, sondern verortet Inklusion auch in weiteren gesellschaftlichen Institutionen als „nur" der Schule. Aus diesem

Verständnis heraus wird deutlich, dass sich auch politikdidaktische Forschung – als besonders wichtiger Teil[1] einer gesamtgesellschaftlichen Interaktion – nicht nur mit dem Thema „Inklusion" beschäftigen sollte, sondern selbstkritisch auf der Performanceebene die Frage stellen muss, welchen Teil sie zum Ausschluss von Perspektiven und Menschen beiträgt. Kurzum: Wie inklusiv ist die politikdidaktische Forschung (wenn es um die Erforschung von Inklusion geht)?

3   Ein Problemaufriss oder: Welche neuen Ansprüche ergeben sich im Kontext von Inklusion für politikdidaktische Forschung?

Der Frage wie inklusiv bzw. exklusiv die politikdidaktische Forschung ist, liegt die These zu Grunde, dass die Auseinandersetzung mit Inklusion – damit untrennbar verbunden die Frage nach ausgeschlossenen Perspektiven – sich nicht nur auf die Forschungsobjekte und –perspektiven bezieht, sondern auch Forschungsroutinen und -methoden mit in den Blick nehmen muss. Inklusion und Partizipation als demokratietheoretische sowie diversitätssensible Begriffe scheinen dabei (zumindest auf den ersten Blick) dem nomothetischen Ideal der Forschung mit „Qualitätskriterien" wie Objektivität, Reliabilität und Validität entgegenzustehen (Bergold 2013, S. 1). Sollen Forschungsergebnisse in diesem Sinne von den Forschenden unabhängig, wiederholbar und im besten Falle als allgemeingültige Gesetze wahr sein, so stellt sich eine Vorgehensweise, die verschiedene Perspektiven gleichberechtigt einbeziehen will und den Prozess entlang der Bedarfe der beteiligten Menschen ausrichtet, als kaum realisierbar dar. Bergold (Bergold 2013) fasst hierzu treffend zusammen, dass sich Forschung im Kontext von Inklusion grundlegend ändert. Forschung hat aus gesellschaftlicher Perspektive dabei seit jeher die Aufgabe

---

1   Die besondere Stellung politischer Bildung in diesem Zusammenhang ergibt sich aus zwei wesentlichen Aufgaben, denen sich eben dieser Bereich verpflichtet hat. Einerseits zielt politische Bildung auf die Förderung von selbstbestimmten, mündigen Bürger*innen ab, die in der Lage sind sich in alle gesellschaftlichen Teilbereiche einbringen zu können. Damit übernimmt politische Bildung eine genuin einbeziehende also inklusive Aufgabe in der Gesellschaft. Zum anderen wirkt besonders der Bereich politikdidaktischer Forschung auch immer wieder in das Handlungsfeld „Politik" selbst ein – beispielsweise bei Vermittlungsfragen der Demokratiebildung, Integration von geflüchteten Menschen und weltanschaulichen Überzeugungen. Dabei liefert die Forschung zur politischen Bildung immer wieder Antworten und Impulse auf die Frage, wie eine diverse Gesellschaft gemeinsam wirken kann, und gibt diese an wichtige Institutionen und politische Vertreter*innen weiter.

Wissen zu generieren (Senge 2000, S. 18). Diese Funktion, die zweifelsohne auch politikdidaktische Forschung hat, ist allerdings mit Macht und Verantwortung verbunden (Goeke und Terfloth 2006, S. 43ff.). Forscher*innen legen dabei nicht nur fest, welches Wissen in der Gesellschaft von Bedeutung ist, sondern auch welche Perspektiven, Deutungen und Theorien Eingang in Forschung haben und welche nicht (vgl. Goeke und Terfloth 2006). Wissenschaft nimmt an dieser Stelle eine überaus machtvolle Position ein. Der vielerorts ausgesprochene und immer noch aktuelle Vorwurf einer Forschung im Elfenbeinturm (Habekuß 2011) und damit einhergehender Entfremdung zwischen Wissenschaft und Gesellschaft deutet metaphorisch an, dass vielfältige und diverse Meinungen bisher offenbar nur selten Eingang in Forschungsprojekte finden. Forderungen aus der Gesellschaft, dass Wissenschaft vielfältigere Perspektiven einbeziehen soll, zeigen sich nicht nur in solchen bildhaften Beschreibungen, sondern lassen sich im gesellschaftlichen Diskurs über Wissenschaft immer wieder entdecken und gewinnen gegenwärtig deutlich an Gewicht. Goeke und Terfloth (2006) kritisieren in diesem Zusammenhang folgerichtig, dass diese Forderungen bisher wenig berücksichtigt werden und Forschungsprozesse selbst im Wissenschaftsbereich kaum inklusiv geöffnet werden (Goeke und Terfloth 2006, S. 43). Was hat das nun explizit mit politikdidaktischer Forschung zu tun? Zum einen sollte die politikdidaktische Forschung in besonderer Weise kompetent sein, machthierarchische und ausschlussgenerierende Prozesse zu reflektieren, da diese Fragen im Kern ihrer disziplinären Auseinandersetzung stehen. Darüber hinaus ergeben sich allerdings auch pragmatische Gründe, denn die politische Bildung hat von jeher den Anspruch alle Menschen zu erreichen (Sander 2003, S. 14ff., Schiele 2009, S. 349ff.). Soll dies gelingen, muss es auch Anliegen der politikdidaktischen Wissenschaft sein, möglichst alle Menschen und deren Perspektiven in ihren akademischen Reflexionsprozess einzubeziehen. Goeke und Terfloth (2006) begründen diese Notwendigkeit u. a. damit, dass die Akzeptanz und Nachhaltigkeit entwickelter Erkenntnisse eher gering sind, wenn Forschung und Praxis zwar an ähnlichen Themen und Problemstellungen arbeiten, sich aber erst am Ende eigener Handlungsprozesse – und nicht währenddessen – synergetisch vernetzen (Goeke und Terfloth 2006, S. 44). Kurzum: Wenn sich alle Akteur*innen in ihrem jeweiligen Feld (Praxis, Wissenschaft, Gesellschaft...) zwar mit den gleichen Themen jedoch unabhängig voneinander beschäftigen, werde nicht nur Austauschmöglichkeiten unter den Akteur*innen erschwert und unnötige Parallelstrukturen gefördert, sondern auch die Quantität und Qualität der Erkenntnisse und deren nachhaltige Implementierungschancen insgesamt verringert. Hier geht es folglich darum, sichtbar zu machen, dass die Implementierung von akademischen Wissen in die Praxis sowie die Einbringung von Praxiserfahrung in die Wissenschaft im Kontext aktueller Forschungsparadigmen nicht selten erschwert sind. In der Umsetzung führt eine solche Vorgehensweise besonders im Zusammenhang mit Inklusion zu Frustration, da sich Forscher*innen häufig von Praktiker*innen unverstanden fühlen, weil diese Theorien ignorieren oder nicht im Sinne der Entwickler*innen „anwenden" (Goeke und Terfloth 2006). Gleichzeitig empfinden Praktiker*innen nicht selten einen ähnlichen Grad an Frustration, da sie kaum gehört werden, Lösungsansätze aus der Wissenschaft als nur schwer passfähig zur eigenen Situation empfinden und auch wissenschaftliche Sprache häufig zu Un- oder Missverständnissen führt. Wenn jedoch politikdidaktische Forschung dazu beitragen will, dass politische Bildung alle Menschen erreicht, muss zukünftig Wissen generiert werden, das vielfältige Perspektiven einbezieht, anschlussfähig an die Praxis der politischen Bildung ist und den Transformationsprozess in der Praxis nicht nur beschreibt, sondern in gemeinsamer Interaktion entwickelt und initiiert. Es soll bei einer solchen partizipativen Vorgehensweise nicht nur darum gehen, sich politisch korrekt zu zeigen oder eine Alibifunktion zu übernehmen bzw. abgehobenen ethischen Standards zu beugen (Goeke und Terfloth 2006, S. 47). Vielmehr soll das lückenhafte systemische Eingebundensein von Forschung und Praxis zugunsten einer vernetzten und partnerschaftlichen Zusammenarbeit überwunden werden. (Goeke und Terfloth 2006, S. 44).

Zusammenführend lässt sich diese Erkenntnis einfacher auch wie folgt ausdrücken: Es sollte ganz allgemein, aber besonders im Bereich politischer Bildungsforschung und inklusiver Entwicklungsprozesse, kein exklusiver Forschungsvorgang gewählt werden, der erneut Perspektiven, Deutungen und Herangehensweisen einer exklusiven Gruppe in den Mittelpunkt stellt. Vielmehr sollte sich politische Bildung, die sich der Teilhabe und Mündigkeit aller verschrieben hat, besonders im Kontext von Inklusion davon lösen, *über* Menschen zu forschen, sondern bewusst *mit* ihnen zu denken, zu forschen und zu erproben. Das stellt den Forschungs- und Wissenschaftsbereich vor eine nicht zu unterschätzende Herausforderung – berührt es doch wie einleitend angeführt das Selbstverständnis der Disziplin im Kern und nicht unwesentlich auch das Selbstverständnis von Wissenschaft als qualifizierter Akteur zur Erforschung bzw. Generierung von neuem Wissen. Der Forschungsstil partizipativer Forschung bietet ein Rahmenkonzept, das dabei helfen kann, gemeinsam zu forschen und weiter zu denken und so den Ansprüchen politischer Bildung und Inklusion auch im Verantwortungsbereich der Wissenschaft selbstkritisch nachzukommen. Wie diese partizipative Forschung gelingen kann und welche Kennzeichen dabei charakteristisch sind, soll im nächsten Schritt betrachtet werden.

4 Der Ansatz partizipativer Forschung – eine Kurzcharakteristik

Nicht nur in der Praxis einer inklusiven Bildung ist der Dialog ein zentrales Element (Jugel 2015, S. 456) – auch in der diesem Bereich entsprechenden partizipationsorientierten didaktischen Forschung ist der bewusste Austausch und Dialog wichtig. Erscheint herkömmliche Forschung im eingangs vorgestelltem Sinne eher einseitig vertikal, so greift Aktions- und Handlungsforschung, denen die partizipative Forschung entspringt, den wechselseitigen Dialog auf und setzt ihn in den Mittelpunkt des horizontal angelegten Prozesses (Moser 1977, S. 11).

Ein solcher Perspektiv- und Paradigmenwechsel liegt der partizipativen Forschung in verschiedenen Punkten zugrunde. Moser (Moser 1977) führte bereits in den 1970er Jahren aus, dass sich zukünftige Forschung von den „traditionellen empirischen Auffassungen der Sozialwissenschaften unterscheide[n muss]" (Moser 1977, S. 11). Zentrales Unterscheidungsmerkmal ist, dass es in der partizipativen Forschung nicht mehr vorrangig darum geht, generalisierbare Ergebnisse zu liefern, sondern darum die Ergebnisse hinsichtlich ihres Realitätsgehalts und ihrer Praxisrelevanz zu überprüfen (vgl. Flieger 2003, S. 201). Dabei fokussiert partizipative Forschung auf die Verschränkung verschiedener Perspektiven hinsichtlich der wissenschaftlichen Verortung wie auch der Beteiligten am Forschungsprozess. Partizipative Forschung sucht mit dem Blick auf wissenschaftliche Verschränkung nach einer Zusammenarbeit, die über bestehende Systemgrenzen hinweg reicht und nimmt dabei nicht selten transdisziplinäre und interprofessionelle Züge an (vgl. von Unger 2014, S. 2). Um die Verschränkung verschiedener Perspektiven von Beteiligten zu ermöglichen, stellt partizipative Forschung die Menschen, die an ihr teilhaben, in den Mittelpunkt. Flieger (2003) führt dazu aus, dass partizipative Handlungsforschung vor allem als ein Ansatz verstanden werden muss, bei dem „Personen über die geforscht wird, an allen Phasen der Gestaltung und der Umsetzung (d. h. Design, Durchführung und Verbreitung) von Forschung, die sie betrifft, teilnehmen" (Flieger 2003, S. 201)." Diese Form der Teilhabe geht über die bloße Befragung von Beteiligten hinaus und gibt Menschen, die bisher aus Forschung ausgeschlossen wurden, eine neue Bedeutung und Rolle im Forschungsprozess. Die Perspektiven, die Lernprozesse und die individuelle wie auch kollektive (Selbst-) Befähigung der Forschungsbeteiligten sind dabei zentrale Merkmale (vgl. von Unger 2014, S. 2). Es kann bei solchen Untersuchungsprozessen, die gemeinsam mit jenen Menschen durchgeführt werden, deren soziale Welt und sinnhaftes Handeln als lebensweltlich situierte Lebens- und Arbeitspraxis untersucht wird, in zwei Gruppen von sogenannten Co-Forscher*innen unterschieden werden (vgl. Bergold und Thomas 2012):

a. Die Beteiligung von Praxispartner*innen als Expert*innen für das eigene Arbeitsfeld.
b. Die Beteiligung von Community-Partner*innen als Expert*innen für die eigenen Erfahrungen und Lebenswelten (vgl. von Unger 2014, S. 35ff.).

Für partizipative Forschung als ein Oberbegriff für Forschungsansätze, die soziale Wirklichkeit partnerschaftlich erforschen und beeinflussen wollen (vgl. Unger 2014, S. 1), lassen sich folgende drei Merkmale identifizieren:

„1. Beteiligung (Partizipation) von nicht-wissenschaftlichen Akteuren als Co-Forscher/innen am Forschungsprozess;
2. Stärkung dieser Partner durch Lernprozesse, Kompetenzentwicklung und individuelle und kollektive (Selbst-)Befähigung (*Empowerment*);
3. die doppelte Zielsetzung von Erforschung *und* Veränderung sozialer Wirklichkeit und damit verbunden der Interventionscharakter und die Handlungs-/ Anwendungsorientierung der Forschung." (Unger 2014, S. 10).

Bevor im nächsten Schritt diskutiert wird, wie partizipative Forschung umgesetzt werden kann, muss zunächst allerdings noch die Frage geklärt werden, wie sich partizipative Forschung methodisch versteht? Grundsätzlich lässt sich dazu sagen, dass partizipative Forschung kein einzelnes, einheitliches Verfahren, sondern ein *Forschungsstil* ist, der sich in hohem Maße durch Kontextualität und Flexibilität auszeichnet (vgl. von Unger 2014, S. 1). Bergold (2013) stellt hierzu fest, dass die Haltung der Partizipation vielen verschiedenen Untersuchungsansätzen zugrunde gelegt werden kann und dabei relativ unabhängig von Disziplinen und Methoden ist (vgl. Bergold 2013, S. 1). Das heißt, neben Methoden wie Interviews, teilnehmender Beobachtung und Befragung sind insbesondere neue Formen qualitativer Sozialforschung einzubeziehen, die auch künstlerische, visuelle oder performative Elemente enthalten. Im Sinne der Aktionsforschung und in Anlehnung an Design-Based-Research-Ansätze (vgl. Euler 2014) werden Daten innerhalb solcher partizipativer Forschungsvorhaben nicht singulär und situativ erhoben, sondern in iterativen d. h. zyklischen Prozessen von Aktion und Reflexion (vgl. von Unger 2014, S. 10). Auch die Auswertungsphasen werden in diesem Sinne gestaltet und beziehen die Co-Forscher*innen aktiv mit ein. Partizipative Forschung als wertebasierte Forschung steht folglich am anwendungsorientierten Ende des Spektrums der qualitativen Forschung und bietet die Möglichkeit von Mixed-Method-Studiendesigns (vgl. Unger 2014, S. 11). Könnte man bis zu dieser Stelle der Beschreibung als kritische*r Leser*in meinen, dass der Unterschied des partizipativen Ansatzes im Vergleich zu anderen Ansätzen qualitativer Forschungen, wie beispielsweise der Grounded Theory, noch nicht deutlich (genug) geworden ist, sei noch einmal verdeutlicht, dass es wesentlicher Bestandteil der partizipativen Forschung ist, dass bei allen beschriebenen Öffnungsprozessen (der Entwicklung von Forschungsfragen und -instrumenten, der Konzeption des Forschungsprozesses sowie der gesamten Auswertungsphase) kontinuierlich mehrperspektiv und ausschlusssensibel gearbeitet wird. Das heißt, dass im gesamten Forschungsprozess mit vielfältigen Menschen aus Co-Forscher*innen und Forscher*innen zusammengedacht, erprobt, analysiert und theoriebildend gearbeitet wird.

5 Blick in die Praxis oder: Partizipative Forschung am Beispiel der wissenschaftlichen Begleitung von Lernort Stadion e. V.

Nachdem in den vorangegangenen Abschnitten ein theoretischer Blick auf Inklusion und partizipative Forschung im Kontext politischer Bildung geworfen wurde, soll sich an dieser Stelle der Fokus auf eine mögliche Umsetzung im Bereich politikdidaktischer Forschung richten. Wichtig ist zu betonen, dass partizipative Forschung generell im deutschsprachigen Raum und so auch im Bereich politikdidaktischer Wissenschaft kaum verbreitet oder erprobt ist. Die Forscher*innen im folgenden Projekt betraten folglich Neuland. Trotz allem wagten sie sich den partizipativen Ansatz zu verfolgen und Instrumente sowie Verfahren zu entwickeln, die einen Ausgangspunkt für weitere Überlegungen und Vorhaben liefern können.

Die hier vorgestellte wissenschaftliche Begleitung mittels partizipativer Forschung entsprang der Kooperation zwischen dem Lernort Stadion e. V., der DFL-Stiftung, der Aktion Mensch und dem ZipB.[2] Alle Akteur*innen teilten das gemeinsame Interesse an Erkenntnissen über inklusive politische Bildungssettings. Lernort Stadion e. V. als außerschulischer Bildungsträger mit den Lernzentren als Praxisort politischer Bildung stellt ein besonders aufschlussreiches Feld dafür dar. Das Projekt verfügt über entwickelte Erfahrungen im Feld inklusiver politischer Bildung – auch wenn der Begriff Inklusion im Projekt über lange Zeit gar nicht zur Beschreibung der eigenen Arbeit verwendet wurde. Als Akteur politischer Bildung gelingt es den Lernzentren in 19 bundesweiten Standorten Kinder und Jugendliche jenseits des Gymnasiums anzusprechen und mit politischer Bildung im Fußballstadion zu erreichen. Hier sind über mehrere Jahre Erfahrungen mit einer diversen Zielgruppe gesammelt wurden, die politische Bildung sonst kaum oder gar nicht erreicht. Über

---

2 Mehr über das Projekt kann unter www.zipb.de und www.lernort-stadion.de in Erfahrung gebracht werden.

das Sport- und Fußballnarrativ und den besonderen Ort des Stadions werden politische Themen in Workshoptagen mit den Schüler*innen diskutiert. Die DFL-Stiftung und die Aktion Mensch haben im Jahr 2015 gemeinsam mit Lernort Stadion e. V. den Anspruch formuliert sich noch bewusster und weitreichender mit inklusiven Settings in der eigenen politischen Bildungsarbeit zu befassen[3] und suchten dabei Unterstützung in der Zusammenarbeit mit dem ZipB.[4]

Die Begleitung und Erforschung von Lernort Stadion e. V. setze dabei auf zwei Ebenen an: einer bundesweiten und einer standortbezogenen Kooperation. Im Folgenden soll vor allem die standortbezogene Begleitung von „Dresden" und „Berlin" im Fokus stehen, da diese beiden Städte auch im Mittelpunkt der partizipativen Forschung mit Co-Forscher*innen als Praxispartner*innen standen. Abb. 2 visualisiert dabei zentrale Elemente der zweijährigen wissenschaftlichen Begleitung, die von Beginn an gemeinsam mit den Teamer*innen – das sind alle pädagogischen Mitarbeiter*innen bei Lernort Stadion e. V. – konzipiert und iterativ umgesetzt wurden.

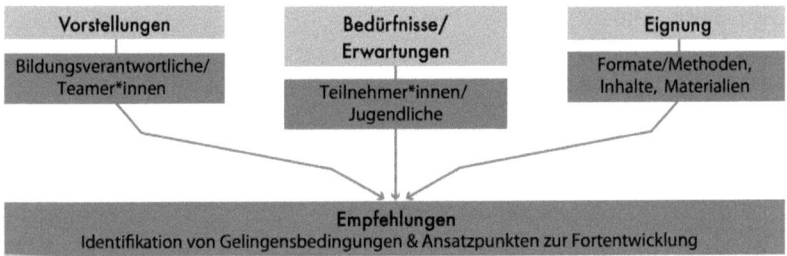

Abb. 2   Perspektiven des Begleitprozesses (Besand et al. 2018, S. 27)

Was ist gemeint, wenn davon gesprochen wird, dass die Teamer*innen an der wissenschaftlichen Begleitung beteiligt waren? Orientiert am 9-Stufen-Modell der Partizipation nach Wright (2010) waren sowohl an der Konzeption, das heißt der Festlegung der Forschungsziele – wie sie Abb. 3 zu entnehmen sind – als auch der

---

3   Ansatzpunkt war hier das Pilotprojekt mit der Aktion Mensch, welches unter www.dfl-stiftung.de/lernort-stadion weiterführend beschrieben ist.

4   Eine umfängliche Beschreibung der gesamten Kooperation lässt sich im wissenschaftlichen Abschlussbericht nachlesen (Besand et al. 2018). Hier werden nicht nur die verschiedenen Akteur*innen und der partizipative Forschungsprozess umfänglich beschrieben, sondern auch erste Erkenntnisse zu einer inklusiven politischen Bildung praxisnah zusammengeführt.

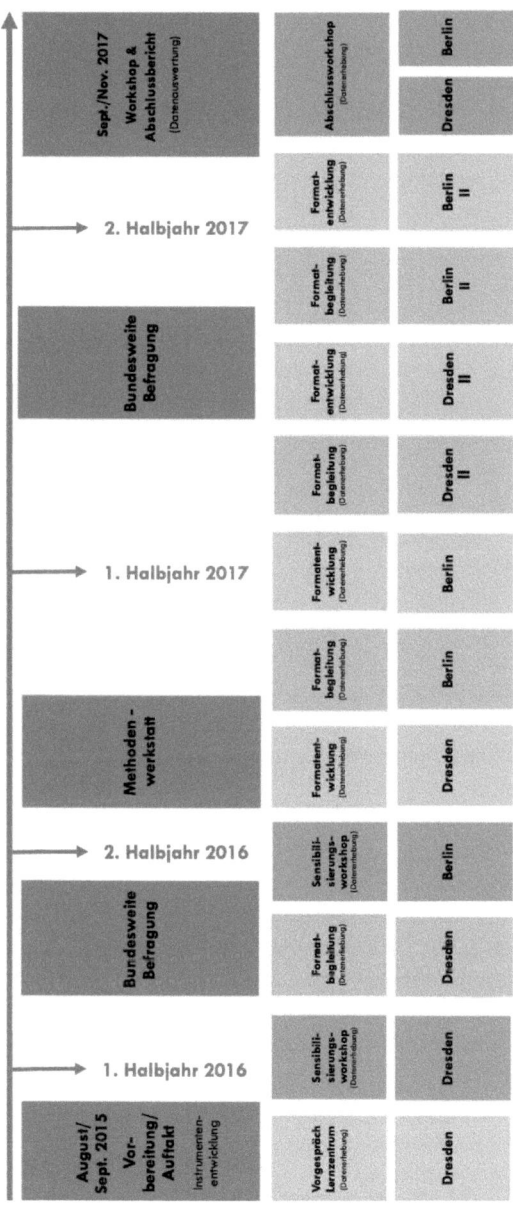

Abb. 3 Zweijähriger wissenschaftlicher Begleitprozess (Besand et al. 2018, S. 34)

Entwicklung des methodischen Instrumentariums nicht nur die Forscher*innen des ZipB, die Projektzuständigen der DFL-Stiftung und Aktion Mensch, sondern ebenfalls Teamer*innen der Standorte aktiv involviert.

In gemeinsamen Vorgesprächen und Sensibilisierungsworkshops wurden Ziele, Vorgehensweisen sowie Wünsche und Ängste aller Beteiligter, die im Zusammenhang mit der wissenschaftlichen Begleitung standen, besprochen und im Konsens konzeptionelle Rahmungen festgehalten. Bereits zu diesem frühen Zeitpunkt der Zusammenarbeit zeigte sich, dass – wie durchaus üblich – auf Seiten der Praktiker*innen nicht nur dem Thema „Inklusion" gegenüber Skepsis bestand, sondern auch dem Anliegen der wissenschaftlichen Begleitung sowie uns als Forscher*innen mit kritischer Zurückhaltung begegnet wurde. Goeke und Terfloth (2006) sprechen nicht ohne Grund davon, dass im Rahmen partizipativer Forschung dem Beziehungsaufbau wie auch den Formen von Kooperation und Zusammenarbeit der verschiedenen Beteiligten Akteur*innen besonders viel Bedeutung beigemessen werden soll (vgl. Goeke und Terfloth 2006, S. 47). Diese Beziehungsarbeit überspannt den gesamten Prozess der partizipativen Forschung und führt u. a. auch dazu, dass sich der Forschungsprozess zeitlich ausdehnt. Ein solcher Bindungsaufbau scheint jedoch für eine gute Kooperation und das gemeinsame Erforschen neuer Wissensbestände zwischen Forschung und Praxis unerlässlich, denn Forscher*innen wollen oft an gerade den herausforderungsreichen und noch nicht inklusiven Praxis etwas über Gelingensbedingungen und Hemmnisse inklusiver politischer Bildung erfahren.

Um einen solchen tiefen und kritischen Blick in das eigene Handlungsfeld der Teamer*innen zuzulassen und danach in die reflexive und analytische Auseinandersetzung zu gehen, bedarf es im partizipativen Forschungsrahmen einer vertrauensvollen Bindung zwischen den Beteiligten. Praktisch bedeutet das, dass die Zusammentreffen der Beteiligten von Beginn durch Interaktions- und Teambuildingeinheiten gerahmt wurden. Besonders innerhalb der ersten Treffen, zu den Vorgesprächen wie auch den Sensibilisierungsworkshops, nahmen diese Einheiten einen nicht unwesentlichen Teil der geteilten Zeit in Anspruch. Dass sich diese Zeit lohnte, zeigte sich bereits bei den ersten Zusammentreffen. Die in Abb. 3 als „Formatbegleitung" markierten Elemente beschreiben die Phase der Forschung, in der die Forschenden mehrere Projekttage am Lernort Stadion ethnografisch beobachtend begleiteten. Die Teamer*innen hatten zu diesem Zeitpunkt bereits so viel Vertrauen aufgebaut, dass sie die Forscher*innen auch in Momenten eigenen Scheiterns nicht nur tolerierten, sondern sogar im anschließenden Formatentwicklungsworkshop bereit waren eben diese Momente kritisch und tiefgreifend zu analysieren. Es war so möglich einen intensiven und weitestgehend authentischen Blick in die Praxis zu werfen, was eine qualitativ besonders hochwertige Datengrundlage als Basis zur Reflexion und Erforschung neuen Wissens über inklusive politische Bildung ermöglichte. Kritisch könnte an dieser Stelle vorgebracht werden, dass Involvierung im Kontext wissenschaftlichen Vorgehens doch zumeist als subjektive und zu wenig distanzierte Vorgehensweise beschrieben wird und im Verdacht steht Daten nicht – wie hier geäußert – hochwertiger erscheinen zu lassen, sondern im Gegenteil minderwertiger oder gar untauglich für wissenschaftliche Zwecke macht. Dieser Gefahr muss sich partizipative wie ethnografische Forschung in jedem Fall bewusst sein und Mittel zur fokussierten Reflexion und Dokumentation über den gesamten Forschungsprozess hinweg wählen. Diese mögliche Gefahr der mangelnden Objektivität und zu starken Involvierung, die u. a. durch Forschungstagebücher und Kolloquien angegangen werden kann, wiegt jedoch besonders im Kontext ausschlusserfahrener Jugendlichen nicht so schwer, wie die Chance zur umfangreichen Wissens- und Erfahrungserhebung durch partizipative Prozesse. So hat sich im vorliegenden Projekt gezeigt, dass nicht nur die Schüler*innen, sondern auch die Teamer*innen durch die gemeinsam geteilten Erfahrungen, die aufgebaute Bindung und die persönliche Offenheit und Zugänglichkeit der Forscher*innen in besonderem Maße bereit waren ihre Eindrücke und Gedanken sowie Handlungen den Forscher*innen offen zu legen. Gerade, wenn im Kontext von inklusiven politischen Bildungsformaten geforscht wird, trifft man häufig Teilnehmer*innen, die bewertender Beobachtung gegenüber sehr sensibel und kritisch reagieren. Sollen jedoch deren Stimmen Gehör in wissenschaftlichen Überlegungen finden, so muss der „objektiv forschende Verhaltensrahmen" zugunsten einer für die Teilnehmenden nachvollziehbaren und ansprechbaren Form aufgelöst werden. Ähnliches gilt für die Zusammenarbeit mit Praktiker*innen, die wie einleitend beschrieben, oft ein nicht mindern kritisches oder gar ablehnendes Verhalten gegenüber bewertenden Forscher*innen „aus der Theorie" und „von außen" haben. Das Projekt machte hier deutlich, dass eine gemeinsam geteilte Praxiserfahrung tiefgreifend und umfänglich zugänglich wurde und folglich eine intensive kooperative Analyse des aufgezeichneten Materials im Rahmen der „Formatentwicklungsworkshops" ermöglichte, die weit mehr Zusammenhänge sichtbar gemacht haben, als das in empirischen Analyseprozessen normalerweise üblich ist. Diese meist mehrtägigen Analyse- und Entwicklungsworkshops dienten dabei dazu gemeinsam Phasen der Praxis zu analysieren und eigene Methoden, Vorgehensweisen und Handlungsstrategien zu analysieren und gemeinsam weiterzuentwickeln. Die Auswahl der zu besprechenden Sequenzen basierte auf drei Zugängen: dem eigenen Kommunikationsbedarf der Teamer*innen, den Beobachtungen der Forscher*innen sowie den Aussagen der Teilnehmenden, die in qualitativen, teilstrukturierten Leitfadeninterviews als Expert*innen zu ihren Erfahrungen am Lernort Stadion befragt wurden. Entlang theoretischer Rahmungen und Inputs rund um Fragen von Ausschluss, Diagnostik und Inklusionstheorien[5] durch die Forscher*innen wurden erste Stellschrauben identifiziert, die im Hinblick auf die inklusive Fortentwicklung der eigenen politischen Bildungspraxis aussichtreich sind. Gemeinsam mit den Teamer*innen wurden alternative Handlungsweisen konzipiert. Durch den von Beginn angelegten iterativen Charakter der Begleitung bestand im Anschluss an diese gemeinsame Reflexion und Fortentwicklung der beobachteten Praxis die Möglichkeit, die ersten Erkenntnisse unmittelbar zu erproben und erneut zu begleiten. Dazu setzten die Teamer*innen erste Änderungen um und die Forscher*innen beobachteten diese Entwicklung in einer nächsten mehrtägigen ethnografischen Begleitung des Projektangebots. Die sonst so oft mit Schwierigkeiten und Hürden verbundene Implementierung und Erprobung von wissenschaftlichen Erkenntnissen in die Bildungspraxis fand hier unmittelbar, nachhaltig und in begleiteter Zusammenarbeit statt. Forschung und Praxis ermöglichten so, die aus der Kombination von Praxis und Theorie erarbeiteten Entwicklungspotenziale unmittelbar umzusetzen, akademisch zu verifizieren oder zu falsifizieren und praktisch weiter zu entwickeln. Die hier nur skizzierte Vorgehensweise innerhalb der Begleitung kann noch ausführlicher im öffentlichen Abschlussbericht zum Projekt nachvollzogen werden, da an dieser Stelle abschließend noch Chancen und Herausforderungen eines solchen Forschungsstils diskutiert werden, die sich im Rahmen des vorliegenden Projektes vielfältig gezeigt haben.

6   Schlussbetrachtung oder: Partizipative Forschung als Königsweg einer zukunftsorientierten und ausschlusssensiblen Forschung?

Auch wenn partizipative Forschung – wie hier ausführlich dargestellt – die nachhaltige Implementierung wissenschaftlicher Erkenntnissen in Praxisprojekte erheblich vereinfachen kann, bleibt, angesichts der nicht unerheblichen personellen Fluktuation im Bereich der außerschulischen politischen Bildung und der damit verbundenen Flüchtigkeit professionalen Wissens im Feld, die Frage offen, ob der erhöhte Zeitaufwand und Steuerungsverlust sich tatsächlich lohnen. Zum Abschluss sollen deshalb noch einmal die besonderen Potenziale und Vorteile, die sich in der wissenschaftlichen Begleitung von Lernort Stadion e. V. für inklusive politische Bildung ergeben haben, formuliert werden.

---

5   Die theoretische Rahmung, auf die sich das ZipB vor allem zur Sensibilisierung und Kompetenz- sowie Wissenserweiterung der Teamer*innen zum Feld der Inklusion bezieht, können dem Bericht (Besand et al. 2018) Kapitel 2 entnommen werden.

Neue didaktische Konzepte und Verfahren finden oft nur schwer ihren Weg in die Praxis. Das principal-agent-dilemma wie es Jensen und Meckling (1976) erstmalig ausführen, zeichnet eben jene Herausforderung in der Innovation und Reformierung pädagogischer Prozesse nach. Wenn es nachhaltige Veränderungen in der Praxis geben soll, müssen schulisch wie außerschulisch Praktiker*innen „mitgenommen" werden, denn ohne sie verfangen noch so tragfähige und theoretisch gut fundierte Erkenntnisse kaum. Eine Sensibilisierung und gemeinsame Implementierung steht dann vor viel geringeren Hürden, wenn demokratische und inklusive Aspekte, wie die der Mit- und Selbstbestimmung, Teilhabe und Zugang, auch im Bereich wissenschaftlicher Forschung gewährt werden. Solche demokratisch-partizipativen Vorgehensweisen wirken der Tendenz entgegen, Expert*innenwissen absolut zu setzen und Praktiker*innen zu bevormunden oder sogar zu entmündigen. Das Verständnis, die Akzeptanz und Überzeugung von gemeinsam entwickelten Erkenntnissen ist in partizipativen Forschungsprozessen höher und ermöglicht die Umsetzung niedrigschwellig. Mehr noch können die vorliegenden Erfahrungen die These stützen, dass es zu einem umfangreichen Erkenntnisgewinn durch Perspektivverschränkungen, Zugang zu und Zusammenarbeit mit so genannten „schwer erreichbaren" Gruppen kommt und potenziell hochwertige Daten und Ergebnisse durch das lebensweltliche und praxisbasierte Wissen und die Kompetenzen der Co-Forscher*innen gesammelt werden (vgl. von Unger 2014, S. 11). Das heißt, dass wir beobachten konnten, dass die erhobenen Daten und abgeleitete Erkenntnisse durch die Vielzahl an begleiteten und involvierten Perspektiven von Anfang an auf ein breiteres Fundament gestellt werden. Dies ermöglicht überdies, dass vielfältige Erfahrungen, aus persönlichen, praktischen oder theoriebasiertem Fundus eingebracht werden können, die es ermöglichen, diverse, alternative Lösungswege zu denken – auch von Menschen, die sonst kaum Gehör finden. Eben dieser Einfluss bisher wenig gehörter Stimmen bereichert nicht nur die Forschung und sorgt bei mehr Menschen für eine höhere Akzeptanz, sondern führte in unserer Begleitung auch zu Empowermentprozessen bei den Beteiligten. So zeigten diese in Peer-Weiterbildungsformaten auf bundesweiter Ebene, dass sie innerhalb kürzester Zeit in der Lage waren, die gemeinsam entwickelten Reflexions- und Prinzipienmodelle anzuwenden und weiterzugeben. Mehr noch konnte eine solch hohe Identifizierung mit Modellen und deren Durchdringung in solcher Form bisher nur selten im Laufe von Forschungsprozessen bzw. deren unmittelbaren Anschluss wiedergefunden werden. Das Gefühl[6] sich mehr im Kontext inklusiver Bildung zuzutrauen und mit den eigenen Erfahrungen und Kompetenzen ernst genommen wurden zu

---

6   Beschreibungen und Rückmeldungen zu dieser Wahrnehmung lassen sich aus Kapitel 4 des Abschlussberichts (Besand et al. 2018) entnehmen.

sein, etwas für das eigene Handeln in politischen Bildungsprozessen dazu gelernt
zu haben, führt zu einem selbstbewussteren Umgang mit Vielfalt in der Praxis
politischer Bildung. Teamer*innen der Standorte ‚Berlin' und ‚Dresden' haben
sich so zum Ende der wissenschaftlichen Begleitung als Multiplikator*innen einer
inklusiven politischen Bildung verstanden, die ihr Wissen und ihre Kompetenzen
anwenden und weitergeben – sowohl hinsichtlich ihrer Teilnehmenden wie auch
ihrer Kolleg*innen. In dieser Rolle haben sie alle Beteiligten überrascht, da sie mit
besonderem Engagement und Überzeugung für eine inklusive Fortentwicklung der
Projekte einstanden. Auch für die Verstetigung von Kompetenzen bei der Planung
inklusiver Settings bot die gewählte Vorgehensweise Potenziale. So zeigte sich, dass
die Teamer*innen zunehmend selbstständig Reflexions- und Analyseprozesse planen,
steuern und umsetzen konnten. Solche Empowermentprozesse auf verschiedenen
Ebenen ließen sich auch bereits in anderen Kontexten von Partizipation von marginalisierten Menschen nachweisen und stellen hier folglich ein zentrales Merkmal
partizipativer Forschungsprozesse dar (vgl. Bergold 2013, S. 6ff.).

Nicht nur seitens der Co-Forscher*innen konnten Vorteile durch partizipative
Forschung sichtbar werden. Auch die Forscher*innen waren durch die partizipative Vorgehensweise in der Lage einen besonders tiefen und umfangreichen Blick
in die Praxis zu werfen. Die Offenheit, mit der Daten erhoben werden konnten,
stellt im wissenschaftlichen Kontext eine Besonderheit dar. Besonders dann,
wenn in der eigenen Handlungspraxis Vorhaben misslingen oder scheitern, ist die
Bereitschaft dies wissenschaftlich beobachten und analysieren zu lassen, häufig
gering. Doch gerade diese Momente sind es oft, aus denen wir besonders viel für
inklusive politische Bildung lernen können, indem sie Formen des Ausschlusses
in Bildungssituationen sichtbar machen und so den Blick auf gescheiterte bzw.
erschwerte Lernprozesse freigeben, die sonst oft nur im Verborgenen bleiben. Auch
das im Rahmen von Auswertungen und Analysen spätere Zusammentreffen von
theoretischen und praxiserprobten Konzepten kann rückblickend als Katalysator
für fundierte Erkenntnisse und die Bildung praxisnaher Theorien beschrieben
werden. Im gemeinsamen Austausch verknüpfen und verdichten sich Erkenntnisse
in besonders produktiver und qualitativer Weise. Beleg dafür ist u. a. die Fülle an
Modellen und zusammengetragenen Erkenntnissen innerhalb der zweijährigen
Begleitung, die dem Abschlussbericht entnommen werden können. Obgleich die
hier skizzierten Vorteile, die nur erste Schlaglichter sind, vor dem Spiegel inklusiver
Ansprüche überzeugend scheinen, stellt der Prozess partizipativer Forschung auch
Herausforderungen dar.

Eine besondere Herausforderung, die gleich zu Beginn des vorliegenden Forschungsprojektes offen lag, ist die, dass Rollenbilder wie auch Abläufe, Umgangs-
routinen und Denkmuster grundlegend anders gedacht werden müssen. Zugespitzt

formuliert, sind es nicht die Forscher*innen, die mit ihrem „objektiven" Wissen situativ zur Praxis kommen und als Wissenschaftler*innen referieren, was diese „falsch" macht und anders machen sollte. Und Praxis wird nicht als bloßes empirisches Feld ohne eigene Expertise und mangelnden Reformwillen betrachtet. Alle Beteiligten müssen sich auf ein ungewohntes und neues Terrain begeben, in denen Praktiker*innen als Co-Forscher*innen eine viel aktivere und einflussreichere Rolle einnehmen und Forscher*innen nicht mehr mittels abgesicherter Methoden Daten erheben und in alleingültiger Form auswerten. Diese neuen Rollen und Abläufe lösten auch im oben beschriebenen Forschungsprozess zunächst Ängste, Hemmungen und Unsicherheiten auf allen Seiten aus, denen mittels kreativer Forschungsmethoden und partnerschaftlichen Kommunikationsangeboten bewusst reflektierend begegnet werden musste (vgl. Bergold 2013, S. 7). Naheliegend ist, dass solche Prozesse von allen beteiligten Menschen ein hohes Maß an Offenheit, Bereitschaft sich einzulassen und nicht zuletzt Zeit bedürfen. Im Kontext sehr enger Finanzierung sozialwissenschaftlicher Forschungsprojekte stellt dies eine besonders große Herausforderung dar, da dem Engagement nur selten auch eine finanzielle Entsprechung gegenübergestellt werden kann. Dies wiederum steht besonders für Co-Forscher*innen, die nicht selten selbst mit geringen finanziellen Mitteln auskommen müssen, im harten Widerspruch zum anerkennenden und wertschätzenden Charakter von Inklusion.

Der innovative Charakter der Vorgehensweise partizipativer Forschung birgt zudem eine weitere Hürde für die Forscher*innen: die Akzeptanz innerhalb der wissenschaftlichen Community. Erfahrenere Forscher*innen in diesem Feld sprechen davon, dass mit Angriffen der jeweiligen wissenschaftlichen Gemeinschaft gerechnet werden muss, da sich die einleitend formulierten „Qualitätskriterien" von Wissenschaft im Falle partizipativer Forschung verschieben (vgl. Bergold 2013, S. 7). Für die Forscher*innen bedeutet dies ein hohes Maß an Argumentationsfestigkeit und adaptiver Wandlungsfähigkeit. Sie sind einerseits mit den eigenen Herausforderungen und Unsicherheiten im Forschungsprozess konfrontiert, der aufgrund der mannigfachen Aushandlungs- und Kommunikationsbedarfe nicht selten auch konfliktbehaftet ausgestaltet ist, und können dabei bisher auf wenige Vorbild- oder Orientierungsangeboten zurückgreifen. Andererseits müssen sie den umfangreichen Kritiker*innen mit anderen Denkmustern und Verständnissen von Forschung und Wissenschaft begegnen. Sie befinden sich folglich an einer herausforderungsreichen Vermittlungsstelle, die kaum unterschiedlichere Herausforderungen an sie stellen könnte. Die Erfahrungen innerhalb der zweijährigen Begleitung zeigen jedoch, dass sich der Mut auf Seiten der Forscher*innen und Co-Forscher*innen neue Wege zu beschreiten durchaus lohnen kann. Nicht nur kann partizipative Forschung die gesellschaftliche Forderung nach einem stärkeren Anwendungskontext des Wissens (vgl. Nowotny et al. 2004) damit erfüllen, indem sie „neue Formen von Wissen im Prozess kooperativer Wissensgenerierung ermöglich[t]" (von Unger 2014, S. 7), sondern darüber hinaus kann es so gelingen die Grenzen zwischen Wissenschaft, Praxis und Gesellschaft zu verschieben und einzuebnen, die Implementierungs- und Akzeptanzprozesse erschweren (vgl. Unger 2014). Dabei reichen die gewählten Formen der Wissensproduktion und Erkenntnisse, deren Relevanz, Rezeption und Adaption oftmals über das Wissenschaftssystem hinaus (vgl. Unger 2014, S. 9). Von Unger spricht hier auch von der „Überwindung der Grenzen eines selbstreferen- tiellen Wissenschaftssystems […] [und] der Entfaltung sozial-gesellschaftlicher Praxiswirkung (vgl. Unger 2014, S. 11). Auch die im Zusammenhang von Inklusion wichtige Kritik sowie aktive Beeinflussung bzw. Veränderung sozialer, politischer und organisationaler Kontexte kann durch den engagierten und handlungsorien- tierten Charakter der partizipativen Forschung als Form der Aktionsforschung dauerhaft begegnet werden. Nicht zuletzt wird so im Sinne des einleitend formu- lierten Inklusionsverständnisses durch Partizipation im Forschungsprozess auch mehr gesellschaftliche Teilhabe ermöglicht und soziale Ungleichheit abgebaut und dem eigenen inklusiven Verantwortungsbereich nachgekommen.

Literaturverzeichnis

Bergold, Jarg. 2013. Partizipative Forschung und Forschungsstrategien. Wegweiser Bürgerge- sellschaft. https://www.buergergesellschaft.de/fileadmin/pdf/gastbeitrag_bergold_130510. pdf. Zugegriffen: 10. Dezember 2018.

Bergold, Jarg, und S. Thomas. 2012. Partizipative Forschungsmethoden: Ein methodischer Ansatz in Bewegung. *Forum Qualitative Sozialforschung.* doi: http://dx.doi.org/10.17169/ fqs-13.1.1801. Zugegriffen: 10. Dezember 2018.

Besand, Anja, T. Hölzel, und D. Jugel. 2018. Inklusives politisches Lernen im Stadion – Politi- sche Bildung mit unbekanntem Team und offenem Spielverlauf. https://www.dfl-stiftung. de/files/zipb_publikation_lernort-stadion.pdf. Zugegriffen: 10. Dezember 2018.

Jensen, Michael, und W. Meckling. 1976. Theory of the firm. Managerial behavior, agency costs, and ownership structure. *Journal of Financial Economics* 4: 305–360.

Jugel, David. 2015. Inklusion in der politischen Bildung – auf der Suche nach einem Ver- ständnis. In *Inklusion – Weg in die Teilhabegesellschaft,* Hrsg. Heinrich-Böll-Stiftung, 441–459. Frankfurt a. M./ New York: Campus.

Euler, Dieter. 2014. Design Research – a paradigm under development. In *Design-Based Research,* Hrsg. D. Euler und P.F.E. Sloane, 15–44. Stuttgart: Franz Steiner.

Flieger, Petra. 2003. Partizipative Forschungsmethoden und ihre konkrete Umsetzung. In *Disability Studies in Deutschland – Behinderung neu denken! Dokumentation der Som- meruni,* Hrsg. G. Hermes und S. Köbsell, 200–204. Kassel: bifos e. V.

Habekuß, Fritz. 2011. Forschung in drei Minuten. *Süddeutsche Zeitung* vom 13. April 2011. https://www.sueddeutsche.de/wissen/wissenschaft-populaer-forschung-in-drei-minuten-1.1083771. Zugegriffen: 10. Dezember 2018.

Moser, Heinz. 1977. *Methoden der Aktionsforschung. Eine Einführung.* München: Kösel.

Nowotny, Helga, P. Scott, und M. Gibbons. 2004. *Wissenschaft neu denken. Wissen und Öffentlichkeit in einem Zeitalter der Ungewißheit.* Weilerswist: Velbrück.

Sander, Wolfgang. 2003. *Politik in der Schule. Kleine Geschichte der politischen Bildung in Deutschland.* Marburg: Schüren.

Schiele, Siegfried. 2009. Elementarisierung politischer Bildung. Politische Bildung ohne Tiefen- und Breitenwirkung. In: *Kursiv: Journal für politische Bildung* 1: 38–43.

Senge, Peter M. 2000. Hochschule als lernende Organisation. In *Universität im 21 Jahrhundert. Zur Interdependenz von Begriff und Organisation der Wissenschaft,* Hrsg. S. Laske, T. Scheytt, C. Meister-Scheytt und C. O. Scharmer, 17–46. München/ Mering: Rainer Hampp.

Goeke, Stephanie, und K. Terfloth. 2006. Inklusiv forschen – Forschung inklusive. In *Inklusive Bildungsprozesse.* Hrsg. A. Platte, S. Seitz, K. Terfloth, 43–55. Bad Heilbrunn: Kinkhardt.

von Unger, Hella. 2014. *Partizipative Forschung. Einführung in die Forschungspraxis.* Wiesbaden: Springer VS.

Wright, Michael T., Hrsg. 2010. *Partizipative Qualitätsentwicklung in der Gesundheitsförderung und Prävention.* Bern: Huber.

Autorin

Hölzel, Tina (Master of Education in Politik, Kunst und Germanistik), ist Leiterin des Zentrums für inklusive politische Bildung (ZipB) und wissenschaftliche Mitarbeiterin an der Technischen Universität Dresden. Sie promoviert zurzeit zum Thema „Inklusive politische Bildung – partizipatives Forschungsvorhaben zu Gelingensbedingungen, Hemmnissen und Katalysatoren für inklusive politische Bildungsformate." Ihre Forschungs- und Arbeitsschwerpunkte sind: Inklusion im Kontext politischer Bildung, Heterogenität an berufsbildenden Schulen, politische und kulturelle Bildung, partizipative Forschung und die enge Verknüpfung mit Bildungspraxis.

E-Mail: tina.hoelzel@zipb.de; tina.hoelzel@tu-dresden.de

Zur Darstellung und Ansprache von zugewanderten Menschen in Ankommensbroschüren

Laura Rind-Menzel

Zusammenfassung

Um zugewanderte Menschen bei ihrem Ankommen in Deutschland zu unterstützen, sind in den vergangenen Jahren verschiedene Broschüren zur gesellschaftlichen Orientierung bereitgestellt worden. Auch wenn diese Angebote sicherlich mit den besten Intentionen entwickelt worden sind, sucht dieser Beitrag nach blinden Flecken. So fragt Laura Rind-Menzel, auf welche Weisen zugewanderte Menschen in Ankommensbroschüren angesprochen und dargestellt werden. Welche Art von Unterstützung wird ihnen bei der (Neu-)Orientierung angeboten? Worin bzw. woran sollen sich Zugewanderte überhaupt orientieren und wozu? Was erfahren sie in den Broschüren dabei über sich selbst? Der Beitrag illustriert, inwiefern ausschlussproduzierende Wir-Ihr Darstellungen auch in unterstützungsverheißenden Materialien dazu beitragen können, Zugewanderte zu objektivieren, zu marginalisieren und zu passivieren, anstatt ihnen Möglichkeiten aufzuzeigen, gestaltend an der Gesellschaft teilzuhaben. Vielmehr sind Zugewanderte ‚die Anderen', die die hiesigen Spielregeln bezüglich ‚typisch deutscher' Verhaltensweisen, Werte und Mentalitäten erst noch verstehen lernen sollen, um in Deutschland dazu zu gehören.

Schlüsselbegriffe

Ankommensbroschüren, Migration, inklusive politische Bildung, Othering, gesellschaftliche Teilhabe, Integration

© Springer Fachmedien Wiesbaden GmbH, ein Teil von Springer Nature 2019
T. Hölzel und D. Jahr (Hrsg.), *Konturen einer inklusiven politischen Bildung*,
https://doi.org/10.1007/978-3-658-25716-3_9

1   Politische Bildung und Ankommensbroschüren

Um zugewanderte Menschen bei ihrem Ankommen in Deutschland zu unterstützen, sind in den vergangenen Jahren zahlreiche Angebote zur Orientierung neu konzipiert und bereitgestellt worden. So sollen neben verschiedenen Projektinitiativen und Kursformaten auch Broschüren Hilfestellung bei der Alltagsbewältigung und -gestaltung geben. Am Zentrum für Integrationsstudien (ZfI) ist ein Forschungsprojekt angesiedelt, das aus politisch bildender Perspektive evaluiert, welchen Beitrag ausgewählte Einbürgerungsangebote zur Stärkung gesellschaftlicher Teilhabe leisten.[1] Der vorliegende Beitrag präsentiert einen kleinen Ausschnitt jener umfangreichen Analysen. Er hat zum Ziel, zu verdeutlichen, wie zugewanderte Menschen in Ankommensbroschüren angesprochen- und dargestellt werden.[2] Dabei wird kritisch reflektiert, inwiefern bestimmte Ansprachen und Darstellungsweisen im Stande sein können, machtvolle pädagogische Praktiken zu manifestieren, auch wenn die Ankommensbroschüren möglicherweise mit besten Absichten herausgegeben worden sind.

Ankommensbroschüren fungieren als ein Angebot, um insbesondere Neuzugewanderte, die erst einige Wochen und Monate in Deutschland sind, bei der gesellschaftlichen Erstorientierung zu unterstützen. Deutschland wird folglich als ‚Neuland' für zugewanderte Menschen betrachtet, in welchem sie sich erst zurechtfinden lernen müssen. Hierfür werden in den Broschüren gesellschaftliche Gegenstände präsentiert, um die aufnehmende Gesellschaft besser zu verstehen, ein Leben in ihr zu bestreiten und folglich an ihr teilzuhaben. In diesem Sinne sollten Neuzugewanderte gesellschaftliche Eigenheiten, Umgangsformen und Verhaltensweisen kennenlernen, die typisch für Deutschland erscheinen. Des Weiteren möchte man ihnen bestimmte Wissensbestände bezüglich der hiesigen Kultur, Rechtsordnung und Geschichte vermitteln, die ihnen das Leben in der Fremde erleichtern sollen. Diese Wissensvermittlung ist auch mit dem Erlangen bestimmter Kompetenzen für die Orientierung verbunden. Aus der Perspektive politischer Bildung stellt sich die Frage, welche Kompetenzen und Wissensbestände für gesellschaftliche Orientierung in den Broschüren überhaupt bzw. generell als wichtig erachtet werden. Anders formuliert: Was braucht es für eine (erfolgreiche) Erstorientierung? Welche Inhalte werden dabei fokussiert? Aus wessen Perspektive wird gesprochen? Politische Bildung fragt des Weiteren konkret nach der Ausge-

---

1   Weitere Informationen zu dem Evaluationsprojekt sind unter https://tu-dresden.de/gsw/der-bereich/profil/zentren/zfi/nachwuchsforschungsgruppe zu finden.

2   ‚Zugewanderte Menschen' wird in diesem Beitrag synonym zu ‚Zugewanderte', ‚Migrant*innen', ‚migrantischer Person' und ‚Menschen mit Migrationsgeschichte' verwendet.

staltung von Lernprozessen. Bezogen auf die Broschüren soll folglich ebenfalls in Erfahrung gebracht werden, auf welche Art und Weise Orientierungskompetenz und damit verbundenes Wissen in den Broschüren vermittelt werden. Der vorliegende Beitrag gibt Antworten auf jene Fragen, indem Ansprachen und Darstellungsweisen ausgewählter Ankommensbroschüren analytisch in den Blick genommen werden. Es bleibt zu klären, was überhaupt unter Ansprachen und Darstellungsweisen zu verstehen ist. Um dies zu verdeutlichen, bilden verschiedene Materialausschnitte aus insgesamt drei Ankommensbroschüren das Herzstück dieses Beitrags. Jene Ausschnitte werden entlang bestimmter Fragestellungen analysiert, worauf sich eine dezidierte Reflexion der Ergebnisse mit Blick auf verschiedene pädagogische Praxen in den Broschüren anschließt.

2   Inklusive politische Bildung versus defizitzuschreibende Kommunikationsmechanismen

Die Untersuchung von Ansprachen und Darstellungsweisen im Hinblick auf Zugewanderte ist aus der Perspektive inklusiver politischer Bildung durchaus relevant. Warum?

Zunächst einmal wird Inklusion in dem vorliegenden Beitrag nach Anja Besand und David Jugel (2015) als „ein vernetzt verlaufender gesellschaftlicher Wandlungsprozess verstanden, der darauf abzielt, jedem Menschen in allen gesellschaftlichen Lebensbereichen auf Grundlage seiner individuellen Bedarfe Zugang, Teilhabe und Selbstbestimmung zu ermöglichen" (Besand und Jugel 2015, S. 106). Hierbei handelt es sich um die Möglichkeit, überall dabei zu sein und mitgestalten zu können. Folglich wendet sich der Inklusionsbegriff gegen jede gesellschaftliche Marginalisierung (Achour 2017, S. 24). Teilhabe ist i. d. S. eng verbunden mit dem Diskriminierungsverbot, das seinerseits mit der menschenrechtlich gebotenen Anerkennung von Vielfalt steht (Rudolf 2017, S. 37). In Anlehnung an diese Vorstellungen besteht ein zentrales Anliegen von inklusiver Bildung darin, sowohl inhaltlich als auch didaktisch zu untersuchen, ob Lernangebote (darunter auch Ankommensbroschüren) Teilhabe ermöglichen. Demzufolge sind Lernprozesse, die besagten Angeboten zu Grunde liegen, zu überprüfen, um zu identifizieren, inwiefern sie möglicherweise gewisse pädagogische Strukturen und Handlungen aufweisen, die gesellschaftlichen Ausschluss (mit-) produzieren. Insbesondere die inklusive *politische* Bildung untersucht, welche Mechanismen hinderlich sind, um gesellschaftliche und politische Wissensbestände zu vermitteln sowie Fähigkeiten wie Handlungs-, Methoden- und Urteilskompetenz zu fördern. Folglich sind die aus dieser Analyse resultierenden

Erkenntnisse nutzbar, um Bildungsangebote wie bspw. Broschüren bereitzustellen, die Menschen unter Berücksichtigung ihrer individuellen Bedarfe und Erfahrungen gesellschaftliche Mitgestaltung offerieren (vgl. Besand 2017, S. 10).

Wie bereits beschrieben, fungieren die Ankommensbroschüren als Bildungsangebot zur ‚speziellen Förderung' von Migrant*innen als spezifischer Zielgruppe. Einige Didaktiker*innen der inklusiven politischen Bildung (u. a. Tina Hölzel, David Jugel, Anja Besand) betrachten die Fokussierung ‚spezieller' Zielgruppen v. a. dann als nachteilig für das Ermöglichen von Teilhabe, wenn insbesondere defizitorientierte Perspektiven auf die fokussierte Gruppe in den Blick genommen werden. Hierbei würden zugeschriebene Defizite oft lediglich reproduziert und zementiert (vgl. Besand und Jugel 2015, S. 106). Gesellschaftlicher Ausschluss werde durch solche Bildungsprozesse folglich nicht hinterfragt oder gar vermindert, sondern u. U. aufrechterhalten, wobei die Begründungen für Ausschlüsse überdies zumeist der Zielgruppe selbst angelastet würden. Des Weiteren weisen insbesondere Bildungsangebote, die für ‚Menschen mit Migrationshintergrund' bereitgestellt worden sind, gewisse „Kommunikationsmechanismen" auf, die an den heterogenen Bedürfnissen und Erfahrungen einer explizit ausgewiesenen Zielgruppe oftmals vorbeigingen (Besand und Jugel 2015). Folglich ist anzunehmen, dass auch Ansprachen und Darstellungsweisen in Willkommensbroschüren als solche Kommunikationsmechanismen verstanden werden können, die wiederum defizitorientierte Vorstellungen transportieren. Inwiefern repräsentieren und produzieren Ankommensbroschüren tatsächlich Defizite? Um diese Frage zu beantworten, scheinen zusammenfassend zwei Faktoren ausschlaggebend zu sein. Zum einen muss überprüft werden, mit welcher Intention Orientierungsunterstützung gegeben werden soll und welche Gegenstände hierfür zentral sind. Zum anderen scheint relevant, welche didaktischen Mittel und Wege genutzt werden, um entsprechende Hilfe- bzw. Unterstützungsleistungen anzubieten.

3   Qualitative Analyse von Ansprachen und Darstellungsweisen

Die Ankommensbroschüren wurden bezüglich ihrer Ansprachen und Darstellungsweisen nach Mayring qualitativ analysiert. Im Mittelpunkt der Inhaltsanalyse standen folgende Fragen: Wer teilt wem, was, wie, mit welcher Absicht und mit welcher möglichen Wirkung mit (Henecka 2007)? Folglich sind die Broschüren im Hinblick auf Intentionen, Inhalte sowie die Interaktion und daraus folgende Positionierungen von Sprecher*innen und Adressat*innen untersucht worden.

Um jene Dimensionen zu untersuchen, wurden der Übersichtlichkeit halber Unterfragen gebildet, die hier unter a., b. und c. angeführt werden. Konkretere Aussagen bezüglich der Subjekt-Objekt-Untersuchungsdimension finden sich im Gliederungspunkt 5, während die Fragen aus a. und b. maßgeblich im vierten Gliederungspunkt beantwortet werden.

a. Intentionale Untersuchungsdimension
- Was weiß man über die Intention, aus welcher das Material entwickelt wurde?
- Wozu soll das Material (aus Perspektive der Macher*innen) dienen?

b. Inhaltliche Untersuchungsdimension:
- Welches Wissen wird vermittelt?
- Gibt es Themenbereiche, die besonders relevant erscheinen und die evtl. durch inhaltliche Überschneidungen in unterschiedlichen Broschüren sichtbar werden?

c. Subjekt-Objekt-Untersuchungsdimension[3]:
- Wie wird die Zielgruppe der Materialien explizit angesprochen? Was wird gesagt?
- Wer wird noch sichtbar? Über wen wird darüber hinaus gesprochen?
- Wer spricht? Aus wessen Perspektive wird gesprochen? Wie wirken die gewählte Sprache und die sprachlichen Mittel?
- Was erfährt die Zielgruppe aus den Broschüren über sich selbst?
- Welche sozialen Positionierungen lassen sich folglich aus Aussagen und Darstellungen in Broschüren ableiten?

Unter einer Ansprache wird in dem vorliegenden Beitrag ein explizit sprachlich ausgedrückter Inhalt verstanden, der an eine Zielgruppe bzw. eine*n Adressat*in herangetragen wird. Eine Ansprache kann bspw. in Form einer Begrüßung oder durch das Äußern eines Hinweises und/oder Apells erfolgen. Über das gesprochene- bzw. geschriebene Wort werden folglich Inhalte transportiert, von denen angenommen

---

3   Die Interaktion und Positionierungen von Sprecher*innen und Adressat*innen werden durch die sog. Subjekt-Objekt-Untersuchungsdimension beschrieben. Was ist darunter i. d. S. idealerweise zu verstehen? Das Subjekt ist eine Person, die im Stande ist, Handlungen aktiv zu vollziehen. Im unmittelbaren Vergleich mit einem anderen Individuum wird ihr eine höhere und machtvollere Position zugewiesen. Das Objekt hingegen hat sich den Handlungsentscheidungen des Subjekts unterzuordnen, auch wenn es von dessen Auswirkungen oftmals direkt betroffen ist. Dieses Individuum handelt nicht aktiv und selbstbestimmt, es wird somit zum Objekt degradiert.

wird, dass sich daraus Darstellungsweisen im Hinblick auf Zugewanderte ableiten lassen. Bei solchen Darstellungsweisen kann es sich u. a. um zugeschriebene Merkmale und Eigenschaften der Materialzielgruppe handeln, die in den Broschüren sowohl explizit als auch implizit zum Ausdruck kommen können. Unter impliziten Aussagen wiederum werden indirekt kommunizierte Botschaften verstanden, deren Bedeutung sich erst in der Analyse des Gesamtkontextes des Materials entsprechend erschließen lässt. Informationen über die Zielgruppe der Broschüren lassen sich folglich erst herauslesen, wenn man materialimmanente sprachlich verwendete Mittel im Hinblick auf die Materialzielgruppe untersucht und interpretiert. Hierbei kommt auch die Frage auf, wie das Gesagte oder Dargestellte auf die Zielgruppe wirken könnte. Um hierbei dem Vorwurf von Spekulation vorzubeugen, wurden fünf Zugewanderte bezüglich der Wirkung der Broschüren befragt.

4 Intentionen, Ziele, Inhalte und Zitate ausgewählter Ankommensbroschüren

Seit dem Jahr 2015 hat jedes deutsche Bundesland eine oder mehrere Ankommensbroschüren für zugewanderte Menschen bereitgestellt. Die meisten Broschüren sind als App bzw. Dokument zum Onlinedownload verfügbar und somit für alle Interessierten jederzeit erhältlich. Bereits im ersten Sichtungsdurchgang sämtlicher Ankommensbroschüren wurde festgestellt, dass der verfügbare Materialpool enorm vielfältig und kaum überschaubar ist. Weder gibt es gesicherte Zahlen darüber, wer, welche Broschüre, aus welchen Gründen nutzt. Des Weiteren lassen sich keine verallgemeinerbaren Zielsetzungen, Inhalte und Zielgruppenbeschreibungen ableiten, die auf alle Broschüren gleichermaßen zutreffen. Die Broschüren, die für diesen Beitrag exemplarisch ausgewählt worden sind, adressieren insbesondere geflüchtete Menschen. Denn zum einen werden die Materialien insbesondere in Erstaufnahmezentren und sozialen Einrichtungen für Neuzugewanderte ausgehändigt. Zum anderen werden ‚Flüchtlinge' und ‚Geflüchtete' in den Titeln bzw. Begrüßungstexten oftmals direkt benannt (vgl. Thiede und Van Volxem 2015, S. 8; Strautmann 2015, S. 1).

Auch wenn selbstverständlich wesentlich mehr Broschüren in den gesamten Forschungsprozess des Dresdner ZfI einbezogen werden, sind die drei hier fokussierten Materialien repräsentativ für diesen Beitrag und werden im nächsten Abschnitt näher vorgestellt. Alle ausgewählten Broschüren fokussieren das politische, gesellschaftliche und kulturelle Miteinander in Deutschland und geben diesbezüglich Auskunft über deutsche Selbstverständnisse. Jene Art von Broschüren stellt nicht auf bürokratische und formale Hinweise ab, vielmehr wird inhaltlich nachgezeichnet, auf welche Weise man in Deutschland zusammenlebt und welche Gewohnheiten und Regeln dabei besonders gepflegt bzw. befolgt werden.[4] Wie erwähnt, wurden für den vorliegenden Beitrag drei Broschüren dieser Art ausgewählt und einander gegenübergestellt. Es handelt sich hierbei um „Ankommen. Eine Orientierungshilfe für das Leben in Deutschland" (Strautmann 2015), „Deutschland – Erste Informationen für Flüchtlinge" (Thiede und Van Volxem 2015) und „Willkommen in Deutschland" (Münchner Forum für Islam 2015b). Neben der Vorstellung der Broschüren werden einige Zitate aus den verschiedenen thematischen Bereichen der Broschüren präsentiert, die gesellschaftliche Positionierungen und pädagogischen Praxen besonders verdeutlichen.

Broschüre 1: „Ankommen – Eine Orientierungshilfe für das Leben in Deutschland" erschien im Jahr 2015 und verfolgt das selbstgesteckte Ziel, innerhalb der ersten Aufenthaltszeit in Deutschland diverse Fragen zu beantworten und nützliche Informationen für den Alltag zu vermitteln. So zählen u. a. das öffentliche Leben in Deutschland, persönliche Freiheiten, Essen, Trinken und Rauchen sowie Gleichberechtigung und Umweltfreundlichkeit zu den inhaltlichen Schwerpunkten des Materials. Hier einige Zitate, die einen Einblick in die Hinweise des Materials geben:

- „Das Händewaschen nach dem Toilettengang ist aus hygienischen Gründen üblich." (S. 4)
- „In der Öffentlichkeit zu urinieren, kann ein Vergehen darstellen. Meist findet sich eine öffentliche Toilette in der Nähe, die man nutzen kann." (S. 4)
- „Bestechung anzubieten oder anzunehmen ist eine Straftat." (S. 11)
- „Homosexualität ist Normalität in Deutschland (ein ehemaliger Außenminister war offen schwul)." (S. 7)

Bei der Erstellung jener Orientierungshilfe haben nach Aussagen des Herausgebers zahlreiche Menschen mitgewirkt, die sich in die Bedürfnisse und Empfindungen

---

4   Des Weiteren gibt es auch Broschüren für das Ankommen, in denen zentrale Anlaufstellen, Beratungseinrichtungen und Ansprechpartner*innen übersichtlich aufgelistet werden. In diesen Materialien werden vornehmlich organisatorische Fragen aufgegriffen, die Neuzugewanderte in den ersten Wochen ihres Ankommens häufig stellten (z. B. ‚Welche Dokumente muss ich mitbringen, wenn ich die Teilnahme an einem Sprachkurs beantragen will?' ‚Wie kann ich mich auf das Asylverfahren vorbereiten?' ‚Wo erhalte ich welche medizinischen Versorgungsleistungen?'). I. d. S. wird Orientierung vorrangig durch die Vermittlung bürokratischer Hinweise, via Links und Tipps gegeben. Jene Broschüren spielen in dem vorliegenden Beitrag keine Rolle, da von ihnen angenommen werden kann, dass sie kaum pädagogische Praxen und Subjektpositionierungen aufweisen.

von Ankommenden angeblich gut hineinversetzen können (vgl. Strautmann 2015, S. 1 und S. 14).[5] Man habe sich vornehmlich an Fragen orientiert, die Geflüchtete bei ihrer Ankunft immer wieder stellten. Ein Grußwort, das sich direkt an die Zielgruppe richtet, bietet das Material nicht. Im Vorwort wird lediglich Folgendes über das Ansinnen und die Zielgruppe der Broschüre beschrieben, dass die Orientierungshilfe sich neben Geflüchtete auch an Besucherinnen und Besucher und zukünftige Bürgerinnen und Bürger Deutschlands wende. Sie diene lediglich der Orientierung in der ersten Zeit des Aufenthalts (Strautmann 2015).

Broschüre 2: „Deutschland – Erste Informationen für Flüchtlinge" wurde ebenfalls im Jahr 2015 von der Konrad-Adenauer-Stiftung und dem Herder-Verlag herausgegeben. Es soll sich dabei um einen „nützlichen Wegbegleiter" handeln, der Neuzugewanderte bei der Orientierung unterstützt (vgl. Konrad-Adenauer-Stiftung 2015). „Er (dieser Leitfaden, LRM) soll allen Neuankömmlingen helfen, sich zu orientieren. Zugleich soll er eine Hilfe für alle die sein, die diese Menschen willkommen heißen und sie in den kommenden Monaten begleiten" (Thiede und Van Volxem 2015, S. 8). In dem Material sind wesentliche Informationen zusammengefasst, die es zu wissen gelte, um Deutschland besser zu verstehen: Wie leben die Deutschen? An welchen Werten richten sie sich aus? Was ist ihnen wichtig? Welche Geschichte haben sie? (Thiede und Van Volxem 2015) Vermittelt werden folglich grundlegende Fakten hinsichtlich rechtlicher Fragen bis hin zu wichtigen ethischen Gesichtspunkten, welche die Grundlage des Zusammenlebens in einem demokratischen Rechtsstaat bildeten. Inhaltliche Schwerpunkte liegen dabei v. a. auf der Staatsform, dem Rechtssystem und den Themenfeldern Geschichte, Kultur und Gesellschaft. Aufgegriffen werden des Weiteren auch Randthemen wie Vegetation, Wirtschaft und Verkehr oder Wohnen in Deutschland. Darüber hinaus enthält die Broschüre detaillierte Informationen zum Umgang mit Religion, Recht und Gesetz sowie mit Verstößen gegen das Aufenthaltsgesetz.[6] Den Schluss der Borschüre bilden „33 nützliche Hinweise", in denen Regeln und Gewohnheiten der Deutschen zum Ausdruck kommen sollen (Thiede und Van Volxem 2015, S. 124).

Einige jener Hinweise werden im Folgenden zitiert:

---

5   Das Material ist unter refugeeguide.de in Deutsch (auch in einfacher Sprache), Englisch, Französisch, Arabisch, Kurdisch, Türkisch, Pashto, Dari, Tigrinya, Russisch, Serbisch, Mazedonisch und Albanisch erhältlich.

6   Das Material, das auch als App verfügbar ist, wurde sowohl in deutscher, englischer- als auch in arabischer Sprache verfasst und ist unter http://menschen-wie-wir.de/service/materialien/ankommen-in-deutschland.html zu finden.

- „Alkohol trinken ist im Freien nicht gern gesehen oder sogar verboten." (S. 30)
- „Viele Menschen legen großen Wert auf ihre Privatsphäre und möchten nicht von anderen bedrängt werden. Deshalb ist es üblich, bei geschlossenen Zimmertüren immer anzuklopfen, sich nicht zu dicht neben jemanden zu setzen (…) und niemandem ein längeres Gespräch aufzuzwingen." (S. 124)
- „Bei der direkten Begrüßung geben sich die Deutschen die Hand. Dabei spielt es keine Rolle, ob es sich um zwei Männer, zwei Frauen oder Mann und Frau handelt. In einigen Regionen sowie unter Freunden gibt man sich auch ein, oder zwei, Wangenküsse oder umarmt sich. Das hat nichts mit körperlichem Begehren zu tun." (S. 124)
- „Wie viele andere Menschen lüften auch die Deutschen ihre Wohnungen sehr häufig – z. B. Nach dem Aufstehen und vor dem Schlafengehen. Viele schlafen auch bei offenem Fenster." (S. 128)

Broschüre 3: „Willkommen in Deutschland: Wegweisung für muslimische Migranten zu einem gelingenden Miteinander in Deutschland" wurde 2015 vom Münchner Forum für Islam (MFI) deutschlandweit, aber vornehmlich für Bayern herausgegeben. In der Broschüre wird jedoch lediglich in der Begrüßung auf lokale und regionale Besonderheiten Bayerns Bezug genommen. Alle weiteren Angaben wurden unter einem gesamtdeutschen Fokus vorgenommen. Organisationen, die sich um Flüchtlinge kümmern, können das Heft beim Islam-Forum bestellen oder downloaden (vgl. Görl 2015). Über die Intention der Herausgeber*innen wird folgendes berichtet: „Das Münchner Forum für Islam vereinigt muslimische Frauen und Männer unterschiedlicher Herkunft, viele von uns sind in München geboren (…). Wir möchten unsere gewachsenen und erprobten Erkenntnisse und Erfahrungen mit denen teilen, die neu nach Deutschland kommen und ihnen dabei helfen, hier heimisch zu werden" (Münchner Forum für Islam 2015b, S. 2). Behandelt werden dabei Themen wie Religionsausübung, Bildung und Arbeit in Deutschland sowie Aspekte des Grundgesetzes. Außerdem geht es um Werte für ein gleichberechtigtes Zusammenleben und um Umweltschutz. All jene Inhalte seien in der Broschüre islamisch begründet worden, woraufhin die Informationen bei muslimischen Mitbürger*innen auf eine „entscheidend höhere Akzeptanz" stoßen sollen (vgl. Münchner Forum für Islam 2015a). Diesbezüglich werden zum einen verschiedene Stellen aus dem Koran zu Vergleichszwecken herangezogen. Zum anderen wird der muslimische Prophet Mohammed zitiert.[7] Anbei folgen nun einige Zitate aus der Broschüre (Münchner Forum für Islam 2015b).

---

7 Die Broschüre liegt vor in Arabisch, Englisch, Deutsch vor. Laut der Süddeutschen Zeitung betrug die Startauflage 26 000 Exemplare: 1000 in Deutsch, 10 000 in Englisch,

- „In Bayern wird man traditionell mit ‚Grüß Gott' begrüßt. Weil Muslime gern und jeden Tag von, über und mit Gott sprechen, ist ‚Grüß Gott' auch islamisch ganz korrekt." (S. 4)
- „Deswegen ist eine gut integrierte und erfolgreiche Person, diejenige, die fleißig und aufrichtig arbeitet (…), sie verlässt nicht ihren Arbeitsplatz, um zu beten, sondern sie verrichtet ihre Arbeit zu dieser Stunde, als ob sie ihr Gebet wäre. Sie wird ihren Arbeitgeber und die Finanzbehörden des Staates nicht betrügen." (S. 7)
- „Eltern (…) sorgen bei ihren Kindern für ein gesundes Selbstbewusstsein, für Bildung und Berufsausbildung, sie fördern künstlerische Neigungen ihrer Kinder, sie nehmen sich reichlich Zeit, um mit ihnen zu spielen und zu lernen, und sie wenden in keiner Weise Gewalt gegen sie an, so fördern sie ihr Selbstvertrauen." (S. 6)
- „Der Körper und die Kleidung müssen vor Verunreinigung (…) freigehalten werden." (S. 13)

Alle nunmehr vorgestellten Ankommensbroschüren sind als Gegenstände politischer Bildung zu verstehen. Alle setzen sich mit gesellschaftlich relevanten Gegenständen auseinander. Dabei tauchen folgende gemeinsame Fragen immer wieder auf: Wie wird Gleichberechtigung in Deutschland gesehen? Wie verhalte ich mich im Zusammenleben mit anderen? Wie verhalte ich mich in der Öffentlichkeit? Welche persönlichen Freiheiten gelten in Deutschland? Hierbei handelt es sich um politisch bildende Inhalte und Fragen. Sie leisten einen Beitrag dazu, dass ankommende Menschen sich mit gesellschaftlichen und politischen Sachverhalten auseinandersetzen und sie Wissen aneignen, das für die Teilhabe an der deutschen Gesellschaft zentral zu sein scheint.

5   Gut gemeint ist nicht gut gemacht – von Marginalisierung und Homogenisierung

Die Inhalte der vorgestellten Broschüren werden an dieser Stelle bezüglich der Subjekt-Objekt-Dimension interpretiert und ausgewertet. Wer wird wie, von wem, aus welcher Perspektive angesprochen? Im Hinblick auf Zugewanderte als Adressat*innen der Broschüren ist dabei vornehmlich die folgende Frage relevant: Was erfahren sie in den Broschüren über sich selbst?

---

15 000 in arabischer Sprache (vgl. Görl 2015).

Wie bereits dargelegt wurde, geben die Macher*innen der Broschüren mehrfach an, dass sie maßgeblich daran interessiert seien, zugewanderte Menschen zu erreichen. Jedoch wird in den Broschüren kein einziges Wort an die Vetreter*innen der Zielgruppe *persönlich* gerichtet, vielmehr wird über sie in der dritten Person gesprochen. Besonders deutlich wird das in den einzelnen Begrüßungstexten bzw. den Vorworten der vorgestellten Materialien. Beispielhaft soll an dieser Stelle noch einmal an die Ansprache des Münchner Forums für Islam (2015b) erinnert werden: „Es sind bereits mehr als 40 Tage verstrichen, seit Tausende von Flüchtlingen Deutschland betreten haben. Dieses Land heißt sie herzlich willkommen!" (Münchner Forum für Islam 2015b, S. 3). Die Verwendung des Pronomens ‚sie' in der dritten Person Singular zeigt an, dass die Macher*innen Geflüchtete in Deutschland zwar willkommen heißen, dass sie allerdings jenes ‚Willkommen' lediglich gegenüber jemand Drittem aussprechen. Hätte man Zugewanderte direkt ansprechen wollen, wäre die Höflichkeitsform zur Formulierung einer direkten Ansprache gegenüber Menschen mit Fluchthintergrund zu wählen gewesen (wie z. B. ‚Wir heißen Sie herzlich willkommen!').

Daran anknüpfend lassen sich in den Broschüren auch keine direkten Aussagen über Geflüchtete selbst ausmachen, anhand derer gewisse Merkmale oder Verhaltensweisen dieser Gruppe direkt zum Ausdruck kämen (wie z. B. durch Formulierungen wie ‚ihr seid', ‚ihr verhaltet euch' etc.). Die Zielgruppe, an welche die Broschüren explizit adressiert sind, entspricht folglich nicht den angesprochenen Personen bzw. ist nicht mit diesen identisch. Wer angesprochen wird bzw. werden soll, wird durch die Macher*innen der Materialien nicht ausdrücklich artikuliert. Zugewanderte sind darüber hinaus auch nicht die sprechenden Personen, die ihre Erfahrungswelten schilden. Die Verhaltensweisen und Zustände des gesellschaftlichen Miteinanders in Deutschland werden in allen drei Broschüren von Menschen artikuliert, die als vermeintliche Deutschland-Expert*innen auftreten. Offenbar fühlen sie sich als ‚zu Deutschland dazugehörig'. Aus dieser Position heraus vermitteln sie die entsprechenden Informationen. Auch wenn der Herausgeber der Broschüre *Ankommen* anmerkt, dass auch Zugewanderte (und Helfer*innen) in den Materialerstellungsprozess einbezogen wurden, erklärt das nicht, warum diese Menschen in den Broschüren selbst nicht sichtbar werden.

Wie bereits in dem Begrüßungszitat der Broschüre *Willkommen in Deutschland* und in Abschnitt 4 dargelegt wurde, handelt es sich bei der angeblich adressierten Zielgruppe nicht nur um Zugewanderte, sondern konkreter noch um ‚Flüchtlinge'. Selbiges geht auch aus der Broschüre *Deutschland – Erste Informationen für Flüchtlinge* hervor, in der ebenfalls explizit Geflüchtete adressiert werden. Die Tatsache, dass Menschen aus diversen Gründen und mit verschiedenen Hoffnungen und Wünschen nach Deutschland fliehen, untermauert deutlich, dass diese scheinbar homogene Gruppe im Grunde eine sehr heterogene Gesamtheit darstellt. Das Merkmal ‚Flucht' reicht nicht aus, um diese Gruppe als einheitliche Adressat*innenschaft zu kennzeichnen. Geflüchtete sind vielfältig, was sich auf sprachliche, weltanschauliche oder kulturelle Präferenzen beziehen kann, jedoch auch auf ‚klassische' Merkmale wie Herkunft, Lernausgangslagen oder Geschlecht (vgl. Besand 2017, S. 11).

Hinsichtlich der Zuschreibung bestimmter Merkmale werden darüber hinaus nicht nur die Zugewanderten bzw. Geflüchteten zu einer homogenen Gruppe konstruiert, sondern auch die aufnehmenden Menschen, die gesamtheitlich als vorbildlich und beispielhaft in Erscheinung treten. Zusammenfassend verfolgen die Broschüren eine *binäre* Logik: Zum einen werden Geflüchtete zu ‚Anderen gemacht'; zum anderen vergewissert man sich angeblich ‚deutscher' Mentalitäten und Verhaltensweisen, die jedoch nicht verabsolutierbar sind. Darüber hinaus werden gesellschaftliche Realitäten, Herausforderungen und Probleme Deutschlands ausgeblendet. Beispielsweise wird in den Materialien postuliert, dass in Deutschland alle Menschen Religion und Beruf frei wählen dürften oder dass Frauen und Männer gleichgestellt seien. Diverse soziale Ungerechtigkeitsverhältnisse bleiben dabei im Verborgenen bzw. werden harmonisiert. Ein Bewusstsein für Pluralität, die ein deutsches Verfassungsprinzip darstellt, wird nicht gemehrt.

Auch wenn Geflüchtete als potenzielle Adressat*innen der Materialien nicht persönlich angesprochen werden oder gar selber zu Wort kommen, lassen sich bestimmte Darstellungsweisen gegenüber dieser angeblich homogenen Gruppe ableiten. Jene Darstellungen werden vornehmlich implizit vermittelt, durch das, was nicht konkret gesagt wird (vgl. Romaner und Thomas-Olalde 2014, S. 133). Wie oben bereits beschrieben, postulieren die Macher*innen, dass ihre Broschüren lediglich einen inhaltlich-informativen Charakter innehätten. Jedoch werden darin viele einzelne semantische Verbindungen deutlich, die unweigerlich einen Sinngehalt transportieren, der in einem konkreten Adressierungskontext steht (vgl. Romaner und Thomas-Olalde 2014). Somit lassen sich aus den ‚bloßen' inhaltlichen Vorstellungen vom guten Zusammenleben in Deutschland, die in den Broschüren explizit sichtbar werden, schlussendlich Subjekt-Objekt-Positionen ableiten. Was hat es damit im Kontext von Ankommensbroschüren auf sich? Den Leser*innen der Materialien werden unterschwellig nicht nur verschiedene Werte, Gepflogenheiten und Regeln verdeutlicht, sondern implizit auch Grenzen des Sag- und Machbaren. Innerhalb dieser Grenzen erscheinen gewisse Verhaltensweisen angemessener, besser oder legitimer als andere – und zugeschriebenermaßen ‚fremdländische' (vgl. Romaner und Thomas-Olalde 2014). Aus den Regeln, Werten und Gepflogenheiten, die als hilfreiche Wissensbestände daherkommen, resultieren gesellschaftliche ‚Wir-Bilder', mit denen bedeutsame und gleichsam machtvolle Position einhergehen. Wer wird in dem gesellschaftlichen ‚Wir-Bild‘ demzufolge sichtbar? Dargestellt werden Menschen, die der aufnehmenden Mehrheitsgesellschaft angehören und deren Regeln, Werte und Gepflogenheiten scheinbar vorbildlich verkörpern. Somit werden sie als diejenige soziale Gruppe in Szene gesetzt, die bereits über machtvolles Wissen zum Leben in der aufnehmenden Gesellschaft verfügt und sich demnach im Klaren darüber ist, welches Verhalten in Deutschland gesellschaftlich anerkannt ist. In allen Broschüren wird diese soziale Gruppe auch als ‚deutsch‘ bezeichnet. Des Weiteren werden ‚die Deutschen‘ in den Broschüren als handlungsaktiv, rechtschaffen, regelbewusst, ordentlich und tüchtig dargestellt. Hierbei handelt es sich um Eigenschaften und Informationen, an denen sich Zugewanderte offenbar orientieren sollen und die nicht ohne Grund einen ganz bestimmten Eindruck hinterlassen sollen, auch wenn über diese Intention lediglich gemutmaßt werden kann.

Romaner und Thomas-Olalde (2014) schildern, dass gesellschaftliche ‚Wir-Bilder‘ gleichsam als Kehrseite stets ‚Sie-Bilder‘ transportierten. Bei diesen ‚Sie-Bildern‘ werden Fremdenkonstruktionen über diejenigen, die nicht zur (imaginierten) ‚Wir-Gruppe‘ gehörten, verdeutlicht (vgl. Romaner und Thomas-Olalde 2014, S. 133). In den Sozialwissenschaften wird dieses Phänomen als *Othering* bezeichnet. Dabei handelt es sich um eine soziale Praxis, bei der Menschen und ganze soziale Gruppen durch bestimmte Mechanismen zu ‚Anderen‘ verklärt werden und insbesondere Unterschiede zwischen der ‚anderen Gruppe‘ und der ‚eigenen‘ hervorgebracht werden. Das ‚Eigene‘ tritt hierbei erst in Abgrenzung zum ‚Fremden‘ in Erscheinung und wird aufgewertet (vgl. Altenstrasser et al. 2014, S. 242f.). Folglich gibt es eine Gruppe, die sich dazu aufschwingt, eine andere zu dominieren und diese (implizit) abzuwerten. In Abgrenzung zu ‚den Anderen‘ stellt sich die Gruppe somit positiver und mächtiger dar. Das kann auf Basis unterschiedlicher Intentionen geschehen, z. B. um sich der eigenen Normalität und Identität zu vergewissern (vgl. Altenstrasser et al. 2014). Die gewählte Art und Weise, um Orientierung in und durch Ankommensbroschüren zu geben, lässt Geflüchtete wie Menschen von einem ‚anderen Stern‘ erscheinen, die die hiesigen Werte- und Ordnungsverständnisse nicht teilten. Zugewanderte werden in den Broschüren dabei nicht als gestaltend und aktiv-handelnd beschrieben, sondern objektiviert und passiviert. Der Ton, der zur Beschreibung von angeblichen ‚deutschen‘ Zuständen und Gepflogenheiten in den Materialien anklingt, wirkt teilweise bewertend und regulierend bis mahnend und bevormundend.

Bezugnehmend auf die guten Intentionen, die Macher*innen der Broschüren sicherlich beim Erstellungsprozess hatten, beschreiben die Befragten einige der in den Broschüren enthaltenen Äußerungen als anmaßend, wie z. B. die Erkenntnis, dass man sich in Deutschland nach dem Toilettengang die Hände wäscht. So schildert Behnam (Name geändert, 29, aus dem Iran): „Als würden Ausländer sich nicht waschen. Da wo ich herkomme, sind die Menschen jedenfalls sehr sauber und hygienisch und kümmern sich um ihre äußere Erscheinung. Auch wenn es ihnen wirtschaftlich vielleicht nicht gut geht, sieht man das Vielen gar nicht an. In Deutschland habe ich selber auch erlebt, dass manche Menschen nicht so reinlich sind wie es in den Broschüren wirkt."

6 Auf dem Weg zu inklusiv orientierten Ankommensbroschüren?

In den Ansprachen und Darstellungsweisen der Broschüren ließen sich Tendenzen von Othering, Homogenisierung und Marginalisierung ausmachen. Darüber hinaus wurde ein Mangel an Kontroversität bezüglich herrschender ‚deutscher' Verhältnisse herausgestellt und aufgezeigt, dass in erster Linie *über* Geflüchtete gesprochen wird, anstatt *mit* ihnen. In den Materialien werden vereinfachte Bilder erzeugt, die zwar der Überschaubarkeit dienen, in denen Wirklichkeit jedoch künstlich erschaffen wird, indem kulturelle Differenzen zwischen den Ankommenden und den Aufnehmenden aktualisiert und manifestiert werden. Einschätzungen über Gepflogenheiten und kulturell geprägte Verhaltensmuster werden hierbei auf Basis von angeblich eigenen kollektiven Werten bemessen. Situationsspezifische Kontexte bleiben dabei weitgehend unerklärt, vielmehr wird eine universelle Allgemeingültigkeit postuliert. Es bleibt fragwürdig, dass die Inhalte, die in den Broschüren zum Ausdruck kommen, adressat*innenorientiert an die Erfahrungen und Bedürfnissen der Zugewanderten anschließen. Bedenkt man hier, dass Adressatenorientierung ein erklärtes Prinzip politischer Bildung ist und gleichermaßen einen Maßstab dafür darstellt, ob Menschen mit bestimmten Inhalten erreicht werden können, muss eingeräumt werden, dass sich die Borschüren als politisch bildende Angebote nicht an den Bedürfnissen, der Situation und den Interessen von Zugewanderten orientieren. Dass zugewanderte Menschen sich bei ihrem Ankommen in Deutschland durch solche Broschüren und die dort gewählten Ansprachen und Darstellungsweisen verstanden und gut aufgehoben fühlen, lässt sich folglich bezweifeln. Wie sich herausstellte, haben die gewählten Formulierungen vielmehr einen diskriminierenden Charakter inne, wobei auch Menschenrechte verletzt werden, indem gewisse Darstellungsweisen und Ansprachen bspw. die Würde von Migrant*innen beschädigen (vgl. Achour 2017, S. 25). In der Folge ist es naheliegend, dass Ankommende sich handlungsohnmächtig (im Sinne von: nicht-empowert!) zurückziehen, weil ihnen eine geeignete Plattform (und oft auch die sprachliche Kompetenz) fehlt, sich gegen die vorgebrachten Darstellungen zu behaupten. Defizitorientierte Zuschreibungen führen dazu, dass Menschen unweigerlich Ausgrenzung erfahren. Inklusion als gesamtgesellschaftlicher Prozess und politischer Bildung haben sich dagegen zu wenden: mit dem Ziel, derartige Barrieren zu vermeiden oder wenigstens abzumildern. Folglich muss Bildung jenseits von Marginalisierungen, Homogenisierung und Othering neu gedacht werden: indem Diskriminierungen immer wieder aufgezeigt werden und die Mechanismen, die Ausschluss produzieren, reflektiert und gemieden werden.

Welche Änderungsvorschläge ergeben sich folglich für Ankommensbroschüren aus inklusiver politisch bildender Perspektive? Zum Ersten sollte man Zugewanderte persönlich ansprechen. Eine zugewandte, direkte und freundliche Ansprache signalisiert Wertschätzung und trägt dazu bei, dass Menschen sich nicht nur adressiert, sondern auch wohl fühlen. Darüber hinaus möchten neuankommende Menschen verstanden werden und wünschen sich, dass ihre grundlegenden Bedürfnisse wahrgenommen und anerkannt werden. Anstatt in den Broschüren aus einer aufnehmenden, deutschen Perspektive zu sprechen, sollte aus migrantischer Perspektive berichtet werden. Um sich von ethnozentrischen Darstellungsweisen zu lösen, kann der umgekehrte Blick beispielsweise dazu verhelfen, dass die Perspektive eines (angeblich) ‚Kulturfremden‘ vertreten wird (vgl. Bertels und Bussmann 2013, S. 52). Neben dem Einsatz solcher möglichen Identifikationsfiguren kann auch das Vermitteln von weiteren Kontaktangeboten zu Menschen hilfreich sein, die sich in ähnlichen Zuwanderungskontexten und Ankommens-Situationen befunden haben. Da es bereits Broschüren gibt, die Kontakte und Anlaufstellen präsentieren, könnte man diese Informationen auch in Materialien über gesellschaftliche Werte, Gepflogenheiten und Regeln konsequent einbeziehen und Kontakte für die ‚Weiterorientierung‘ anbieten. Im Hinblick auf Werte, Gepflogenheiten und Regeln wird des Weiteren empfohlen, jene Darstellungsweisen kontroverser zu repräsentieren, sodass vermieden wird, nur eine Lebensweise als ‚richtig‘ und maßgebend zu postulieren. In Anlehnung an Bertels und Bussmann (2013) kann ein konsequenter Perspektivwechsel kann dazu beitragen, eine holistische Denkweise zu ermöglichen, die Ethnozentrismus ebenfalls entgegenwirkt und ein Bewusstsein dafür schaffen, dass die eigene Sichtweise nur eine von Vielen ist. Selbstverständlich handelt es sich hierbei um einzelne Schritte, die mühsam, jedoch unvermeidbar sind. Doch in Zeiten globaler Zu- und Abwanderungsprozesse lässt es sich nicht mehr vertreten, die Barrieren in den Köpfen zu ignorieren oder gar zu reproduzieren.

Literaturverzeichnis

Achour, Sabine. 2017. Muslimische Lernende zwischen Exklusion – Inklusion – Integration. In *Was politische Bildung alles sein kann*, Hrsg. S. Achour und T. Gill, 21–33. Schwalbach/Ts.: Wochenschau.

Altenstrasser, Christina, G. Mineva, R. Salgado, J. Schmeiser, und O. Thomas-Olalde. 2014. Einige Konzepte für die Reflexion der pädagogischen Praxis. Anstatt eines Glossars. In *Deutsch als Zweitsprache. Ergebnisse und Perspektiven eines partizipativen Forschungsprozesses*, Hrsg. Maiz Autonomes Zentrum von & für Migrantinnen, 230–253. Linz: Eigenverlag.

Bundesamt für Migration und Flüchtlinge. 2017. Integrationskurse. http://www.bamf.de/DE/Willkommen/DeutschLernen/Integrationskurse/integrationskurse-node.html. Zugegriffen: 10. Dezember 2018.

Bertels, Ursula, und C. Bussmann. 2013. *Handbuch interkulturelle Didaktik*. Münster/ New York: Waxmann.

Besand, Anja. 2017. Individuelle Förderung. Es ist gar nicht so schwer. In *Individuelle Förderung*, Hrsg. P. Massing und S. Achour, 10–15. Schwalbach/Ts.: Wochenschau.

Besand, Anja, und D. Jugel. 2015. Inklusion und politische Bildung – gemeinsam denken! In *Didaktik der inklusiven politischen Bildung*, Hrsg. C. Dönges, W. Hilpert und B. Zurstrassen, 45–59. Bonn: Bundeszentrale für politische Bildung.

Görl, Wolfgang. 2015. Knigge für Migranten. Eine islamisch korrekte Begrüßung? Grüß Gott! *Süddeutsche Zeitung* vom 16. Dezember 2015. http://www.sueddeutsche.de/muenchen/knigge-fuer-migranten-eine-islamisch-korrekte-begruessung-gruess-gott-1.2784037. Zugegriffen: 10. Dezember 2018.

Henecka, Hans Peter. 2007. Methoden der Sozialwissenschaft. https://www.sowi-online.de/praxis/methode/methoden_sozialwissenschaften.html#kap35. Zugegriffen: 10. Dezember 2018.

Konrad-Adenauer-Stiftung. 2015. Deutschland – Erste Informationen für Flüchtlinge. http://www.kas.de/wf/de/33.43117/. Zugegriffen: 10. Dezember 2018.

Münchner Forum für Islam. 2015a. Einladung zur Präsentation: Willkommen in Deutschland. http://www.islam-muenchen.de/broschuere.html. Zugegriffen: 10. Dezember 2018.

Münchner Forum für Islam. 2015b. „Willkommen in Deutschland!" Wegweisung für muslimische Migranten zu einem gelingenden Miteinander in Deutschland. Unter: http://www.islam-muenchen.de/wp-content/uploads/2015/12/03-Willkommen-in-Deutschland.pdf. Zugegriffen: 10. Dezember 2018.

Romaner, Elisabeth, und O. Thomas-Olalde. 2014. „Materialisierte Diskurse". Aspekte einer theoriegeleiteten Analyse von DaZ-Materialien. In *Deutsch als Zweitsprache. Ergebnisse und Perspektiven eines partizipativen Forschungsprozesses*, Hrsg. Maiz Autonomens Zentrum von & für Migrantinnen, 131–160. Linz: Eigenverlag.

Rudolf, Beate. 2017: Teilhabe als Menschenrecht – eine grundlegende Betrachtung. In *Teilhabe für alle?!*, Hrsg. E. Diehl, 13–43, Bonn: Bundeszentrale für politische Bildung.

Strautmann, Michael, Hrsg. 2015. *Ankommen. Eine Orientierungshilfe für das Leben in Deutschland*. Bonn: Bundeszentrale für politische Bildung.

Thiede, Rocco, und S. van Volxem. 2015. *Deutschland – Erste Informationen für Flüchtlinge*. Freiburg im Breisgau: Herder.

Autorin

Rind-Menzel, Laura, wissenschaftliche Mitarbeiterin an der Professur für Didaktik der politischen Bildung und am Zentrum für Integrationsstudien (ZfI) der Technischen Universität Dresden. Beteiligte Dozentin an der Lehrer*innenbildung für das Fach Gemeinschafts- und Sozialkunde (Schwerpunkt der Lehre: politische Bildung in der Einwanderungsgesellschaft) sowie an der interdisziplinären Erforschung von Integration mit dem Ziel der Entwicklung von Konzepten zur Ermöglichung von gesellschaftlicher Mitgestaltung und Teilhabe.

E-Mail: laura.rind-menzel@tu-dresden.de

IV

Schulentwicklung und Professionalisierung: Rahmenbedingungen für inklusiven Politikunterricht

Bausteine inklusiver Pädagogik
Anregungen aus der Grundschulpädagogik für die inklusive politische Bildung

Annemarie Jordan und Julia Becker

Zusammenfassung

Durch bildungspolitische und gesellschaftliche Entwicklungen steht die politische Bildung verstärkt vor der Herausforderung, sich im Diskurs um Inklusion zu verorten und neue (Realisierungs-)Konzepte zu entwickeln. Seit längerer Zeit gilt die Grundschulpädagogik als Vorreiter im Umgang mit stark heterogenen Lerngruppen. Daher werden im Beitrag Bausteine inklusiver Pädagogik des Grundschulverbandes vorgestellt, um darauf aufbauend Umsetzungsmöglichkeiten und Herausforderungen für die schulische politische Bildung zu diskutieren. Dabei orientiert sich der Beitrag an einem weiten Inklusionsverständnis, das nicht nur Menschen mit Behinderungen, sondern alle Menschen in ihrer Unterschiedlichkeit einbezieht (Teilhabevoraussetzungen, Geschlecht, körperliche Voraussetzungen usw.).

Schlüsselbegriffe

Inklusion, Bausteine inklusiver Pädagogik, Politikdidaktik, Schulentwicklung, Schulgestaltung, Expertise

© Springer Fachmedien Wiesbaden GmbH, ein Teil von Springer Nature 2019
T. Hölzel und D. Jahr (Hrsg.), *Konturen einer inklusiven politischen Bildung*,
https://doi.org/10.1007/978-3-658-25716-3_10

151

1   Anregungen aus der Grundschulpädagogik

Im Kontext der weltweiten politischen und gesellschaftlichen Entwicklungen gewinnt die Auseinandersetzung mit Grundwerten und gesellschaftspolitischen Kontroversen stetig an Bedeutung. Seit der Ratifizierung der UN-Behindertenrechtskonvention 2009 durch die Bundesregierung stehen die deutschen Schulen vor der Herausforderung, konkrete Konzepte zu entwickeln, um allen Schüler*innen ideale Bildungs- und Teilhabemöglichkeiten zu bieten. Strukturelle Diskriminierung soll vermindert werden, um Grundlagen für eine offene Gesellschaft schaffen zu können (Europäische Agentur 2012). Für das Ziel einer offenen Gesellschaft, die allen Menschen Teilhabe ermöglicht, ist die Entwicklung von inklusiven Schulen und deren Unterricht zwingend. Dies hat für die pädagogische Praxis zur Konsequenz, dass sich die Aufgaben für Schulen und somit für Pädagog*innen verändern. Eine der derzeit größten Herausforderungen ist die Frage nach der Gestaltung des Unterrichts und der inklusiven Schule, da es für Schulen bisher keine evidenzbasierten Konzepte gibt, wie Inklusion gelingen kann (Koch 2015) und was dies für die Akteur*innen im Bildungsbereich bedeutet.

Eine erste Orientierung bietet ein Blick in die Grundschule. Die Grundschule ist seit jeher die Schulform, die sich mit der Diversität der Lernenden intensiv auseinandergesetzt hat, da sie sich im Gegensatz zu den weiterführenden Schulen eher als Schulform für alle versteht (Lütje-Klose et al. 2014, S. 70). Die Inklusionsquoten im Grundschulbereich sind im Vergleich zu anderen Bildungssektoren höher und das Bewusstsein für die Heterogenität der Schüler*innen, die über eine ‚einfache‘ Kategorisierung von behindert/nicht-behindert hinausgeht, ist daher stärker vorhanden (König und Friederich 2014, S. 10; Richter 2015, S. 170). Diese Heterogenität wird beispielsweise durch sozioökonomische Merkmale, Persönlichkeitsmerkmale, Interessen, Gender und kulturelle Herkunft geprägt (Rebel 2011, S. 15; KMK 2015, S. 5), die weder durch die Altershomogenität noch durch die Selektionsprozesse nach der Grundschule aufzuheben sind. Deshalb konstatiert Tillmann (2011): „Selektion rennt der Fiktion der Homogenisierung hinterher" (Tillmann 2011, S. 73). Da Inklusion im Bildungssektor jedoch nicht nur Aufgabe der Grundschulen ist, erfährt das Bestreben, Inklusion als Konzept zu definieren und für die pädagogische Arbeit zu operationalisieren, zunehmend in allen Bildungsbereichen, Wissenschaft und Forschung an Bedeutung. Deshalb wird in diesem Beitrag zunächst eine Begriffsannäherung an ‚Inklusion‘ vorgenommen.

Sowohl die politische Bildung als auch inklusive Konzepte verfolgen das Ziel, allen Menschen Zugänge zur gesellschaftlichen Teilhabe zu ermöglichen. In der politischen Bildung wird dies insbesondere in der Förderung der politischen Urteils- und Handlungskompetenz sichtbar. Daher ist für die politische Bildung die

Auseinandersetzung mit Inklusion naheliegend, wenn nicht selbstverständlich. Allerdings gibt es kaum Erfahrungen aus der Praxis und Erkenntnisse aus der wissenschaftlichen Forschung.

Nach der Begriffsannäherung werden die Bausteine inklusiver Bildung aus der Expertise des Grundschulverbandes (Prengel 2013a) vorgestellt. Diese wurden entwickelt, um „Inklusion als pädagogisches Konzept, in dem es um den Zusammenhang von Verschiedenheit und gleichberechtigter Gemeinsamkeit aller Lernenden geht, auf der Basis des theoretischen und empirischen Forschungsstandes vorzustellen, in der konfliktreichen Debatte um pädagogische Inklusion zu einer stichhaltigen Klärung der Argumente beizutragen und begründete Handlungsperspektiven für die Primarstufe zu erarbeiten" (Prengel 2013a, S. 4).

Ausgehend von den Erkenntnissen der Grundschulforschung werden schließlich einige Möglichkeiten der Adaption der inklusiven Konzepte für die schulische politische Bildung in der weiterführenden Schule diskutiert. Exemplarisch wird hierbei auf die Situation und Entwicklung im Land Berlin Bezug genommen, da Berlin im Bereich Inklusion zu den „Vorreitern" (Kerbel 2013) zählt.[1]

2   Inklusion – eine Begriffsannäherung

Der Begriff ‚Inklusion' wird terminologisch bislang unterschiedlich verwendet, da er in Wissenschaft und Forschung, in der Bildungspolitik sowie den Medien nicht einheitlich definiert und verwendet wird (Bürli 2009, S. 24). Dabei ist vor allem die Abgrenzung zum Begriff der Integration notwendig: „Man könnte die Frage nach Inklusion oder Integration als akademischen Sprachdiskurs abtun, wenn sich daraus nicht grundsätzlich unterschiedliche Lehrmeinungen und letztlich auch ein unterschiedlicher systemischer Ansatz ergeben würde" (Lehmann 2013, S. 2).

Die Forderung nach Integration war zentraler Bestandteil der ersten großen Reformdebatte über das deutsche Bildungssystem, die durch eine Veröffentlichung der OECD im Jahr 1963 ausgelöst wurde (Weiner 2009). Als Ziel stand fest, dass systemisch benachteiligte Schüler*innen wie Kinder mit einem niedrigen sozioökonomischen Status durch pädagogische Maßnahmen besser gefördert werden sollten, um sie den systemisch nicht benachteiligten Kindern anzugleichen (Timmermann 1990, S. 178). In diesem Zuge wurden viele Bildungsreformen durchgeführt (Weiner 2009) und Forschungen zum Thema Adaption finanziell unterstützt. Dieser

---

1   Für weitere Informationen zur Stellung Berlins in Bezug auf inklusive Bildung innerhalb Deutschlands siehe Lange und Dobe (2017).

Paradigmenwechsel im deutschsprachigen Raum in den frühen 1970er Jahren wird
als Integration bezeichnet (Bürli 2009, S. 27). Auch damals gab es unterschiedliche Auffassungen zur Bedeutung des Begriffs. Schlussendlich setzte sich eine
Zwei-Gruppen-Theorie durch: Es gibt eine Gruppe Kinder, die nicht systemisch
benachteiligt ist, und eine weitere, die durch Fördermaßnahmen dieser Gruppe
angeglichen werden soll. Die Integrationspädagogik der 1970er und 80er Jahre kann
als Vorläufer der heutigen Inklusionspädagogik bezeichnet werden, da wichtige
wissenschaftliche Erkenntnisse in dieser Zeit gewonnen wurden (Prengel 2013a,
S. 5). Das Thema Inklusion ist seit der Salamanca-Erklärung der UNESCO (1994)
Teil der internationalen Debatte, wobei betreffende Konzepte und Neuerungen im
deutschsprachigen Raum zunächst weiterhin unter dem Begriff Integration gefasst
und diskutiert wurden (Bürli 2009). Seit der Ratifizierung der UN-Behindertenrechtskonvention 2009 durch Deutschland wird nun auch im deutschsprachigen
Raum zunehmend von Inklusion gesprochen.

Nach Werning (2014, S. 602f.) können grob zwei Auffassungen von Inklusion
im schulischen Kontext voneinander abgegrenzt werden:

1. Menschen mit Behinderungen/Beeinträchtigungen werden mit nicht-behinder-
   ten Menschen gemeinsam beschult. Dieses Verständnis von Inklusion steht im
   direkten Zusammenhang mit der UN-Behindertenrechtskonvention, teilt aber
   weiterhin die Menschen in zwei nicht zu vereinende Gruppen ein: die Menschen
   ohne Behinderungen und die Menschen mit Behinderungen. Wird der Begriff
   Inklusion in diesem Sinne verwendet, handelt es sich um einen *eng* gefassten
   Inklusionsbegriff, der mit dem gängigen Verständnis von Integration synonym ist.
2. Im Sinne der UNESCO wird Inklusion als gemeinsamer Unterricht in einer
   gemeinsamen Schule für alle Schüler*innen verstanden. In diesem Sinne verwendet, handelt es sich um einen *weit* gefassten Inklusionsbegriff.

Die letztgenannte Auffassung von Inklusion ist schwer vereinbar mit erstgenann-
ter, da die Einteilung in Gruppen dieser Auffassung widerspricht. Jede und jeder
muss mit seinen Fähigkeiten und Schwächen, seinen Interessen und Bedürfnissen
Beachtung finden. Im Beschluss der KMK „Inklusive Bildung von Kindern und
Jugendlichen mit Behinderungen in Schulen" vom 20.10.2011 wird zwar von Kindern
und Jugendlichen mit Behinderungen aus gedacht, allerdings wird auch immer
wieder auf das weite Inklusionsverständnis hingewiesen: „Die volle und wirksame
Teilhabe, das Einbeziehen des einzelnen Menschen in die Gesellschaft sind dabei
ebenso bedeutsam wie die Wertschätzung der Vielfalt und der Unterschiede des
menschlichen Seins." (KMK 2011, S. 2)

Einige inklusive Konzepte denken von Menschen mit körperlichen oder geistigen Behinderungen aus, obwohl die Barrieren in der Gesellschaft und im Bildungssystem für viele Menschen ausschließend sein können. So können auch „mangelnde Kenntnisse der Kultur, fehlende materielle Möglichkeiten oder das Nichtbeherrschen der Landessprache" (König und Friederich 2014, S. 9) die Teilhabe im Bildungssektor bzw. in der Gesellschaft erschweren oder gar verwehren. Da sich Inklusion auf Menschenrechte bezieht, kann sie auch nicht nur für eine Personengruppe – Menschen mit Behinderungen – gelten, sondern muss alle Menschen einbeziehen (Kronauer 2015).

Die UN-Behindertenrechtskonvention bezieht sich in ihren Ausführungen nicht nur auf den Bildungssektor, sondern geht allgemein auf eine gleichberechtigte gesellschaftliche Teilhabe ein. Die Definition, von der die UN-Behindertenrechtskonvention ausgeht, ist in Artikel 1 Satz 2 folgendermaßen beschrieben: „Zu den Menschen mit Behinderungen zählen Menschen, die langfristige körperliche, seelische, geistige oder Sinnesbeeinträchtigungen haben, welche sie in Wechselwirkung mit verschiedenen Barrieren an der vollen, wirksamen und gleichberechtigten Teilhabe an der Gesellschaft hindern können" (UN-Behindertenrechtskonvention 2009). Die politische Bildung sieht als ihre zentrale Aufgabe an, die Menschen zur Mündigkeit zu erziehen, um ihnen vor allem politische und gesellschaftliche Teilhabe zu ermöglichen (Weißeno et al. 2010, S. 27), und verfolgt somit grundlegend das gleiche Ziel. Eine inklusive politische Bildung zeichnet sich dadurch aus, dass sie „alle Menschen, unabhängig von ihren spezifischen Interessen, Erfahrungen, Fähigkeiten und Bedürfnissen erreichen möchte" (Besand 2017, S. 10). Das bedeutet, dass zur Zielgruppe der inklusiven politischen Bildung nicht nur diejenigen gehören, die sich bereits für politische Themenfelder und Kontroversen interessieren und engagieren. Die Herausforderung für die schulische politische Bildung ist es, einen Zugang für alle Schüler*innen zu schaffen (Besand 2017). Aufgrund dieser Parallelen zu den Zielvorstellungen politischer Bildung wird sich in den Ausführungen dem *weiten* Inklusionsbegriff angeschlossen.

3   Die 12 Bausteine für inklusive Bildung

Die Bausteine für inklusive Bildung, die in Abb. 1 dargestellt werden, wurden vom Grundschulverband entwickelt, um aufzuzeigen, welche Handlungsfelder in der Schule bearbeitet werden sollten, um schulische Inklusion auf den Weg zu bringen. Sie schließen sich an die Erkenntnisse der Integrationspädagogik an und entwickeln diese im Sinne der Inklusion – sofern nötig – weiter (Prengel 2013a).

Abb. 1 Bausteine inklusiver Bildung
(eigene Darstellung in Anlehnung an Prengel 2013a)

Die Bausteine haben auf verschiedene Bereiche der Schulgestaltung Einfluss, so dass sie sich auf den Schulalltag als Ganzes auswirken. So umfassen die Bausteine die pädagogische, die schulstrukturelle und die Ebene des konkreten Unterrichts. Sie beeinflussen und bedingen sich gegenseitig und bieten Anreize für eine inklusive Schulgestaltung. Im Folgenden werden einige zentrale Aspekte beschrieben, die Anknüpfungspunkte für die politische Bildung in der Sekundarstufe bieten.[2]

---

2   Die Bausteine „Kooperation zwischen Primar- und Sekundarschule", „schulweite verbindliche und transparente Vereinbarungen" sowie „zeitliche Rhythmisierung"

3.1   Wohnortnaher Schulbesuch

Um Inklusion überhaupt zu ermöglichen, muss die räumliche Trennung zwischen Schüler*innen aufgehoben werden, die sowohl durch sonderpädagogische Förderzentren hervorgerufen wird als auch durch die Einteilung in Haupt- und Realschule sowie Gymnasium (Ramseger 1996). Aus Forschungsstudien kann abgelesen werden, dass auf sogenannten Sonderschulen Schüler*innen mit niedrigem sozioökonomischen Kapital und mit Migrationsstatus überrepräsentiert sind (Klemm 2015). Dies legt die Vermutung nahe, dass diese Schüler*innen strukturell benachteiligt werden, da scheinbar andere Faktoren eine Rolle spielen als ein ‚objektiv‘ feststellbarer Förderstatus. Außerdem haben Schüler*innen auf Sonderschulen überdurchschnittlich häufig den Förderschwerpunkt emotionale-soziale Entwicklung (Seitz 2013). Deshalb postuliert Prengel (2013b): „segregierende Schulstrukturen [verstärken] soziale Benachteiligungen" (Prengel 2013b, S. 5) und sollten daher aufgebrochen werden.

Jedem Kind sollte ermöglicht werden, in eine nahegelegene Schule zu gehen, ohne durch segregierende Strukturen ausgeschlossen zu werden. Wenn die Forderung nach inklusiver Bildung ernst genommen wird, muss zudem die schulformspezifische Selektion, die spätestens nach der Grundschule beginnt, abgeschafft werden und ein integratives Schulsystem entwickelt werden. Schulen wäre dadurch aufgefordert, Konzepte zu entwickeln, nach denen alle Schüler*innen bestmöglich gefördert werden können. In Berlin beispielsweise ist die Sekundarschule nur noch in Integrierte Sekundarschule (ISS) und Gymnasium unterteilt. Alle ISS bieten entweder die Möglichkeit an, bei entsprechender Leistung das Abitur an der Schule ablegen zu können oder müssen eine naheliegende Kooperationsschule haben, die bei entsprechender Leistung den Schüler*innen anbietet, die Oberstufe und das Abitur dort abzulegen. Dies ist ein erster Schritt in Richtung eines integrativen Schulsystems, der weitergedacht werden kann.

---

werden an dieser Stelle ausgeklammert, da diese stark von den lokalen Bedingungen des Schulumfeldes abhängig sind und schwer aus der fachdidaktischen Perspektive verallgemeinerbar sind. Sie sind nichtsdestotrotz für die Entwicklung einer Sekundarschule zu einer inklusiven Einrichtung mit einzubeziehen.

3.2   Inklusives Curriculum

Das *Inklusive Curriculum* ist ein Baustein, der im Baustein *Inklusive Didaktik* Anwendung findet sowie durch den Baustein *Raum- und Materialgestaltung* konkret im Unterricht möglich gemacht wird.

Inklusive Curricula zeichnen sich dadurch aus, dass sie verbindliche Bildungsstandards für alle Schüler*innen enthalten und trotzdem ausreichend Freiraum lassen, so dass sie ihren Interessen nachgehen können. Im Folgenden werden Ideen für die Gestaltung der verbindlichen Bildungsstandards vorgestellt, während auf die mögliche Gestaltung der Freiräume im Kapitel „Inklusive Didaktik" näher eingegangen wird, da die Gestaltung der Freiräume nicht auf Schulebene festgelegt werden sollte, sondern ein Aushandlungsprozess mit den Schüler*innen ist.

Die verbindlichen Bildungsstandards stellen nicht wie bei der KMK Regelstandards dar. Sie sind vielmehr gestufte Standards, die von elementaren zu hochkomplexen Kompetenzen (sogenannte Stufenmodelle) aufeinander aufbauen. Bei der Verwendung von offenen Unterrichtsformen sind verbindliche und transparente Ziele für die Schüler*innen unerlässlich, um ihre Arbeit nicht ins Beliebige abschweifen zu lassen. Didaktische Stufenmodelle, die für den Politikunterricht empirisch gestützt weiterentwickelt werden müssen, schaffen eine Orientierung sowohl für Lehrer*innen als auch für Schüler*innen, welche Stufe als nächstes in der jeweiligen Lernentwicklung ansteht. Mit Hilfe von Lernberatungsgesprächen können Schüler*innen selbst entscheiden, wie sie ihren Lernprozess gestalten möchten, da sie zwar zielgleich, aber zeitlich different arbeiten können. Dies macht sie zu selbstbestimmten Akteur*innen ihres Lernens.

Ein wichtiger verbindlich einzufordernder Bestandteil eines inklusiven Curriculums der politischen Bildung sollte eine durchgängige Sprachbildung sein. Die sprachliche Kompetenz der Schüler*innen hat maßgeblichen Einfluss auf ihren Bildungserfolg sowie deren Zugang zu politischer Teilhabe (Achour und Sieberkrob 2015). Die Sprachkompetenz lässt sich grundlegend in zwei Säulen einteilen: Alltagssprache und Bildungssprache (angelehnt an Cummins 2000). Die Aufgabe der Schule und des Fachunterrichts ist es, insbesondere die Bildungs- bzw. Fachsprache zu fördern, um sowohl Bildungsbenachteiligungen auszugleichen als auch Teilhabe am gesellschaftlichen und politischen Diskurs zu ermöglichen. Für die (schulische) politische Bildung nimmt somit die sprachliche Ausdrucksfähigkeit der Schüler*innen eine zentrale Rolle ein, da sie für die politische Handlungskompetenz sowie für das Formulieren von politischen Urteilen entscheidend ist (Detjen et al. 2012).

Urteile werden mündlich und schriftlich formuliert und ausgedrückt. Dafür benötigen die Schüler*innen Wissen über politische Konzepte und müssen in der Lage sein, ihre Gedanken auszudrücken, diese mit Basis- bzw. Fachkonzepten zu füllen und ihr Urteil möglichst präzise argumentativ zu stützen. Auch die politische Handlungskompetenz, die einerseits in kommunikatives, andererseits in partizipatives Handeln unterteilt werden kann (Detjen et al. 2012, S. 27), ist durch die Sprachkompetenz der Schüler*innen geprägt. Die Fokussierung auf ihre sprachliche Entwicklung und Förderung ist für einen inklusiven, an den Entwicklungsständen der Individuen orientierten Unterricht notwendig. Bereits seit einigen Jahren wird daher die Sprachbildung neben der Inklusion als eine der wichtigen, aktuellen Querschnittsaufgaben von Pädagog*innen bezeichnet (König und Friederich 2014, S. 10), wobei diese häufig eher unabhängig voneinander betrachtet werden. Wird Inklusion hingegen als Auftrag zum Abbau von Barrieren verstanden, kann die sprachliche Förderung der Schüler*innen eine Brückenfunktion einnehmen, da Kommunikation und gemeinsame Interaktionen weiter gefördert werden. König und Friederich (2014, S. 11) plädieren für eine Verzahnung der beiden Konzepte, um sie nicht länger isoliert voneinander zu betrachten.

3.3 Raum- und Materialgestaltung

Bei einer Implementierung des inklusiven Curriculums wird ersichtlich, dass die Umsetzung grundlegende Veränderungen der Unterrichtspraxis im Sinne einer Abkehr vom traditionellen, frontallastigen Unterricht nach sich zieht (Arndt et al. 2014). Somit ist es wichtig, dass sich die Schüler*innen durch bereitgestelltes Material Aufgaben, Wissen, Methoden usw. erschließen können. Wird für die Gestaltung unterrichtlicher Prozesse angenommen, dass alle Schüler*innen auf einem unterschiedlichen Niveau kompetent sind, müssten die Aufgaben einerseits nach den Stufenmodellen differenziert werden. Für die schülerorientierte Gestaltung der Materialien spielt sowohl die Bearbeitungsdauer als auch der Schwierigkeitsgrad der Aufgaben eine Rolle. Andererseits können sie so offen gestellt werden, dass unterschiedliche Zugänge möglich sind, zu denen unterschiedliche Hilfsmittel angeboten werden. Da die Sprachkompetenz ein entscheidender Faktor für den Bildungserfolg ist, müssten vor allem sprachbildende Hilfsmittel zur Verfügung stehen – sogenannte Scaffolds. Scaffolds sind sprachliche Baugerüste, beispielsweise Glossare oder Mindmaps, die den Lernenden eine Hilfestellung sind, um in die Zone der nächsten Entwicklung zu gelangen.[3] Ein Angebot an verschiedenen Materialien, die auf die heterogenen Bedürfnisse der Schüler*innen eingehen, erfordert zudem eine individuelle bedürfnisorientierte Zuteilung. Dieser Auswahlprozess muss von den Pädagog*innen begleitet werden, um eine Über- bzw. Unterforderung zu

---

3 Kniffka (2010) bietet hierfür eine prägnante Einführung.

vermeiden und eine bestmögliche Förderung zu ermöglichen. Die Schüler*innen
würden dann an Aufgaben arbeiten, die sich im Sinne Wygotskis (1987) in der
Zone der nächsten Entwicklung befinden.

Die Materialgestaltung sowie der gesamte Unterricht sollte den Prinzipien des
Beutelsbacher Konsens (Wehling 1977) entsprechen: Themen und Materialien des
Unterrichts sind an den Interessen der Schüler*innen orientiert sowie kontrovers,
jedoch nicht überwältigend gestaltet. Diese Forderungen stehen generell im Zentrum
des Politikunterrichts und stellen Anknüpfungspunkte dar, um den Unterricht
verstärkt inklusiv zu denken bzw. zu verstehen.

In Bezug auf die Raumgestaltung haben Sekundarschulen häufig einen Vorteil
gegenüber den Grundschulen, da dort jede Klasse meist nur einen Raum hat, in dem
die Materialien für alle Fächer gelagert werden müssen. Nicht selten werden hingegen an den Sekundarschulen Fachräume angeboten, so dass sich die Fachkonferenz
auf eine pädagogische Gestaltung der Räume einigen kann und die Kolleg*innen
durch Kooperation (Verzahnung mit Baustein *Kooperation in multiprofessionellen
Teams*) die Gestaltung der komplexen Materialien teilen können.

3.4   Inklusive Didaktik

Eine eigene evidenzbasierte inklusive Didaktik für den Politikunterricht gibt es bisher
noch nicht. In der politikdidaktischen Forschung wird jedoch den politikdidaktischen Prinzipien zur Gestaltung des Unterrichts ein hohes Potential zugesprochen,
um den Politikunterricht zunehmend inklusiver zu denken (Besand und Jugel 2015a).
So sind die Schüler-, Handlungs-, und Problemorientierung Spezifika, die mit dem
inklusiven Gedanken einhergehen. Wählt man die Unterrichtsthemen entsprechend
des Lebensweltbezugs und der Interessen sowie den Bedürfnissen der Schüler*innen
aus, können sie verstärkt im Unterricht ihr politisches Interesse entwickeln und am
Unterricht teilhaben.[4] Das Vermeiden einer Exklusion weltanschaulicher Positionen
spielt hierbei eine zentrale Rolle (Kontroversitätsgebot). Eine inklusive Didaktik
zeichnet sich zusätzlich durch individuelle Arbeit aus, die auf den fachspezifischen
Stufenmodellen basiert, wie sie im Kapitel „Schulinternes Curriculum" vorgestellt
wurden. Zudem sollten Freiräume im Unterricht geschaffen werden, in denen die
Schüler*innen ihren Interessen nachgehen können. Eine solche Möglichkeit bietet
die Arbeit in Unterrichtsprojekten. Dabei können die Schüler*innen ihre Aufgaben
selbstständig ver- und aufteilen und ihre Interessen und Kompetenzen unterschiedlich einbringen sowie erweitern. Dies bietet sich im Politikunterricht beispielsweise

---

4   Eine strukturierte Darstellung hierzu findet sich bei Besand und Jugel (2015a).

bei der selbstgesteuerten Erarbeitung und Analyse von Fachwissen als auch dem Vorbereiten und Durchführen von simulativen Makromethoden (z. B. Talkshows, Pro-Contra-Debatten, Planspiele) an. Die unterschiedliche Rollenverteilung fördert hierbei gegenseitige Unterstützungsmöglichkeiten.

3.5 Inklusive Diagnostik

In Bezug auf Inklusion wird das Dilemma zwischen der schulischen Selektionsfunktion und dem Wunsch nach Einbindung durch bedürfnisorientierte Förderungen der Schüler*innen weiter verstärkt (Ackermann 2015, S. 36). Die Leistungsrückmeldung an die Schüler*innen teilt sich in zwei Säulen, die beide gleichermaßen im Unterricht Berücksichtigung finden sollten: Inklusive Diagnostik und inklusive Leistungsbewertung. Mit inklusiver Diagnostik werden die Ziele verfolgt, den individuellen Entwicklungsstand der Schüler*innen zu erheben, den Prozess des Lernens in den Mittelpunkt zu rücken und auf diesen Grundlagen eine wertschätzende und entwicklungsorientierte Rückmeldung zu geben. Dies wird durch die festgelegten Bildungsstandards, die in Stufen organisiert sind, möglich gemacht, da der Schüler/die Schülerin erkennen kann, wie sich sein/ihr individueller Lernfortschritt gestaltet.

Auch die Ziele einer selbstgewählten freien Arbeit, wie sie unter „Inklusive Didaktik" vorgestellt wurden, sollten evaluiert werden. Hierbei nimmt das Formative Assessment im inklusiven Unterricht einen zentralen Stellenwert ein, um Lernziele transparent zu machen und den Fortschritt einschätzen zu können (siehe vertiefend hierzu: Schmidt und Liebers 2015).

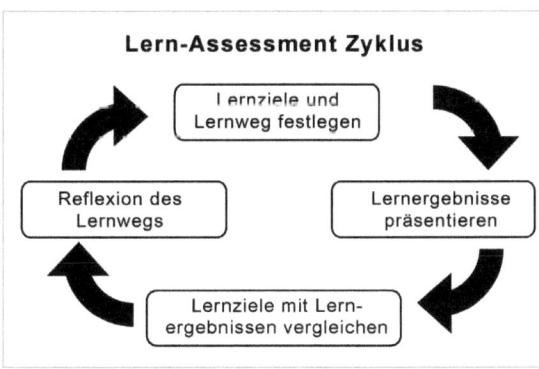

Abb. 2
Lern-Assessment-Zyklus (eigene Darstellung in Anlehnung an Biggs und Tang 2011)

Das Formative Assessment gliedert sich in Selbst- und Peerassessment auf. Beim Selbstassessment bestimmen die Schüler*innen, was er*sie in welcher Zeit lernen möchte. Dabei legt er*sie ebenfalls fest, welches Thema er*sie bearbeiten und welchen Lernweg er*sie gehen möchte. Beispielsweise können sich die Schüler*innen überlegen, woher er*sie Informationen bekommt, welche Hilfestellungen er*sie von wem benötigt und ob er*sie allein oder mit jemanden arbeiten will. Die Schüler*innen dokumentieren ihre Lernergebnisse, aber auch die Probleme beim Vorgehen, um Lernfortschritte reflektieren zu können. Beim Selbstassessment ist die Begleitung und die Absprache mit dem Lehrer/der Lehrerin unerlässlich, da diese eine Einschätzung geben sollte, ob das gewählte Ziel und der gewählte Lernweg machbar sind. Werden diese Schritte gemeinsam zwischen den Lernenden besprochen und mit der Lehrkraft abgestimmt, spricht man von Peerassessment. Zum Beispiel kann ein aktuelles Thema aufgegriffen und in kleinere Einheiten aufgeteilt werden, so dass jeder und jede die Verantwortung für einen Teil bekommt. Auf der Grundlage der Präsentation werden die Lernergebnisse und der Lernweg reflektiert und die nächsten Lernziele besprochen.

3.6   Inklusive Leistungsbewertung

Die Schule hat die Aufgabe, zu bewerten und den Leistungsstand der Schüler*innen an den Vorgaben der Standards der KMK zu messen. Deshalb muss den Schüler*innen nicht nur transparent gemacht werden, welche Inhalte als nächstes bearbeitet werden. Ihnen muss auch aufgezeigt werden, in welcher Zeit sie diese Ziele erreicht haben müssen. Dafür dienen die Stufenmodelle. Der Fortschritt kann weiterhin mithilfe summativer Prüfungsformen zu einem festgelegten Zeitpunkt abgeprüft werden.

Ein sinnvoller Weg, um den individuellen Lernfortschritt zu erfassen, wären Portfolioarbeiten. Für diese müssen im Gespräch über das Lernziel und den Lernweg bereits Kriterien festgelegt werden, um den Erfolg bewerten zu können. Da Ziffernzensuren allerdings sehr umstritten sind (siehe zusammenfassend hierzu Schöler 2009), sollten langfristig Vorschläge erarbeitet werden, wie Leistungen mehrperspektivisch abgebildet werden können. Einige Grundschulen verwenden hierbei Indikatorenzeugnisse (auch zu finden unter Kompetenzraster) statt Ziffernzensuren.

Kompetenzbereich: Mündig handeln

Du kannst …

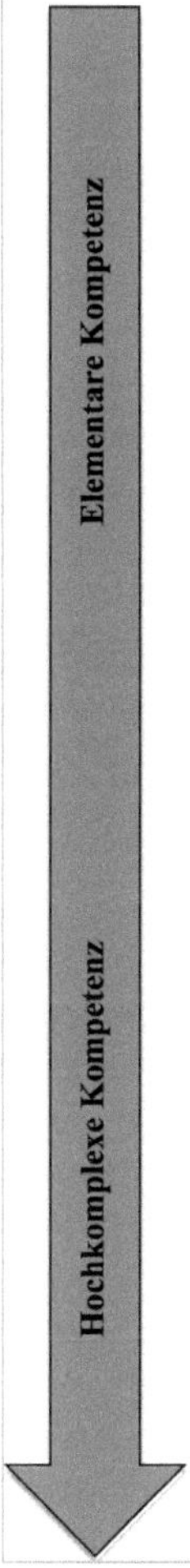

	●	◕	◑	◔
Teilbereich: Eigene Interessen vertreten				
… eigene Interessen und Positionen in politischen Fragen sachlich vor anderen vertreten und begründen.				
… eigene Interessen und Positionen in der Auseinandersetzung mit anderen Positionen sachlich vertreten und begründen.				
… eigene Interessen und Positionen mit Bezug auf fachliche Konzepte und Theorien begründen.				
Teilbereich: Perspektivwechsel vornehmen				
… Positionen darstellen, die mit deiner eigenen konkurrieren (z.B. in einem Leserbrief).				
… Positionen in einer fremden Rolle darstellen (z.B. in einer Pro- und Kontra-Diskussion oder einer simulierten Talkshow).				
Teilbereich: Konflikte austragen				
… lebensweltbezogene Konflikte sachlich und respektvoll (simulativ) austragen und Kompromisse aushandeln (z.B. zu Fragen der Jugendkriminalität, Gruppenkonflikte).				
… politische Konflikte (simulativ) austragen und Kompromisse aushandeln (z. B. im Plan- und Entscheidungsspiel).				
Teilbereich: Politisch entscheiden				
… unterschiedliche Formen der Entscheidungsfindung und Durchsetzung von (eignen/gesellschaftlichen) Interessen darstellen und (simulativ) anwenden (z. B. Mehrheitsentscheidungen in Parlamenten nachvollziehen, Wahlen simulieren, Konsensbildungsverfahren anwenden, Abstimmungen durchführen). Möglichkeiten der eigenen Partizipation erläutern (z. B. Klassenrat, im schulischen und lokalen Umfeld).				
… unterschiedliche Formen der Entscheidungsfindung und Durchsetzung von (eigenen/gesellschaftlichen) Interessen kriterienorientiert auswählen (Vor- und Nachteile einzelner Verfahren reflektieren).				

(Vertikale Achse links: **Elementare Kompetenz** → **Hochkomplexe Kompetenz**)

Abb. 3 Indikatorenzeugnis Kompetenzbereich: Mündig handeln (eigene Darstellung)

Abbildung 3 zeigt ein Beispiel für ein Indikatorenzeugnis, das am Rahmenlehrplan Berlin und Brandenburg (Klasse 7–10) orientiert ist. Nicht alle Kästchen müssen angekreuzt werden, sondern können im Halbjahreszeugnis frei bleiben, falls dieser Teilbereich noch nicht behandelt wurde. Im Gegensatz zu den Ziffernnoten wird der Leistungsstand individuell und vor allem differenziert abgebildet und kann somit als Grundlage für Lernentwicklungsgespräche dienen. Die Grundlage für solch ein Indikatorenzeugnis stellen die Stufenmodelle dar, wie sie beispielsweise in den Rahmenlehrplänen von Berlin und Brandenburg mit der Formulierung von Niveaustufen umgesetzt wurden.[5] Um auch den Lernfortschritt bei der selbstgewählten Arbeit abbilden zu können, könnten einige Zeilen frei gelassen werden und im Gespräch mit den Schüler*innen gefüllt werden.

Für Politiklehrer*innen ist die Thematik der Leistungsbewertung ohnehin schwierig (Deichmann 2009). Insbesondere die Handlungsphase sowie formulierte politische Urteile stellen sie permanent vor die Herausforderung, Kriterien einer möglichst objektiven Leistungsbewertung festzulegen. Eine Orientierung an der inklusiven Diagnostik als auch an inklusiver Leistungsbewertung im Unterricht kann Möglichkeiten liefern, wie politische Urteile und handlungsorientierte Phasen binnendifferenziert und schülerorientiert diagnostiziert und schlussendlich bewertet werden.

3.7   Beziehungen

Der Verzicht auf Ziffernzensuren kann auch die Beziehungen zwischen Lehrer*innen und Schüler*innen schützen. Vor allem in inklusiven Lerngruppen sollte jeder Schüler und jede Schülerin das Gefühl haben, dazuzugehören. Gute Beziehungen innerhalb des Kollegiums, zwischen Lehrkraft und Schüler*innen sowie den Lernenden untereinander haben positive Effekte auf die emotional-soziale Entwicklung der Schüler*innen und befördern das Lernen sowie die Leistungsentwicklung positiv (Troop-Gordon und Kopp 2011). Außerdem haben gute Beziehungen eine nicht zu unterschätzende Auswirkung auf ein gutes Klassenmanagement (Bolz 2017). Die Forderung nach stabilen und wertschätzenden Beziehungsstrukturen ist in der Sekundarstufe schwerer umzusetzen als in der Grundschule. Die Unterrichtszeit ist in der Sekundarschule für Fachlehrer*innen stark limitiert. Somit scheint zumindest die Beziehungsentwicklung zwischen den Schüler*innen zu ihrer/ihrem

---

5   Welche Niveaustufen für die politische Bildung möglich sind, kann exemplarisch in den Rahmenlehrplänen von Berlin und Brandenburg angesehen werden: https://www. berlin.de/sen/bildung/unterricht/faecher-rahmenlehrplaene/rahmenlehrplaene/.

Politiklehrer*in zunächst hindernisreicher. Eine Chance trotz der mangelnden Zeit Beziehungen zu entwickeln bzw. zu intensivieren, bietet die Projektarbeit. Diese kann sowohl in zeitlich kurzen aber zugleich umfangreichen Projektwochen sowie in fächerübergreifenden oder sogar jahrgangsübergreifenden Projekten umgesetzt werden. In diesen Phasen haben die Schüler*innen in einem selbstbestimmten Rahmen häufig mehr Zeit für eine fokussierte und dadurch intensivere Arbeit und werden durch den/die jeweilige/n Fachlehrer*in intensiver betreut.

3.8   Der Mensch als Ganzes

Aufgabe der inklusiven Schule ist nicht nur die Bildung der Individuen, sondern auch die Linderung kindlicher Nöte. Mithilfe einer Kultur der Anerkennung und Wertschätzung jedes Schülers und jeder Schülerin sowie auf Grundlage guter Beziehungen können haltgebende Strukturen geschaffen werden. Somit verfolgt dieser Baustein ein der politischen Bildung sehr nahestehendes Ziel, da sie versucht den Schüler*innen Offenheit und Toleranz für Vielfalt zu vermitteln. Dabei spielt die Fähigkeit des Perspektivwechsels, der systematisch geübt werden muss, eine zentrale Rolle. Die Auseinandersetzung mit anderen Ansichten, Personengruppen, Argumenten etc., wie sie beispielsweise in handlungsorientierten Methoden des kontroversen Politikunterrichts möglich sind, kann ebendiese Kultur der Anerkennung und Wertschätzung fördern.

3.9   Kooperation in multiprofessionellen Teams

Um die Vorschläge einer inklusiven Schulgestaltung und die damit einhergehenden vielfältigen Anforderungen an Lehrer*innen umzusetzen, sind sowohl Kooperationen innerhalb der Schulen als auch Hilfsangebote und Unterstützungsmaßnahmen außerschulischer Institutionen erforderlich. „In der Praxis zeigt es sich, dass eine inklusive Lernumgebung nur gelingt, wenn ein multiprofessionelles Team existiert, das unterschiedliche Bedürfnisse der Lernenden beobachtet, in Planungs- und Förderprozesse umsetzt und diese hinlänglich kontrolliert und evaluiert" (Reich 2014, S. 91). Die Liste der Personenkreise, die für die Arbeit in einem Team mobilisiert werden können, ist lang und wird bislang kaum ausgeschöpft. An dieser Stelle können deshalb beispielhaft nur einige Personenkreise aufgezählt werden, um den Bedürfnissen der Inklusion gerecht zu werden: Schulsozialarbeit, Schulpsychologie und schulmedizinischer Dienst; Kräfte aus dem gebundenen Ganztag, Hausmeister*in, sonderpädagogische und fallbezogene Expertise, Therapeut*in,

Fachkraft für Assistenzbedarf, Lehrer*innen in der Ausbildung (siehe hierzu vertiefend Reich 2014, S. 91ff.).

In Berlin erfolgte in den letzten Jahren der Ausbau von Schulpsychologischen und inklusionspädagogischen Beratungs- und Unterstützungszentren (SIBUZ), die mittlerweile in jedem Bezirk angesiedelt sind. Diese unterstützen die umliegenden Schulen auf ihrem Weg zu einer inklusiven Einrichtung.

Die schulische politische Bildung kann an dieser Stelle intensiv auf die Erfahrungen der außerschulischen politischen Bildung sowie der vielfältigen Auswahl an Projekten und Beratungsteams zurückgreifen. Kaum ein anderes Unterrichtsfach bietet diese Angebotsbreite und vielfache Möglichkeiten mit externen Expert*innen zusammen zu arbeiten.

4   Anknüpfungspunkte und Konsequenzen auf dem Weg zum inklusiven Politikunterricht

Vor dem Hintergrund der stetig wachsenden heterogenen Schülerschaft stehen die schulische politische Bildung und die Politiklehrer*innen fortwährend vor der Aufgabe, sich den Herausforderungen, die durch Heterogenität entstehen, zu stellen. Eines der grundlegenden Ziele dabei ist, allen Schüler*innen möglichst umfangreich Zugang und Teilhabe in allen gesellschaftlichen Bereichen zu ermöglichen (Besand und Jugel 2015b, S. 45). Ausgehend von einem weiten Inklusionsverständnis wird deutlich, dass die beteiligten Akteur*innen vor vielfältige Herausforderungen gestellt werden, um den heterogenen Voraussetzungen der Schülerschaft gerecht zu werden. Neben der Entwicklung von strukturellen und politikdidaktischen-inklusiven Konzepten ist es unabdingbar, die *Haltung* der Pädagog*innen, der Lernenden und der Gesellschaft zu fokussieren und für die Ideen von Inklusion zu öffnen. Wichtig ist hierbei, dass sich das Bildungssystem nicht mehr vordergründig an den Defiziten der Schüler*innen orientiert. Stattdessen sollte die Anerkennung von Vielfalt im potenzialorientierten Sinn im Mittelpunkt stehen (Jahr 2018).

Die vorgestellten Bausteine inklusiver Pädagogik aus der Grundschulpädagogik bieten verschiedene Anknüpfungspunkte, um diesen Zielen näher zu kommen. Sie bieten Konzepte, den inklusiven Gedanken auf die schulische politische Bildung zu übertragen und umzusetzen. Einige der Bausteine scheinen dabei unter den strukturellen und bildungspolitischen Gegebenheiten einfacher übertragbar als andere und werden in großen Teilen an weiterführenden Schulen bereits implementiert. Sowohl der binnendifferenzierte Umgang mit den Schüler*innen als auch das Planen und Durchführen des Politikunterrichts unter Beachtung zentraler politikdidaktischer Prinzipien wird von einigen Lehrer*innen bereits durchgeführt und in der universitären Ausbildung gefördert. Um Schulen zu inklusiven Einrichtungen weiterzuentwickeln, sind jedoch zwei Voraussetzungen besonders relevant: Materielle und personelle Ressourcen sowie die Professionalisierung der verschiedenen Akteur*innen in Weiterbildungen sowie in der Ausbildung zukünftiger Lehrer*innen. Hierfür benötigen Schulen und Ausbildungszentren Unterstützung sowohl von bildungspolitischer Seite als auch durch Forschung zum inklusiven Fachunterricht von wissenschaftlicher Ebene.

Literaturverzeichnis

Achour, Sabine, und M. Sieberkrob. 2015. Sprachbildung im Politikunterricht. *Wochenschau Sonderausgabe Heterogenität* 66: 18–37.

Ackermann, Karl-Ernst. 2015. Politische Bildung im inklusiven Bildungssystem – grundsätzliche Fragen. In *Didaktik der inklusiven politischen Bildung*, Hrsg. C. Dönges, W. Hilpert und B. Zurstrassen, 30–44. Bonn: Bundeszentrale für politische Bildung.

Arndt, Ann-Kathrin, S. Stenger, und R. Werning. 2014. Gestaltung und Entwicklung inklusiven Unterrichts. In *Inklusiver Unterricht. Leitideen zur Organisation und Kooperation*, Hrsg. A.-K. Arndt, A. Harting, P. Katzer, M. Laubner, S. Stenger und R. Werning, 6–24. München: Oldenbourg.

Besand, Anja. 2017. Individuelle Förderung – Es ist gar nicht so schwer. *Wochenschau Sonderausgabe Individuelle Förderung* 68: 10–15.

Besand, Anja, und D. Jugel. 2015a. Zielgruppenspezifische politische Bildung jenseits tradierter Differenzlinien. In *Didaktik der inklusiven politischen Bildung*, Hrsg. C. Dönges, W. Hilpert und B. Zurstrassen, 99–109. Bonn: Bundeszentrale für politische Bildung.

Besand, Anja, und D. Jugel. 2015b. Inklusion und politische Bildung – gemeinsam denken! In *Didaktik der inklusiven politischen Bildung*, Hrsg. C. Dönges, W. Hilpert und B. Zurstrassen, 45–59. Bonn: Bundeszentrale für politische Bildung.

Biggs, John, und C. Tang. 2011. *Teaching for Quality Learning in University*. Buckingham: Open University Press

Bolz, Tijs. 2017. Ohne Beziehung keine Erziehung. *Grundschule* 1: 14–18.

Bürli, Alois. 2009. Integration/Inklusion aus internationaler Sicht – einer facettenreichen Thematik auf der Spur. In *Integration/Inklusion aus internationaler Sicht*, Hrsg. A. Bürli, U. Strasser und A.-D. Stein, 15–61. Bad Heilbrunn: Klinkhardt.

Cummins, Jim. 2000. BICS and CALP. In *Routledge Encyclopedia of Language Teaching and Learning*, Hrsg. M. Byram, 76–79. London: Routledge.

Deichmann, Carl. 2009. *Leistungsbeurteilung im Politikunterricht*. Schwalbach/Ts.: Wochenschau.

Detjen, Joachim, P. Massing, D. Richter, und G. Weißeno. 2012. *Politikkompetenz – ein Modell*. Wiesbaden: Springer VS.

Europäische Agentur für Entwicklungen in der sonderpädagogischen Förderung. 2012. Ein Profil für inklusive Lehrerinnen und Lehrer. https://www.european-agency.org/sites/default/files/te4i-profile-of-inclusive-teachers_Profile-of-Inclusive-Teachers-DE.pdf. Zugegriffen: 6. November 2018.

Jahr, David. 2018. Potenzialorientierung in der politischen Bildung. Fachdidaktische Aspekte zu Anerkennung und Diagnostik in heterogenen Lerngruppen. In *Potenzialorientierte Förderung in den Fachdidaktiken*, Hrsg. M. Veber, R. Benölken und M. Pfitzner, S. 79–96. Münster: Waxmann.

Kerbel, Barbara. 2013. Eine Schule für Alle. Ein Beirat fordert den Rechtsanspruch auf Inklusion – die Finanzierung bleibt allerdings offen. *Der Tagesspiegel* vom 23.02.2013. http://www.tagesspiegel.de/berlin/inklusion-eine-schule-fuer-alle/7827450.html. Zugegriffen: 6. November 2018.

Klemm, Klaus. 2015. Inklusion in Deutschland. Daten und Fakten. Bertelsmann Stiftung. https://www.bertelsmann-stiftung.de/fileadmin/files/BSt/Publikationen/GrauePublikationen/Studie_IB_Klemm-Studie_Inklusion_2015.pdf. Zugegriffen: 6. November 2018.

KMK (Kultusministerkonferenz). 2011. Inklusive Bildung von Kindern und Jugendlichen mit Behinderungen in Schulen. Beschluss der Kultusministerkonferenz vom 20.10.2011. http://www.kmk.org/fileadmin/Dateien/veroeffentlichungen_beschluesse/2011/2011_10_20-Inklusive-Bildung.pdf. Zugegriffen: 6. November 2018.

KMK (Kultusministerkonferenz). 2015. Ländergemeinsame inhaltliche Anforderungen für die Fachwissenschaften und Fachdidaktiken in der Lehrerbildung. Beschluss der Kultusministerkonferenz vom 16.10.2008 i. d. F. vom 12.10.2017. http://www.kmk.org/fileadmin/Dateien/veroeffentlichungen_beschluesse/2008/2008_10_16-Fachprofile-Lehrerbildung.pdf. Zugegriffen: 6. November 2018.

Kniffka, Gabriele. 2010. Scaffolding. ProDaZ Universität Duisburg Essen. https://www.uni-due.de/imperia/md/content/prodaz/scaffolding.pdf. Zugegriffen: 6. November 2018.

Koch, Barbara. 2015. Inklusiver Unterricht als Entwicklungsaufgabe für die Berufsbildung. Didaktische Prinzipien und Chancen des kooperativen Lernens. *Berufsbildung in Wissenschaft und Praxis* 2: 26–29.

König, Anke, und T. Friederich. 2014. Inklusion durch sprachliche Bildung – Schlüssel für gesellschaftliche Teilhabe von Anfang an. In *Inklusion durch sprachliche Bildung. Neue Herausforderungen im Bildungssystem*, Hrsg. A. König und T. Friederich, 9–14. Weinheim und Basel: Beltz Juventa.

Kronauer, Martin. 2015. Politische Bildung und inklusive Gesellschaft. In *Didaktik der inklusiven politischen Bildung*, Hrsg. C. Dönges, W. Hilpert und B. Zurstrassen, 18–29. Bonn: Bundeszentrale für politische Bildung.

Lange, Valerie, und M. Dobe. 2017. Inklusive Bildung in Berlin: Teil 14 des Ländervergleichs. Friedrich-Ebert-Stiftung. http://library.fes.de/pdf-files/studienfoerderung/13285.pdf. Zugegriffen: 6. November 2018.

Lehmann, Bernd. 2013. Inklusion – Eine Chance für Schüler und Lehrer. *Wochenschau* 6: 2–9.

Lütje-Klose, Birgit, S. Miller, und H. Ziegler. 2014. Professionalisierung für die inklusive Schule als Herausforderung für die LehrerInnenbildung. *Soziale Passagen* 6: 69–84.

Prengel, Annedore. 2013a. *Inklusive Bildung in der Primarstufe. Eine wissenschaftliche Expertise des Grundschulverbandes*. Grundschulverband e. V.: Frankfurt a. M.

Prengel, Annedore. 2013b. Humane entwicklungs- und leistungsförderliche Strukturen im inklusiven Unterricht. In *Die inklusive Schule. Standards für die Umsetzung*, Hrsg. V. Moser, 177–185. Stuttgart: Kohlhammer.

Ramseger, Jörg. 1996. Das Dilemma von Integration und Differenzierung. In *Kindheit heute. Differenzen und Gemeinsamkeiten*, Hrsg. J. W. Erdmann, G. Rückriem und E. Wolf, 187–200. Bad Heilbrunn: Klinkhardt.

Rebel, Karl-Heinz, Hrsg. 2011. *Heterogenität als Chance nutzen lernen.* Bad Heilbrunn: Klinkhardt.

Reich, Kersten. 2014. *Inklusive Didaktik. Bausteine für eine inklusive Schule.* Weinheim und Basel: Beltz.

Richter, Dagmar. 2015. Inklusion und politische Bildung in der Grundschule als „Muster" für alle Schulformen? In *Didaktik der inklusiven politischen Bildung*, Hrsg. C. Dönges, W. Hilpert und B. Zurstrassen, 170–181. Bonn: Bundeszentrale für politische Bildung.

Schmidt, Christin, und K. Liebers. 2015. *Formatives Assessment an Grundschulen – Praxis und Bedingungsfaktoren.* Wiesbaden: Springer VS.

Schöler, Jutta. 2009. *Alle sind verschieden.* Weinheim und Basel: Beltz.

Seitz, Simone. 2013. Inklusive Didaktik, inklusiver Unterricht. *Wochenschau* 6: 10–14.

Tillmann, Klaus-Jürgen. 2011. System jagt Fiktion. Die homogene Lerngruppe. In *Heterogenität als Chance nutzen lernen*, Hrsg. K.-H. Rebel, 70–73. Bad Heilbrunn: Klinkhardt.

Timmermann, Dieter. 1990. Historische Leistung und heutige Leistungsfähigkeit der Konzepte der Bildungsreform der siebziger Jahre. In *Heutige Bildung und Aufklärung heute. Kritische Texte*, Hrsg. F.-U. Kolbe, 175–195. Bielefeld: Karin Böllert KT-Verlag.

Troop-Gordon, Wendy, und J. Kopp. 2011. Teacher-Child Relationship Quality and Children's Peer Victimization and Aggressive Behavior in Late Childhood. *Social Development* 3: 536–561.

UN-Behindertenrechtskonvention. 2009. Behindertenrechtskonvention Info. Praetor Intermedia UG. https://www.behindertenrechtskonvention.info/. Zugegriffen: 6. November 2018.

UNESCO. 1994. Die Salamanca-Erklärung und der Aktionsrahmen zur Pädagogik für besondere Bedürfnisse. Angenommen von der Weltkonferenz „Pädagogik für besondere Bedürfnisse: Zugang und Qualität". Salamanca, Spanien. https://www.unesco.de/fileadmin/medien/Dokumente/Bibliothek/salamanca-erklaerung.pdf. Zugegriffen: 6. November 2018.

Wehling, Hans-Georg. 1977. Konsens à la Beutelsbach. In *Das Konsensproblem in der politischen Bildung*, Hrsg. S. Schiele und H. Schneider, 179–180. Stuttgart: Klett.

Weiner, Joachim. 2009. Die deutsche Bildungsreform. Exzellenz und Effizienz. *Deutschlandfunk.* http://www.deutschlandfunk.de/die-deutsche-bildungsreform.1184.de.html?dram:article_id=185315. Zugegriffen: 06. November 2018.

Weißeno, Georg, J. Detjen, I. Juchler, P. Massing, und D. Richter. 2010. *Konzepte der Politik – ein Kompetenzmodell.* Bonn: Bundeszentrale für politische Bildung.

Werning, Rolf. 2014. Stichwort: Schulische Inklusion. *Zeitschrift für Erziehungswissenschaft* 04: 601–623.

Wygotski, Lew. 1987. *Ausgewählte Schriften. Arbeiten zur psychischen Entwicklung der Persönlichkeit.* Köln: Pahl-Rugenstein.

Autorinnen

Jordan, Annemarie (M.Ed.), ist wissenschaftliche Mitarbeiterin an der Freien Universität Berlin. Sie promoviert zurzeit zum Thema „Videofallbasierte Lernarrangements zum Formulieren von politischen Urteilen" (Arbeitstitel). Ihre Arbeits- und Forschungsschwerpunkte liegen in den Bereichen Sprachbildung in der politischen Bildung, videobasierte Unterrichtsforschung, professionelle Wahrnehmung sowie politische Urteils- und Handlungskompetenz.

E-Mail: a.jordan@fu-berlin.de

Becker, Julia (M.Ed.), war wissenschaftliche Mitarbeiterin an der Freien Universität Berlin und arbeitet nun als wissenschaftliche Mitarbeiterin an der Humboldt Universität zu Berlin. Nachdem sie sechs Jahre im Berliner Schuldienst war, promoviert sie nun zum Thema „Förderung von Kompetenzen für inklusiv arbeitende Lehrerinnen und Lehrer durch Videofallarbeit in der universitären Erstausbildung" (Arbeitstitel). Ihre Arbeitsschwerpunkte sind inklusive Schulentwicklung und -gestaltung, Arbeit mit Videofällen in der Lehrerbildung, Sachunterrichtsdidaktik und Grundschulpädagogik.

E-Mail: julia.becker@fu-berlin.de

Politikunterricht in der inklusiven Schule

Wissenschaftliche und alltagsdidaktische Vorstellungen über inklusiven Politikunterricht als Zugang zur Kompetenzentwicklung von Fachlehrkräften

Jan Eike Thorweger

Zusammenfassung

Der Beitrag setzt sich mit Fragen der Qualifikation von Fachlehrerkräften für den Politikunterricht in der inklusiven Schule auseinander. Ausgehend von einem Blick auf den aktuellen Stand in Bezug auf die Umsetzung der Inklusion im schulischen Kontext wird argumentiert, dass gerade das Unterrichtsfach Politik sich für den gemeinsamen Unterricht in heterogenen Lerngruppen öffnen sollte. Auf dieser Grundlage wird ein hoher Qualifizierungsbedarf auf Seiten der Fachlehrkräfte identifiziert, dem im Rahmen der Lehrkräftebildung – so die zentrale These des Beitrags – nachhaltig nur über eine produktive Vernetzung von wissenschaftlichen Perspektiven einerseits und bereits vorhandenen individuellen Sicht- und Herangehensweisen der Lehrenden andererseits zu begegnen ist. Intendiert ist in diesem Zusammenhang eine Adaption des Ansatzes der Didaktischen Rekonstruktion auf die politikdidaktische Lehrkräftebildung. Die Zielsetzung besteht in der Gewinnung von Ansätzen für eine nachhaltige Gestaltung der Ausbildung von Politiklehrkräften im Hinblick auf die Anforderungen eines inklusiven Fachunterrichts. Im Fokus steht dabei insbesondere die zweite Ausbildungsphase, als derjenige Qualifizierungsabschnitt mit einerseits besonders hoher Interventionsnotwendigkeit sowie andererseits potenziell hoher Prägekraft im Hinblick auf das tatsächliche spätere Handeln im professionellen Anforderungskontext.

Schlüsselbegriffe

Inklusiver Politikunterricht, Inklusive Fachdidaktik, Lehrkräftekompetenzen, Fachdidaktische Lehrerbildung, Didaktische Rekonstruktion

1   Ausgangssituation: Der Wandel zur inklusiven Schule

Wenngleich auch in Deutschland eine lange Tradition der ‚integrativen‘ Bildung im vorschulischen und schulischen Bereich besteht[1] (vgl. Opp et al. 2004, S. 353), markiert doch die Ratifizierung der UN-Behindertenrechtskonvention im Jahr 2009 eine entscheidende Wegmarke für die Weiterentwicklung der Bildungssysteme in der BRD. So ist im Artikel 24 der Konvention das Bekenntnis zur Umsetzung eines „inclusive[2] education system at all levels" (UN 2008, S. 16) festgehalten, das die Leitperspektive der Inklusion in den Fokus des politischen, administrativen, pädagogischen und didaktischen Denkens und Handelns (insbesondere) in Bezug auf die Institution Schule gerückt hat.

Das Ziel der Inklusion geht dabei insofern über das Konzept der Integration hinaus, als dass hier die Unterscheidung zwischen den ‚Normalen‘ und den (zu integrierenden) ‚Abweichenden‘ keine zentrale Rolle mehr spielen soll und stattdessen von einer „Vielfalt als Normalität" (Sulzer 2013, S. 14) ausgegangen wird, die sich maßgeblich aus Mehrfachzugehörigkeiten der Individuen speist (vgl. Sulzer 2013, S. 14f.). Inklusion kann sich dementsprechend auch nicht – wie dies in der öffentlichen Debatte bisweilen geschieht – ausschließlich auf Menschen mit Behinderung beziehen, sondern muss „grundsätzlich *alle* Menschen mit Zugangs-, Teilhabe-, und Selbstbestimmungserschwernissen erfassen" (Besand und Jugel 2015, S. 47f.; Hervorh. im Orig.). Ausgehend von einem solchen *weiten Inklusionsverständnis* richtet sich der Fokus auf das Zusammenleben und -lernen *aller* Mitglieder einer Gesellschaft, einer Schule, einer Klasse etc. in ihrer jeweiligen Unterschiedlichkeit (vgl. Besand und Jugel 2015). Inklusion zielt demnach übergeordnet darauf ab, „Diskriminierungen von Menschen jeder Art und auf allen Ebenen abzubauen, um eine möglichst chancengerechte Entwicklung aller Menschen zu ermöglichen" (Reich 2012, S. 39).

---

1   Die Tendenzen zur integrativen Beschulung blieben dabei jedoch auf einzelne Schulstandorte beschränkt und haben die Entwicklung eines stark ausgebauten und auf die Ausgliederung von Schülerinnen und Schülern mit Behinderungen, Lern- sowie Verhaltensschwierigkeiten abzielenden Sonderschulwesens in der BRD (vgl. Reich 2012, S. 33 ff.) nicht signifikant beeinträchtigt.

2   Wenngleich in der amtlichen deutschen Übersetzung lediglich von einem *integrativen* Bildungssystem die Rede ist, hat sich in der Umsetzung der Konvention in Deutschland zeitnah gezeigt, dass hier der weitergehende Begriff der Inklusion übernommen wurde bzw. wird. So hat z. B. die Kultusministerkonferenz in ihrem Beschluss aus dem Jahr 2011 ausdrücklich Empfehlungen für die *inklusive* Bildung von Kindern und Jugendlichen mit Behinderung in Schulen erarbeitet (vgl. Kultusministerkonferenz 2011).

Dieser Anspruch der Chancengerechtigkeit steht dabei in Kontrast zu den etablierten Strukturen, die in den einzelnen Bundesländern traditionell stark auf äußere Gliederung und Leistungsdifferenzierung setzen und eine Beschulung in spezifischen Schulformen mit jeweils eingegrenztem Ziel- und Chancenspektrum – bei zugleich anhaltend deutlichem Zusammenhang zwischen sozialer Herkunft und Bildungserfolg (vgl. Maaz 2017, S. 5) – vorsahen bzw. weiterhin vorsehen.[3] Es ergibt sich demgegenüber ein normativer Bezugspunkt für die (Neu)Ausrichtung schulischer Bildung. Inklusion bedeutet hier ganz grundsätzlich, „dass allen Menschen die gleichen Möglichkeiten offen stehen, an qualitativ hochwertiger Bildung teilzuhaben und ihre Potenziale zu entwickeln" (Deutsche UNESCO-Kommission 2014, S. 9).

In der Konsequenz führt dies zu einer zunehmenden Hinterfragung der o. g. etablierten Praxen im Schulsystem, welches bisher stark auf seine Selektionsfunktion hin ausgerichtet war. Der *gemeinsame Unterricht aller Lernenden* tritt als tatsächliche Option neben die getrennte Beschulung in (gegliederten) Regelschulen und spezialisierten Förderzentren (vormals: Sonderschulen). In der Summe äußeren sich diese Veränderungsprozesse in einer insgesamt feststellbaren Zunahme des gemeinsamen Unterrichts von Lernenden mit unterschiedlichsten Ausgangslagen – kurzum in einer zunehmenden Heterogenität in den Klassenzimmern (vgl. Statistisches Bundesamt 2016, S. 12; Klemm 2015, S. 37ff.; Döttinger und Hollenbach-Biele 2015, S. 36ff.).

2 Gemeinsamer (Politik-)Unterricht als Gestaltungserfordernis

Vor dem Hintergrund des oben dargestellten Inklusionsverständnisses markiert gerade diese umfassende Heterogenität der Lerngruppen, die sich ausdrücklich nicht nur isoliert entlang der Differenzlinie *behindert/nicht-behindert* darstellt, sondern viele Dimensionen von Vielfalt wahrnimmt und akzeptiert, das Feld der Herausforderungen und zugleich der Potenziale für die didaktische Ausgestaltung eines gemeinsamen, inklusiven Unterrichts. Ein inklusiver Unterricht erkennt dabei

---

3 Dies gilt im Grundsatz auch unter den Bedingungen einer in zahlreichen Bundesländer entstehenden ‚Zweigliedrigkeit', mit nur noch einer Schulform neben dem Gymnasium. Entscheidend wird hier zukünftig sein, inwieweit es in den neu entstehenden Schulformen gelingt bzw. gelingen kann, differenziert und individualisiert der Bindung von sozialem Hintergrund und Bildungserfolg entgegenzuwirken.

die Unterschiedlichkeit der vielfältigen individuellen Lernausgangslagen an und zielt hiervon ausgehend auf die Entwicklung der Kompetenzen *aller* Lernenden. Auf der Durchführungsebene kombiniert ein solcher Unterricht Formen des gemeinsamen und individualisierten Lernens und betont insbesondere den Wechsel der Methoden und Sozialformen, die Kommunikation und Kooperation sowie die aktive Beteiligung der Lernenden an der Gestaltung der jeweiligen Lernprozesse (vgl. Klemm und Preuss-Lausitz 2011, S. 33f.). Das Lernen geschieht hierbei nicht im Gleichschritt aller Lernenden, jedoch immer in einem gemeinsamen Arbeitszusammenhang, der „eine breite Palette der Gleichzeitigkeit und der Unterschiede" (Klemm und Preuss-Lausitz 2011, S. 34) umfassen kann.

Der schulischen politischen Bildung kommt dabei eine besondere Aufgabe zu, weil die Umsetzung eines inklusiven Politikunterrichts sich hier nicht nur – wie in allen anderen Unterrichtsfächern – als fachdidaktische Herausforderung darstellt, sondern zudem eng mit übergeordneten Zielsetzungen des Faches verbunden ist (vgl. Kahlert 2015, S. 183). Wenn man nämlich die Rede von der *Mündigkeit* als zentralem politikdidaktischem Bezugspunkt (vgl. Sander 2014, S. 28f.) ernst nimmt, stellt sich die Frage, inwieweit im Politikunterricht tatsächlich eine Entwicklung von Kompetenzen für die informierte, selbstbestimmte und verantwortungsvolle Partizipation im Kontext der aktuellen Rahmenbedingungen innerhalb unserer Demokratie für *alle* Lernenden ermöglicht wird bzw. ermöglicht werden kann. Denkt man dieses Anliegen der Demokratiebildung als integralen Bestandteil des Politikunterrichts, spricht viel für dessen inklusive Ausrichtung (vgl. Thorweger 2018a). Die heterogene Lerngruppe dient dabei gewissermaßen als ‚Blaupause' der zunehmend diversen Gesellschaft: Junge Menschen können dort in Bezug auf politische Angelegenheiten in ihrer Unterschiedlichkeit miteinander agieren und dabei mit- und voneinander lernen. Die Wahrnehmung unterschiedlicher Interessen und die Perspektivübernahme werden geschult, Lernende können in der Auseinandersetzung mit den Gegenständen des Politikunterrichts, die immer eine zumindest implizite Anbindung an reale politische Gestaltungsherausforderungen aufweisen, partizipatives und verantwortungsbewusstes Agieren in einem von Diversität geprägten Lernumfeld entwickeln und erproben, wodurch Kompetenzen für das mündige Agieren im außerschulischen gesellschaftlichen Kontext angebahnt werden. Für einen inklusiven Politikunterricht spricht, dass dieser den Lernenden das politische Analysieren, Urteilen und Handeln in einem tatsächlich von Diversität geprägten Kontext ermöglicht, anstatt den Aspekt der Interessen- und Perspektivvielfalt gleichsam ‚künstlich' importieren zu müssen.[4] Umgekehrt

---

4   Selbstverständlich kann auch in von Diversität geprägten Lerngruppen nicht zwangsläufig davon ausgegangen werden, dass immer alle relevanten Perspektiven auf ein Problem

erscheint es hingegen fraglich, wie aus politikdidaktischer Sicht das Streben nach möglichst homogenen Lerngruppen – jenseits der wissenschaftspropädeutischen Arbeit in der Sekundarstufe II[5] – tatsächlich legitimierbar sein kann.

Ein solches Plädoyer für einen inklusiven Politikunterricht kann im Sinne der genannten Potenziale nur dann praxiswirksam werden, wenn dessen Ausrichtung und Umsetzung im Einklang mit der oben genannten Hinterfragung etablierter Praxen im Bereich der Schule steht. Eine einfache Übertragung der herkömmlichen Unterrichtskonzepte, die vielfach (explizit oder implizit) auf der Annahme einer Homogenität der Lerngruppen fußen (vgl. Kühberger 2014, S. 433), greift hier zu kurz und würde letztlich in einer Unter- oder Überforderung der Lernenden münden. Die Maßgaben der Ermöglichung der „Kooperation am gemeinsamen Gegenstand und Individualisierung durch innere Differenzierung" (Wocken 1998, S. 38) markieren hingegen schon lange zentrale Leitperspektiven einer neuen Lernkultur im Zusammenhang mit der Planung und Umsetzung inklusiver Unterrichtsangebote, die vor allem im Kontext der stärkeren Zuwendung zu Fragen der Inklusion in den vergangenen Jahren weitere Ausdifferenzierungen erfahren haben.

So fasst etwa Zimpel (2012) wesentliche Charakteristika einer inklusiven Lernkultur zusammen: Zentral sei hier, dass Lernende im Unterricht gezielte „Hilfen in der Zone ihrer nächsten Entwicklung" (Zimpel 2012, S. 155) erhielten. Um deren Wirksamkeit zu sichern, sei es von elementarer Bedeutung, dass die Lernenden Vertrauen[6] in diese Hilfen (und in diejenigen Personen, die sie anbieten) hätten (vgl. Zimpel 2012). Hilfen werden in diesem Ansatz in einer doppelten Funktion gesehen: So könnten alle Lernenden von ihnen einerseits profitieren, um eigene Lernfortschritte zu erzielen. Andererseits sollten sich alle Lernenden regelmäßig als

---

bzw. einen Sachverhalt gleichsam automatisch aus der Gruppe heraus erwachsen. Die kompetent handelnde Lehrkraft bleibt gefragt, auch um für die notwendige Kontroversität zu sorgen (vgl. Autorengruppe Fachdidaktik 2016, S. 25). Dies gilt umso mehr, wenn man bedenkt, dass die in einer Lerngruppe ggf. aufeinandertreffenden Interessenlagen nicht alle von den Schülerinnen und Schülern in gleicher Qualität artikuliert werden (können).

5 Durch die formalen Zugangsvoraussetzungen, die klare Ausrichtung des Unterrichtsangebots auf die Abiturprüfung und die häufig gegebene Möglichkeit zur bewussten Anwahl eines entsprechenden Grund- oder Leistungskurses ist hier von einer geringeren Heterogenität der Lerngruppen auszugehen. Dies bedeutet jedoch nicht, dass die Unterschiedlichkeit der Lernausgangslagen auf dem Weg zum Abitur keinerlei Rolle mehr spielt. Dieser Aspekt ist durch die Lehrkräfte auch hier zu berücksichtigen, dies jedoch nicht in vergleichbarem Ausmaß zur Situation im gemeinsamen Unterricht in der Sekundarstufe I.

6 Zimpel (2012) spricht hier in erster Linie von einem Wiederaufbau des Vertrauens, das bei Lernenden mit besonderen Förderbedürfnissen im Laufe der bisherigen Bildungsbiografie häufig verloren gegangen sei (vgl. Zimpel 2012, S. 155).

hilfreich für andere erleben, um hierüber Kompetenzen zu festigen und zugleich ihr Selbstkonzept positiv zu beeinflussen (vgl. Zimpel 2012, S. 156). Zimpel skizziert als Idealzustand einen Unterricht, in dessen Rahmen alle Lernenden – unabhängig von ihrer jeweiligen Ausgangslage – konzentriert und aus eigenem Antrieb lernen. Hierzu seien eine Motivationsdiagnostik, die Eröffnung vielfältiger Lernwege und eine Kultur stetiger Ermutigungen notwendig (vgl. Zimpel 2012, S. 155f.). Besonders bedeutsam sei zudem ein hoher Grad an Kooperation zwischen den Lernenden, denen zugleich möglichst viele Möglichkeiten eröffnet werden sollten, sich im Lernkontext anderen Beteiligten mitzuteilen (vgl. Zimpel 2012, S. 156).

Auch zur Frage einer inklusiven Didaktik der politischen Bildung liegen mittlerweile einige Beiträge vor, die zu den genannten Prinzipien einer inklusiven Lernkultur grundsätzlich anschlussfähig sind (vgl. die Beiträge in Dönges et al. 2015). Allerdings ist Besand und Jugel (2015) beizupflichten, wenn sie die vornehmlich theoretische Orientierung des entsprechenden Diskurses problematisieren, die zu einer Unterbelichtung praktischer Fragen der didaktischen Umsetzbarkeit beigetragen habe (vgl. Besand und Jugel 2015, S. 53). Gleichwohl betonen beide andererseits, dass bereits seit längerer Zeit diskutierte fachdidaktische Konzepte, Ansätze und Begriffe – etwa im Kontext der Auseinandersetzung mit Fragen der Elementarisierung, der Lebensweltorientierung und auch der Diskussion um Basiskonzepte – durchaus auch aus der Perspektive der Inklusion gesehen und weiterentwickelt werden könnten (vgl. Besand und Jugel 2015, S. 55).

3   Ausbildung von Lehrkräften für einen inklusiven Politikunterricht

Der noch junge Stand der fachdidaktischen Diskussion zum inklusiven Unterricht überschneidet sich – wie oben dargelegt wurde – mit einer zunehmenden Umsetzung (bzw. Umsetzungsnotwendigkeit) des gemeinsamen Lernens in den Schulen, die auch den Politikunterricht erreicht hat bzw. zunehmend erreichen wird. Im Zusammenhang mit diesem Spannungsverhältnis sind konkrete Herausforderungen zu sehen, wie Reich (2014) sie auf dem Weg zur Umsetzung gelingender Inklusion in der allgemeinbildenden Schule identifiziert: So sei auf wissenschaftlicher Ebene ein nur geringes Interesse an Fragen des inklusiven Unterrichts zu konstatieren. Überdies fehle es derzeit einerseits an verbindlichen inklusiven Lehrinhalten in der Lehramtsausbildung sowie andererseits an weitreichend praktizierten Fortbildungskonzepten für bereits unterrichtende Lehrkräfte (vgl. Reich 2014, S. 43).

Die hier skizzierte Studie setzt an den erkennbaren deutlichen Entwicklungs-
bedarfen im Bereich der Professionalisierung von Fachlehrerkräften an. Es wird
dabei grundlegend davon ausgegangen, dass neben den – in der Öffentlichkeit
besonders stark diskutierten – Aspekten der Ressourcenausstattung, insbesondere
Fragen zur Professionalisierung der Lehrkräfte von entscheidender Bedeutung für
einen gelingenden Wandel zum inklusiven Fachunterricht sind (vgl. Moser und
Demmer-Dieckmann 2012; Deutsche UNESCO-Kommission 2014). Im Mittelpunkt
der Studie steht die Suche nach Impulsen für eine zielgerichtete und praxiswirksame
Entwicklung der professionellen Kompetenzen von Lehrkräften im Hinblick auf
die Planung und Umsetzung inklusiver Lernsettings in der schulischen politischen
Bildung. Ziel ist die Gewinnung konkreter Leitlinien und Ansätze für entsprechende
Angebote im Rahmen der Ausbildung von Fachlehrkräften im allgemeinbildenden Lehramt. Wenngleich sich der gemeinsame Unterricht im Idealfall immer in
der (zumindest planerischen) Zusammenarbeit zwischen Regelschullehrkräften
und Sonder- bzw. Förderpädagog*innen konkretisiert, wird im hier gegebenen
Zusammenhang ein besonderer Professionalisierungsbedarf im Bereich der Re-
gelschullehrkräfte gesehen, deren Ausbildung bisher kaum Fragen des Umgangs
mit Lernenden mit spezifischen Förderbedarfen bzw. des gemeinsamen Unterrichts
berücksichtigt (vgl. Kolbe und Combe 2004, S. 866). Im Fokus steht dabei die zweite
Phase der Lehramtsausbildung, als für die individuelle Professionsentwicklung von
Lehrkräften besonders zentraler Ort der „reflektierende[n] Arbeit an Handlungs-
situationen des beruflichen Alltags" (Lenhard 2004, S. 279) mit besonderer Nähe
zur tatsächlichen schulischen Praxis.[7]

Der Studie wird ein Verständnis der professionellen Kompetenzen von Lehrkräften zugrunde gelegt, das sich auf das weithin rezipierte COACTIV-Modell (vgl.
Kunter und Baumert 2011) bzw. dessen Adaption für den Bereich der politischen
Bildung (vgl. Weschenfelder 2014) stützt. Im Zentrum steht dabei die Unterscheidung zwischen (fachlichem, fachdidaktischem und pädagogischem) *Wissen*, (auf
die Entstehung von Wissen und Erkenntnis, auf das Lehren und Lernen sowie auf
die Institution Schule und die Profession der Lehrperson bezogenen) *Überzeugungen* sowie *motivationalen Orientierungen*. Es wird davon ausgegangen, dass
sich die Grundlagen professionellen Handelns im Anforderungsfeld der Schule
aus den drei genannten Quellen speisen, wobei die einzelne Lehrkraft auf der
Basis einer Konstruktion subjektiver Vorstellungsstrukturen Handlungsfähigkeit
erlangt (vgl. Klee 2008, S. 20). Diese Vorstellungsstrukturen umfassen dabei neben
wissenschaftlichen Vorstellungen auch *alltagsdidaktische Vorstellungen*, verstanden

---

7 Zugleich ist jedoch denkbar, dass sich auch Perspektiven für die Übertagung auf die
   erste Phase der Lehrkräftebildung ergeben könnten.

als Kognitionen, die sich in der praktischen Verwendungsperspektive herausbilden und auf diese bezogen sind (vgl. Combe und Kolbe 2008, 865f.), über eine subjektiv wahrgenommene Kohärenz verfügen und sich zugleich zum Teil implizit in Form von Schemata und Routinen auswirken. Beide Vorstellungsebenen werden dabei nicht in einem antagonistischen Verhältnis, sondern – im Hinblick auf die subjektiv wahrgenommene Tragfähigkeit im Handlungskontext – als prinzipiell gleichwertig gesehen (vgl. Kattmann et al. 1997, S.6). Vorstellungen können sich auf verschiedenen Komplexitätsebenen manifestieren (vgl. Klee 2008, S.26), wobei prinzipiell davon auszugehen ist, dass Lehrkräfte in der Herstellung kognitiver Verknüpfungen alltagsdidaktische und wissenschaftliche Vorstellungen im Sinne der Erzeugung subjektiver Kohärenz im Handlungsfeld in Zusammenhang bringen bzw. integrieren.

Überträgt man diese grundsätzlichen Überlegungen auf den Bereich der Ausbildung von Lehrkräften, sind Professionalisierungsprozesse als (Weiter)Entwicklung kognitiver Strukturen zu verstehen, die sich sowohl auf Fragen des Wissens, der grundsätzlichen Haltungen und des hieraus abgeleiteten Könnens beziehen. In grundlegender Anbindung an kognitionspsychologische Überlegungen wird in diesem Zusammenhang ein *Conceptual-Change-Ansatz* (vgl. Lange 2008; Reussner und Pauli 2014, S.645ff.) als potenziell besonders tragfähig erachtet. Im Mittelpunkt steht dabei das Streben nach lernwirksamen Verknüpfungen zwischen vorhandenen Vorstellungen der Lernenden einerseits und wissenschaftlich-fachlichen Vorstellungen andererseits.

Wenngleich im Hinblick auf die potenzielle (subjektiv wahrgenommene) Bewährung im Handlungskontext von einer Gleichwertigkeit beider Ebenen auszugehen ist, besteht ein wesentliches Ziel entsprechender Ausbildungsangebote in der Nutzbarmachung wissenschaftlicher Vorstellungen für das professionelle Reflexions- und Handlungsrepertoire, um Wege in das einerseits theoriegeleitete sowie andererseits evidenzorientierte unterrichtsbezogene Handeln zu weisen. Die Entwicklung der Professionskompetenz ergibt sich hier jedoch nicht aus einer bloßen Ablösung bisheriger subjektiver Vorstellungen durch (als ‚richtig' erkannte) wissenschaftliche Vorstellungen. Sie ist vielmehr nur durch eine aktiv-reflektierende Auseinandersetzung des Individuums zu erreichen, in deren Rahmen Dissonanzen zwischen erlebten Handlungsanforderungen und vorhandenen alltagsdidaktischen Vorstellungen als subjektiv relevant wahrgenommen werden. Ebendiese können dann – je nach Ausbildungsangebot dann auch unter Berücksichtigung wissenschaftlicher Perspektiven – mit dem Ziel der Dissonanzauflösung erweitert, ausdifferenziert oder restrukturiert werden. Es kommt im Hinblick auf die Ermöglichung einer tatsächlichen Weiterentwicklung professioneller Kompetenzen von Lehrkräften also in besonderer Weise darauf an, Lerngelegenheiten zu schaffen, die die vorhandenen alltagsdidaktischen Vorstellungen als Ressource begreifen, an diesen gezielt anknüpfen und mögliche Bezüge zur Ebene der wissenschaftlichen Vorstellungen als potenziell fruchtbare Wege der professionellen Weiterentwicklung nutzbar machen wollen.

4   Ziele und Aufbau der Studie

Die Ergebnisse der Forschungsstudie sollen Wege und Ansätze für eine solche Lehrkräftebildung im Hinblick auf die Herausforderungen eines inklusiven Politikunterrichts aufzeigen. Zielperspektive ist die Ermöglichung von Professionalisierungsprozessen, in deren Rahmen vorhandene alltagsdidaktische Vorstellungen zum inklusiven Politikunterricht, die die angehenden Lehrkräfte bereits auf der Basis ihrer bisherigen Ausbildung und Unterrichtspraxis entwickelt haben, als Ausgangs- und Bezugspunkt der intendierten Entwicklungen fungieren.

Zu diesem Zweck sollen in einem mehrstufigen Forschungsprozess sowohl wissenschaftliche als auch alltagsdidaktische Vorstellungen zum inklusiven Politikunterricht erhoben und zueinander in Beziehung gesetzt werden. Zurückgegriffen wird dabei auf den Forschungsrahmen der *Didaktischen Rekonstruktion*, der ursprünglich auf die fachdidaktische Unterrichtsforschung im Hinblick auf die Vermittelbarkeit von Lerngegenständen an Schülerinnen und Schüler ausgerichtet ist (vgl. Kattmann et al. 1997), aber mittlerweile auch für den Bereich der Lehrkräftebildung adaptiert wurde (vgl. Lohmann 2006; Van Dijk und Kattmann 2007; 2010; Duit et al. 2012, S. 28ff.). Der grundsätzliche Forschungsrahmen zielt aus fachdidaktischer Perspektive darauf ab, den „wissenschaftliche[n] Gegenstand in seinen bedeutsamen Bezügen wieder[herzustellen] und [...] durch Rückbezug auf die verfügbaren Schülervorstellungen ein[en] Unterrichtsgegenstand [zu konstruieren]" (Kattmann et al. 1997, S. 4). Es geht also darum, Lehr-Lernprozesse zu ermöglichen, die maßgeblich an den vorhandenen Vorstellungen der Lernenden anknüpfen und deren fachliche Weiterentwicklung im Blick haben. Hierzu dient ein Gefüge dreier Untersuchungsaufgaben: Im Rahmen der *fachlichen Klärung* gilt es, wissenschaftliche Perspektiven auf den jeweiligen Gegenstand systematisch zu erheben und im Hinblick auf ihre Genese, Funktion und Grenzen zu untersuchen; im Rahmen der *Erfassung der Schülerperspektiven* gilt es, die bei den Lernenden vorfindbaren Vorstellungen mit Bezug zum jeweiligen Gegenstand zu erheben und zu systematisieren. Im Rahmen der *didaktischen Strukturierung* gilt es schließlich, die Ergebnisse der beiden vorherigen Erhebungsschritte wechselseitig aufeinander zu beziehen, dabei Eigenheiten, Verschiedenheiten und Gemeinsamkeiten herauszuarbeiten und hierüber schließlich Leitlinien für die unterrichtliche Vermittlung zu gewinnen.

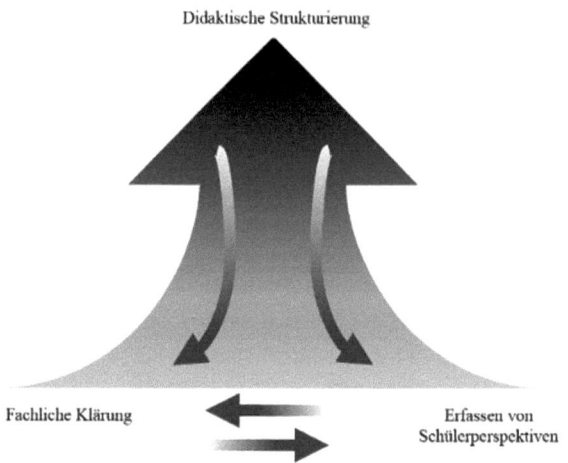

Abb. 1 Forschungsrahmen der Didaktischen Rekonstruktion
(Kattmann et al. 1997, S. 4)

Die vorliegenden Adaptionen des Modells für den Bereich der Lehrkräftebildung fragen in erster Linie danach, wie Ausbildungsangebote zu strukturieren sind, die Lehrkräfte dabei unterstützen, Kompetenzen für die unterrichtliche Einbindung bereits didaktisch rekonstruierter Lerngegenstände im Sinne des grundlegenden Verständnisses einer veränderten Lernkultur zu entwickeln (vgl. Lohmann 2006, S. 69f.). Im Blickpunkt stehen hier die fachliche Klärung im Hinblick auf die Befundlage zu bereits vorliegenden didaktischen Strukturierungen, die Erfassung der Lernendenperspektiven im Hinblick auf die Erhebung des gegenstandsbezogenen fachdidaktischen Wissens[8] von (angehenden) Lehrkräften sowie die Didaktische Strukturierung im Hinblick auf die hieraus folgende Gewinnung von Ansätzen und Leitlinien für eine zielgerichtete Lehrkräftebildung.

---

8 Van Dijk und Kattmann (2010) fassen dieses fachdidaktische Wissen in Anbindung an den Forschungsstand zum Professionswissen von Lehrkräften unter dem Begriff des „Pedagogical Content Knowledge" (Van Dijk und Kattmann 2010, S. 7ff.) (siehe Abb. 2).

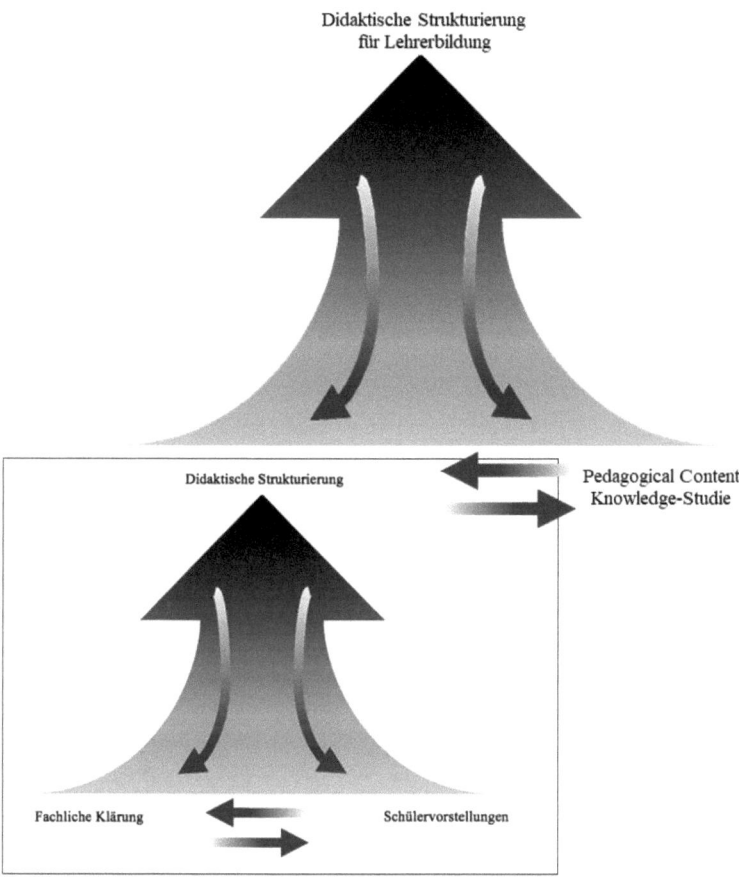

Abb. 2 Forschungsrahmen der Didaktischen Rekonstruktion für die Lehrkräftebildung (Van Dijk und Kattmann 2010, S. 9)

Für die hier skizierte Studie wird vom Autor dieses Beitrags eine weitere Adaption des Forschungsrahmens vorgenommen, die sich von Fragen der unterrichtlichen Vermittlung einzelner Unterrichtsgegenstände löst und stattdessen den Blick umfassender auf die Entwicklung von Kompetenzen für die Planung, Gestaltung und Reflexion inklusiver Unterrichtsangebote (jenseits einzelner Gegenstände) im Fachunterricht richtet. Verbindende Leitperspektiven der Untersuchung ergeben sich aus den zentralen Leitfragen der Didaktik, als der „Theorie und Praxis des

Lehrens und Lernens" (Jank und Meyer 2005, S. 16), die sich mit der Klärung befasst, *wer, was, wann, mit wem, wo, wie, womit, warum* und *wozu* lernen soll (vgl. Jank und Meyer 2005). Die Forschungsschritte stellen sich dabei folgendermaßen dar:

- Im Rahmen der fachlichen Klärung soll ergründet werden, welche relevanten Perspektiven zu Fragen eines inklusiven Politikunterrichts auf wissenschaftlicher Ebene vorliegen (wissenschaftliche Vorstellungen). Hierzu werden wissenschaftliche Vorstellungen mit Hilfe der qualitativen Inhaltsanalyse (vgl. Mayring 2008) aus der Literatur herausgearbeitet und anschließend in Form eines systematischen Reviews (vgl. Petticrew und Roberts 2008) zusammengeführt. Der Fokus liegt hierbei sowohl auf fachdidaktischen Beiträgen, die sich mit der theoretischen Fundierung politischen Lernens befassen, als auch auf solchen, die eher Fragen der didaktisch-methodischen Gestaltung entsprechender Lernprozesse fokussieren. Auf Grund des noch jungen Standes der fachdidaktischen Diskussion sollen hierbei – der Maßgabe der Reflexion bereits vorhandener Perspektiven im Hinblick auf ihre Anschlussfähigkeit an die Bedarfe im Kontext eines inklusiven Politikunterrichts (vgl. Besand und Jugel 2015, S. 55) folgend – neben Beiträgen mit direktem Bezug zur inklusiven politischen Bildung auch grundlegende Paradigmen und Ansätze der Politikdidaktik herangezogen werden.
- Im Rahmen der Erfassung der Lernendenperspektiven soll geklärt werden, über welche reflexions- und handlungsleitenden Vorstellungen angehende Lehrkräfte in Bezug auf einen inklusiven Politikunterricht bereits verfügen (alltagsdidaktische Vorstellungen). In Abgrenzung zu vorliegenden Studien im Kontext der Didaktischen Rekonstruktion soll die Erhebung hier aber nicht vornehmlich über leitfadengestützte Interviews erfolgen. Die alltagsdidaktischen Vorstellungen sollen vielmehr über die Analyse von Unterrichtsentwürfen und Unterrichtsbeobachtungen im konkreten Handlungsfeld herausgearbeitet werden, wobei hier ebenfalls das Verfahren der qualitativen Inhaltsanalyse – orientiert an dessen Adaption für die fachdidaktische Lehr-Lernforschung (vgl. Gropengießer 2008) – zur Anwendung gelangen soll. Das primäre Ziel dieses empirischen Untersuchungsvorhabens besteht darin, alltagsdidaktische Vorstellungen von Fachlehrkräften zu Beginn ihrer stärker praxisbezogenen Professionalisierung im Rahmen der zweiten Phase der Lehrerkräftebildung zu erheben. Da hierbei die alltagsdidaktischen Vorstellungen im Hinblick auf die Umsetzung eines inklusiven Politikunterrichts im Fokus stehen, werden in diesen Untersuchungsabschnitt solche angehenden Lehrkräfte einbezogen, die direkt zu Beginn ihres Referendariats im Rahmen des gemeinsamen Fachunterrichts in einer inklusiven

Lerngruppe[9] in der Sekundarstufe I einer integrierten Schulform praktisch tätig werden – angehende Lehrerinnen und Lehrer also, die mithin unmittelbar vor der Anforderung stehen, einen inklusiven Fachunterricht auf der Basis ihrer bisher entwickelten alltagsdidaktischen Vorstellungen umzusetzen.

- Im Rahmen der didaktischen Strukturierung sollen schließlich die herausgearbeiteten wissenschaftlichen und alltagsdidaktischen Vorstellungen so miteinander vernetzt werden, dass Ansätze und Leitlinien für zielgerichtete und tragfähige Ausbildungsangebote im hier skizzierten Verständnis abgeleitet und begründet werden können. Angestrebt werden in diesem Zusammenhang Bezugspunkte für die konkrete Ausgestaltung von Seminar- und Beratungsangeboten, mit deren Hilfe Prozesse eines oben beschriebenen *Conceptual-Change* in Gang gebracht und begleitet werden können. Ein Schwerpunkt soll dabei insbesondere darauf liegen, Lösungen für Professionalisierungsherausforderungen zu finden, die sich im Spannungsfeld zwischen fachlich-normativen Ansprüchen einerseits und eher pragmatisch motivierten Haltungen und Handlungsstrategien andererseits (vgl. Lenhard 2004, S. 282) ergeben.

5   Erste Befunde und Ausblick

Der Forschungsprozess im Rahmen der didaktischen Rekonstruktion ist durch eine *iterative Vorgehensweise* gekennzeichnet, „die mit vorläufigen Untersuchungsergebnissen und wiederholten Perspektivwechseln arbeitet" (Kattmann et al. 1997, S. 13). Im Rahmen des hier vorgestellten Forschungsvorhabens wurde bisher an den Untersuchungsaufgaben der fachlichen Klärung sowie der Erfassung der Lernendenperspektiven gearbeitet. Die bisherigen Befunde wurden noch nicht umfassend aufbereitet und systematisiert und können an dieser Stelle nur in einem knappen Überblick dargestellt werden. Gleichwohl lassen sich hieraus auch Perspektiven für den weiteren Verlauf der Untersuchung ableiten.

Erste Ergebnisse der fachlichen Klärung zeigen auf, dass sich eine Vielzahl wissenschaftlicher Vorstellungen aus dem Kontext der Politikdidaktik im Hinblick auf den inklusiven Fachunterricht unter der Leitperspektive einer „subjektorientierten Politikdidaktik" (Kühberger 2014, S. 438) fokussieren bzw. akzentuieren lassen. Insbesondere konstruktivistisch orientierte fachdidaktische Konzepte (vgl. etwa

---

9   Als inklusive Lerngruppen werden solche Klassen in Regelschulen verstanden, die sowohl von Lernenden *mit* als auch *ohne* sonderpädagogischem Förderbedarf besucht werden.

Lange 2008; Sander 2013), der Ansatz der genetischen Politikdidaktik (vgl. Petrik 2009) sowie auch die politikdidaktisch informierte und zugleich heterogenitätsbezogene Konnotation gängiger didaktischer Prinzipien (vgl. Thorweger 2018b) erweisen sich in diesem Zusammenhang als besonders anschlussfähig. Da sich die fachliche Klärung derzeit noch in einem frühen Stadium befindet, ist im weiteren Verlauf des Vorhabens mit einer Vertiefung und Erweiterung der Anschlusspunkte zu rechnen, wodurch schließlich ein systematisches Bild des Theoriestands mit Bezug zum inklusiven Politikunterricht entstehen soll.

Aus den ersten Ergebnissen der Erfassung der Lernendenperspektiven wird bisher zunächst ersichtlich, dass angehende Politiklehrkräfte im Anforderungskontext des inklusiven Fachunterrichts ganz grundsätzlich in der Regel über alltagsdidaktische Vorstellungen verfügen, die es ihnen erlauben, spezifische Handlungsstrategien mit Bezug auf den didaktischen Umgang mit Heterogenität heranzuziehen bzw. zu entwickeln. Deutlich zeigt sich, dass hier häufig insbesondere Konzepte der Binnendifferenzierung in Verbindung mit der problemorientierten Strukturierung der beabsichtigten Lehr-/Lernprozesse intendiert werden. Vergleichsweise wenig Beachtung erfahren hingegen Konzepte zur Erschließung und tatsächlichen Berücksichtigung individueller Lernausgangslagen. Auch bleiben Fragen der Vernetzung individuellen und kooperativen Lernens häufig unterbelichtet. Die konkrete Analyse der jeweils vorfindbaren alltagsdidaktischen Vorstellungen offenbart eine ausgeprägte Bandbreite des Ausmaßes der Anbindung an theoretische Überlegungen sowie auch im Hinblick auf die Breite der angestrebten Umsetzung. Dementsprechend wird im Rahmen der Auswertung ein unterschiedliches Maß der praktischen Tragfähigkeit der herangezogenen alltagsdidaktischen Vorstellungen deutlich, die sich v. a. auch in einem Spannungsverhältnis zwischen der Planung und der Durchführung des Unterrichts abzeichnet. Insgesamt deuten die ersten Ergebnisse dieser Untersuchungsdimension auf zahlreiche Anknüpfungsmöglichkeiten zwischen wissenschaftlichen und alltagsdidaktischen Vorstellungen und somit auf deren (Weiter-)Entwickelbarkeit innerhalb des hier dargestellten Rahmens hin.

Literaturverzeichnis

Autorengruppe Fachdidaktik. 2016. *Was ist gute politische Bildung? Leitfaden für den sozialwissenschaftlichen Unterricht.* Schwalbach/Ts.: Wochenschau.
Besand, Anja, und D. Jugel. 2015. Inklusion und politische Bildung – gemeinsam denken! In *Didaktik der inklusiven politischen Bildung*, Hrsg. C. Dönges, W. Hilpert und B. Zurstrassen, 45–59. Bonn: Bundeszentrale für politische Bildung.

Combe, Arno, und F.-U. Kolbe. 2008. Lehrerprofessionalität. Wissen, Können, Handeln. In *Handbuch der Schulforschung*, Hrsg. W. Helsper und J. Böhme, 857–875. Wiesbaden: Springer VS.

Dönges, Christoph, W. Hilpert, und B. Zurstrassen, Hrsg. 2015. *Didaktik der inklusiven politischen Bildung*. Bonn: Bundeszentrale für politische Bildung.

Döttinger, Ina, und N. Hollenbach-Biele. 2015. *Auf dem Weg zum gemeinsamen Unterricht? Aktuelle Entwicklungen zur Inklusion in Deutschland*. Gütersloh: Bertelsmann Stiftung.

Duit, Reinders, H. Gropengießer, U. Kattmann, M. Komorek, und I. Parchmann. 2012. The Model of Eductional Reconstruction. A Framework for Improving Teaching and Learning Science. In *Science Education Research and Practice in Europe. Retrospective and Prospective*, Hrsg. D. Jorde, und J. Dillon, 13–37. Rotterdam: Sense Publishers.

Deutsche UNESCO-Kommission. 2014. Inklusion: Leitlinien für die Bildungspolitik. https://www.unesco.de/sites/default/files/2018-05/2014_Leitlinien_inklusive_Bildung.pdf. Zugegriffen: 10. Dezember 2018.

Gropengießer, Harald. 2008. Qualitative Inhaltsanalyse in der fachdidaktischen Lehr-Lernforschung. In *Die Praxis der Qualitativen Inhaltsanalyse*, Hrsg. P. Mayring und M. Gläser-Zikuda, 172–189. Weinheim und Basel: Beltz.

Jank, Werner, und H. Meyer. 2005. *Didaktische Modelle*. Berlin: Cornelsen Scriptor.

Kahlert, Joachim. 2015. Inklusionsdidaktische Netze in der politischen Bildung. Konzeptioneller Hintergrund und Anwendungsmöglichkeiten. In *Didaktik der inklusiven politischen Bildung*, Hrsg. C. Dönges, W. Hilpert und B. Zurstrassen, 182–195. Bonn: Bundeszentrale für politische Bildung.

Kattmann, Ulrich, R. Duit, H. Gropengießer, und M. Komorek. 1997. Das Modell der Didaktischen Rekonstruktion – Ein Rahmen für naturwissenschaftsdidaktische Forschung und Entwicklung. *Zeitschrift für Didaktik der Naturwissenschaften* 3: 3–18.

Klemm, Klaus, und U. Preuss-Lausitz. 2011. *Auf dem Weg zur schulischen Inklusion in Nordrhein-Westfalen Empfehlungen zur Umsetzung der UN-Behindertenrechtskonvention im Bereich der allgemeinen Schulen*. Düsseldorf: Ministerium für Schule und Weiterbildung des Landes Nordrhein-Westfahlen.

Klemm, Klaus. 2015. *Inklusion in Deutschland. Daten und Fakten*. Gütersloh: Bertelsmann Stiftung.

Klee, Andreas. 2008. *Entzauberung des Politischen Urteils. Eine didaktische Rekonstruktion zum Politikbewusstsein von Politiklehrerrinnen und Politiklehrern*. Wiesbaden: VS.

Kultusministerkonferenz. 2011. Inklusive Bildung von Kindern und Jugendlichen mit Behinderungen in Schulen. Beschluss der Kultusministerkonferenz vom 20.10.2011. https://www.kmk.org/fileadmin/veroeffentlichungen_beschluesse/2011/2011_10_20-Inklusive-Bildung.pdf. Zugegriffen: 10. Dezember 2018.

Kolbe, Fritz-Ulrich, und A. Combe. 2004. Lehrerbildung. In *Handbuch der Schulforschung*, Hrsg. W. Helsper, und J. Böhme, 853–877. Wiesbaden: Springer VS.

Kühberger, Christoph. 2014. Individualisiertes Lernen: Methoden der Differenzierung in der politischen Bildung. In *Handbuch politische Bildung*, Hrsg. W. Sander, 433–441. Schwalbach/Ts.: Wochenschau.

Kunter, Mareike, und J. Baumert. 2011. Das Kompetenzmodell von COACTIV. In: *Professionelle Kompetenz von Lehrkräften. Ergebnisse des Forschungsprogramms COACTIV*, Hrsg. M. Kunter, J. Baumert und W. Blum, 29–53. Münster: Waxmann.

Lange, Dirk. 2008. Kernkonzepte des Bürgerbewusstseins. Grundzüge einer Lerntheorie der politischen Bildung. In: *Politikkompetenz. Was Unterricht zu leisten hat*, Hrsg. G. Weißeno, 245–258. Wiesbaden: Springer VS.

Lenhard, Hartmut. 2004.: Zweite Phase an Studienseminaren und Schulen. In *Handbuch Lehrerbildung*, Hrsg. S. Blömeke, P. Reinhold, G. Tulodziecki und J. Wildt, 275–290. Bad Heilbrunn: Klinkhardt.

Lohmann, Gert. 2006. Didaktische Rekonstruktion in der Hochschuldidaktik. *Journal für Lehrerinnen- und Lehrerbildung* 2: 65–73.

Maaz, Kai. 2017. Blickwinkel: Chancengerechtigkeit im deutschen Bildungssystem. https://www.unesco.de/sites/default/files/2018-01/BlickwinkelMaaz_FINAL.pdf. Zugegriffen: 10. Dezember 2018.

Mayring, Philipp. 2008. *Qualitative Inhaltsanalyse. Grundlagen und Techniken*. Weinheim und Basel: Beltz.

Moser, Vera, und I. Demmer-Dieckmann. 2012. Professionalisierung und Ausbildung von Lehrkräften für inklusive Schulen. In *Die inklusive Schule. Standards für die Umsetzung*, Hrsg. V. Moser, 153–172. Stuttgart: Kohlhammer.

Opp, Günter, I. Budnik, und M. Fingerle. 2004. Sonderschulen – integrative Beschulung. In *Handbuch der Schulforschung*, Hrsg. W. Helsper und J. Böhme, 345–366. Wiesbaden: Springer VS.

Petrik, Andreas. 2009. Die genetische Politikdidaktik als Lernprozessdidaktik. *Polis – Report zur Politischen Bildung*. 4: 11–12.

Petticrew, Mark, und H. Roberts. 2008. *Systematic Reviews in the Social Sciences*. Oxford: Blackwell Publishing.

Reich, Kersten. 2012. Inklusion und Bildungsgerechtigkeit – eine Einführung. In *Inklusion und Bildungsgerechtigkeit. Standards und Regeln zur Umsetzung einer inklusiven Schule*, Hrsg. K. Reich, 12–47. Weinheim und Basel: Beltz.

Reich, Kersten. 2014. Herausforderungen an eine inklusive Didaktik. *Schulpädagogik heute* 10: 40–58.

Reussner, Kurt, und C. Pauli. 2014. Berufsbezogene Überzeugungen von Lehrerinnen und Lehrern. In *Handbuch der Forschung zum Lehrerberuf*, Hrsg. E. Terhart, H. Bennewitz und M. Rothland, 642–661. Münster: Waxmann.

Sander, Wolfgang. 2013. *Politik entdecken – Freiheit leben. Didaktische Grundlagen politischer Bildung*. Schwalbach/Ts.: Wochenschau.

Sander, Wolfgang. 2014. Geschichte der politischen Bildung. In *Handbuch politische Bildung*, Hrsg. W. Sander, 15–30. Schwalbach/Ts.: Wochenschau.

Statistisches Bundesamt. 2016. Schulen auf einen Blick. Ausgabe 2016. https://www.destatis.de/DE/Publikationen/Thematisch/BildungForschungKultur/Schulen/BroschuereSchulenBlick0110018169004.pdf?__blob=publicationFile. Zugegriffen: 10. Dezember 2018.

Sulzer, Annika. 2013. Inklusion als Werterahmen für Bildungsgerechtigkeit. In *Handbuch Inklusion. Grundlagen vorurteilsbewusster Bildung und Erziehung*, Hrsg. P. Wagner, 12–21. Freiburg im Breisgau: Herder.

Thorweger, Jan Eike. 2018a. Demokratiebildung als inklusive Aufgabe. Herausforderungen inklusiver politischer Bildung. In *Citizenship Education. Konzepte, Anregungen und Ideen zur Demokratiebildung*, Hrsg. D. Lange und S. Kenner, 115–130. Frankfurt a. M.: Wochenschau.

Thorweger, Jan Eike. 2018b. Wirksamer Politikunterricht ist heterogenitätssensibel und partizipativ. In *Wirksamer Politikunterricht. Unterrichtsqualität: Perspektiven von*

Expertinnen und Experten. Hrsg. V. Reinhardt, M. Rehm und M. Wilhelm, 175–185. Baltmannsweiler: Schneider.

UN. 2008. Convention on the Rights of Persons with Disabilities and Optional Protocol. http://www.un.org/disabilities/documents/convention/convoptprot-e.pdf. Zugegriffen: 10. Dezember 2018.

Van Dijk, Esther, und U. Kattmann. 2007. A research model for the study of science teachers' PCK and improving teacher education. *Teaching and Teacher Education* 23: 885–897.

Van Dijk, Etsher, und U. Kattmann. 2010. Evolution im Unterricht. Eine Studie über fachdidaktisches Wissen von Lehrerinnen und Lehrern. *Zeitschrift für Didaktik der Naturwissenschaften* 16: 7–21.

Weschenfelder, Eva. 2014. *Professionelle Kompetenz von Politiklehrkräften: eine Studie zu Wissen und Überzeugungen.* Wiesbaden: Springer VS.

Wocken, Hans. 1998. Gemeinsame Lernsituationen. Eine Skizze zur Theorie des gemeinsamen Unterrichts. In *Integrationspädagogik. Auf dem Wege zu einer Schule für alle,* Hrsg. A. Hildeschmidt und I. Schnell, 37–52. Weinheim und München: Beltz Juventa.

Zimpel, André Frank. 2012. *Einander helfen. Der Weg zur inklusiven Lernkultur.* Göttingen: Vandenhoeck & Ruprecht.

Autor

Thorweger, Jan Eike, ist Fachseminarleiter für das Fach Politik (Gymnasien/Oberschulen) am Landesinstitut für Schule in Bremen sowie Mitarbeiter am Institut für Didaktik der Demokratie an der Leibniz Universität Hannover. Er promoviert derzeit zur Lehrerbildung im Kontext der Anforderungen eines inklusiven Politikunterrichts. Seine Arbeitsschwerpunkte liegen in den Bereichen inklusive Politikdidaktik sowie Professionalisierung von Politiklehrkräften.

E-Mail: jan.thorweger@idd.uni-hannover.de

If you have any concerns about our products,
you can contact us on
ProductSafety@springernature.com

In case Publisher is established outside the EU,
the EU authorized representative is:
**Springer Nature Customer Service Center GmbH
Europaplatz 3, 69115 Heidelberg, Germany**

Printed by Libri Plureos GmbH
in Hamburg, Germany